中国古典哲学名著研读书系

学术顾问 陈 来　总主编 孙熙国 张加才

内圣外王的追寻
《孟子》

张加才 ◎著

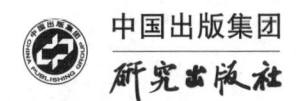

中国出版集团
研究出版社

图书在版编目（CIP）数据

内圣外王的追寻：《孟子》/ 张加才著. -- 北京：研究出版社，2022.4
ISBN 978-7-5199-1049-5

Ⅰ.①内… Ⅱ.①张… Ⅲ.①儒家②《孟子》-研究 Ⅳ.①B222.55

中国版本图书馆CIP数据核字(2021)第163998号

出 品 人：赵卜慧
出版统筹：张高里　丁　波
责任编辑：寇颖丹
助理编辑：朱唯唯

内圣外王的追寻：《孟子》
NEISHENG WAIWANG DE ZHUIXUN: MENGZI

张加才　著

研究出版社 出版发行

（100006　北京市东城区灯市口大街100号华腾商务楼）
北京中科印刷有限公司印刷　新华书店经销
2022年4月第1版　2022年4月第1次印刷
开本：710毫米×1000毫米　1/16　印张：29.25
字数：334千字
ISBN 978-7-5199-1049-5　定价：79.00元
电话（010）64217619　64217612（发行部）

版权所有·侵权必究
凡购买本社图书，如有印制质量问题，我社负责调换。

中国古典哲学名著研读书系
编委会名单

学术顾问：陈　来

总 主 编：孙熙国　张加才

编　　委（以姓氏笔画为序）：

　　　　　　王英杰　化　涛　白　奚　朱　岚　刘成有

　　　　　　李　琳　李良田　李道湘　肖　雁　宋立卿

　　　　　　张旭平　张艳清　林存光　董　艺

总序

著名哲学家、哲学史家
清华大学国学研究院院长

  中华优秀传统文化是中华民族的"根"和"魂",是中华民族的精神命脉,是涵养社会主义核心价值观的重要源泉,也是我们在世界文化激荡中站稳脚跟的坚实根基。在这一意义上说,丢弃了中华优秀传统文化就等于割断了我们的精神命脉。党的十八大以来,习近平总书记多次强调中华优秀传统文化之于中华民族的重要意义,强调中华优秀传统文化积淀着中华民族最深沉的精神追求,包含着中华民族根本的精神基因,代表着中华民族独特的精神标识。

  "文以载道,文以化人。当代中国是历史中国的延续和发展,当代中国思想文化也是中国传统思想文化的传承和升华,要认识今天的中国、今天的中国人,就要深入了解中国的文化血脉,准确把握滋养中国人的文化土壤。"这是2014年9月24日习近平总书记在纪念孔子诞辰2565周年国际学术研讨会暨国际儒学联合会第五届会员大会开幕会上的讲话中提出的一个重要论断。千百年来,中华优秀传统文化已深深地植根在中国人的内心和血液之中,潜移默化地影响着中国人的思想方式和行为方式。因此,要了解中国,做

一个真正意义上的中国人，必须学习中华优秀传统文化，明白我们从哪里来，将来要到哪里去。

学习中华优秀传统文化，最有效的方式就是读中华文化经典，学中华文化原文，悟中华文化原理。但是，中华文化典籍浩如烟海，究竟应该读哪些典籍，从哪些典籍入手学习中华优秀传统文化呢？德国哲学家雅斯贝尔斯在《历史的起源与目标》一书中提出，公元前800年至公元前200年是人类文明的"轴心时代"，是人类文明精神的重大突破时期。这一时期产生于古代希腊、古代中国、古代印度等国的伟大思想家的著述和思想塑造了人类文化的不同传统，直到今天还影响着人类的生活和实践。因此，本丛书选取了中华文明"轴心时代"具有重要代表意义的典籍《易经》《老子》《论语》《孙子兵法》《墨子》《大学·中庸》《孟子》《庄子》《荀子》《韩非子》，请相关专家进行注释、梳理和阐释，最后形成了《中华文化的源头：〈易经〉》《道法自然的境界：〈老子〉》《儒家思想的奠基：〈论语〉》《兵家圣典的智慧：〈孙子兵法〉》《兼爱天下的情怀：〈墨子〉》《止于至善的诠释：〈大学·中庸〉》《内圣外王的追寻：〈孟子〉》《天地精神的融通：〈庄子〉》《礼法并举的方略：〈荀子〉》《经世治国的谋略：〈韩非子〉》等十项成果。

我理解，本套丛书所做的这一工作，不仅仅是让读者读懂和了解中国先秦时期的思想和文化，还希望读者在学习和阅读的过程中，领会中华优秀传统文化的主要内容和独特创造，思考中华优秀传统文化的价值理念和鲜明特色，把握中华文化的历史渊源、发展脉络、基本走向。正如恩格斯所说："在希腊哲学的多种多样的形式中，差不多可以找到以后各种观点的胚胎、萌芽。"中国也是一样。在中国先秦哲学的多种多样的形式中，差不多可以找到后来中国哲学演变发展的各种观点的胚胎、萌芽。只有学习了解和把握了先秦哲学，才能进一步了解和把握汉唐以来的中国哲学乃至整个中华文化的演变和发展。

参加本套丛书撰写的作者都是中国哲学专业的博士、有多年教学和研究经验的专家学者。我在阅读他们的初稿时，感受到他们有强烈的社会责任感、民族自信心和文化自豪感。他们的工作力图达到两个目的，一是让读者通过阅读中国古典哲学名著学习中华优秀传统文化，了解中华优秀传统文化是我们这个古老民族的"根"和"魂"，二是力图用当代中国的生活和实践激活中国古典哲学名著中所蕴含的思想智慧与合理内容，实现中华优秀传统文化的创造性转化和创新性发展，从而服务于当代中国的文化建设和文化发展。

不忘本来才能开辟未来，善于继承才能更好创新。我愿意向各位读者郑重推荐本套丛书，并期待着本套丛书能够为各位读者了解中华优秀传统文化，增强文化自觉和文化自信，坚定道路自信、理论自信、制度自信，发挥应有的作用。

2022 年 3 月于清华园

目 录

导　言	01
卷一　梁惠王［上］	001
卷二　梁惠王［下］	031
卷三　公孙丑［上］	065
卷四　公孙丑［下］	095
卷五　滕文公［上］	121
卷六　滕文公［下］	149
卷七　离　娄［上］	177
卷八　离　娄［下］	213
卷九　万　章［上］	243
卷十　万　章［下］	267
卷十一　告　子［上］	291
卷十二　告　子［下］	319
卷十三　尽　心［上］	351
卷十四　尽　心［下］	387
参考书目	421
后　记	423

导言

一个战乱频仍的年代："争地以战，杀人盈野；争城以战，杀人盈城。"

一些争雄与自保的诸侯："天下恶乎定？""吾甚恐，如之何则可？"

一位使命感极强的学人："如欲平治天下，当今之世，舍我其谁也？"

一群追随乃师的弟子："后车数十乘，从者数百人。"

一批学说异趣的他者：杨子"为我"，墨子"兼爱"，告子"生之谓性"，许子"种粟而后食"，陈仲子"蚓而后充其操"，公孙衍张仪"一怒而诸侯惧"。

……

激荡并演绎出内圣与外王的思想变奏、凝炼出传世的儒学经典——《孟子》。

孟子其人其书

说起孟子，今天人们也并不陌生。广为流传的旧时蒙学读物《三字经》，开篇的"人之初，性本善"，就是孟子的重要思想。"昔孟母，择邻处，子不学，断机杼"的故事，更是家喻户晓、耳熟能详。但由于历史资料欠缺，对孟子的生平，今天我们仍然知之甚少，其生卒年，也难以准确认定。一般认为，孟子生卒年约为公元前372年—前289年或约为公元前385年—前302年，相对而言，后面一种说法又更为可信①。

根据司马迁《史记·孟子荀卿列传》的记载：

> 孟轲，邹人也，受业子思之门人。道既通，游事齐宣王。宣王不能用，适梁。梁惠王不果所言，则见以为迂远而阔于事情。当是之时，秦用商君，富国强兵；楚、魏用吴起，战胜弱敌；齐威王、宣王用孙子、田忌之徒，而诸侯东面朝齐。天下方务于合纵连衡，以攻伐为贤，而孟轲乃述唐虞三代之德，是以所如者不合。退而与万章之徒，序诗书，述仲尼之意，作《孟子》七篇。

《史记》中寥寥数语，简要提到了孟子籍贯、受业、游历和著述等情况。在《孟子》书中，还有一些地方涉及孟子一生的重要活动。据此，我们再依照一些较为确切的史实，大致可以确定孟子的主要生平。

孟子名轲，战国中期邹（今山东邹县）人，相传为鲁国孟孙氏的后裔②。父亲名激，字公宜，生平不详；母亲仉（zhǎng）氏。可以肯定的是，孟子的父亲比母亲去世得早③，可能是因为这一点，孟子一生受母亲的影响较大。

孟子的母亲，在中国历史上被当作母亲的楷模而备受赞誉。《列女传》《韩诗外传》等书中记载了诸如"孟母三迁""杀豚不欺子""断织劝学"等脍炙人口的教子故事。"孟母三迁"从靠近墓地、临近集市最后迁到紧邻学宫，关注环境的重要性，无疑对幼年孟子的成长有所助益。《孟子》中也多次谈到环境因素的意义。如：《滕文公下》有楚人学齐语"一

---

① 参见董洪利：《孟子研究》，江苏古籍出版社1997年版。
② 汉赵岐注："或曰：孟子，鲁公族孟孙之后。"
③ 《孟子·梁惠王下》还涉及"孟子后丧逾前丧"的问题：有个叫臧仓的认为孟子为母亲办丧事，排场超过了乃父是不应该的，并以此阻止了鲁平公对孟子的拜访。

傅众咻"的故事（6·6），《告子上》有"富岁，子弟多赖；凶岁，子弟多暴"的观点（11·7），《尽心上》甚至明确地说："居移气，养移体，大哉居乎！"（13·36）意思是，居住环境改变气质，饮食奉养改变体态，环境的影响真是太大了。"杀豚不欺子"讲的是：邻居家杀猪，年幼的孟子出于好奇，问为何而杀。孟母开玩笑说：给你吃肉啊。孟母后来觉得：如果不兑现给孩子吃肉，很可能造成误解，也会使以往各种教育的努力大打折扣，尤其对孩子的诚信教育不利，于是，向邻家买来猪肉，以示不骗孩子。"断织劝学"则是劝勉刻苦读书的故事。起初孟子学习不怎么用功，把学习看成无所谓。孟母割断正织着的布，用半途而废带来的不良后果教育孩子。织布是母子的重要生活来源，这件事对孟子触动不小，孟子从此不分早晚，勤学不倦。这些孟子少时的故事，表明孟母把教育放在重要的位置，并尽可能地关注和帮助孟轲的成长。

　　孟子的老师名不见经传，估计在当初影响也不是很大，《孟子》书中只是简单地谈道："予未得为孔子徒也，予私淑诸人也"（8·22），他以没能直接成为孔子的学生感到遗憾，但以私下学习孔子的思想引以为豪。司马迁认为，孟子"受业子思之门人"，应该是有所依据的。从孟子与子思的思想倾向来看，也非常吻合。子思就是孔子的孙子孔伋（jí），是战国初期的著名思想家，据说他师从孔子晚年的著名弟子曾参，也就是那位写了《大学》①，后被尊称为"宗圣"的曾子。子思的主要思想见于《中庸》②，后被尊为"述圣"。后世学者根据孟子与子思的思想倾向，将其学派合称"思孟学派"。

---

① 按照朱熹的观点，《大学》"经"的部分是"孔子之意而曾子述之"，"传"的部分是"曾子之意而门人述之"。
② 冯友兰认为：《中庸》的中间部分多言人事，文为记言体，似为子思所作《中庸》的原貌；而首末两部分则论及天人关系，文为论著体，乃后人所加。

内圣外王的追寻:《孟子》

孟子所处的时代,诸侯争雄,竞争激烈。各诸侯国都在想方设法壮大自己实力,大国希望一统天下,小国也在奋力自保。延揽人才成为当务之急。孔子以后,由于学术中心下移,民间教育发展,"士"阶层由原来作为官僚秩序的位阶、低等的贵族,而逐渐形成一个相对独立的群体。这个相当于今天所说的知识分子群体,以自己的政治主张游说诸侯,以期主导内政外交政策的制定。同时,他们对社会历史的反思和未来发展的思考,如同高度活跃的火山群,多点喷发,发出耀眼的思想光辉。

《史记》对孟子的游历情况记载非常简略,但《孟子》一书正是孟子游说诸侯和教导诸生的记录,这些材料可以帮助我们了解孟子的活动情况。从这些材料来看,孟子的政治活动主要在邹、鲁、齐、滕、宋、魏等国进行。

孟子四十岁以前,主要在家乡聚徒讲学,他出生地邹国的国君也不时向他讨教。《梁惠王下》中就记录了弱小的邹国在与鲁国发生冲突时的窘境,以及孟子对邹国政治的评论。

邹毕竟是小国,孟子为了实现其理想,很快把目光投向了齐国。据专家考证,孟子首次到齐国是齐威王时,大概是齐威王早期或中期。但由于齐威王一心想争霸中原,用武力征服天下,与孟子反对诸侯兼并战争、推行仁政的主张相去甚远。因此,孟子没有受到重用,于是离开了齐国。孟子离开齐国时,连齐威王馈赠的"兼金一百"即上等金一百镒[①]都没有拿,他认为没有缘由而送钱就是收买,而君子是不能被收买的(4·3)。

孟子离开齐国后,来到宋国。宋国是殷人的后裔。年幼的宋君偃有行仁政的愿望,但孟子认为仅有薛居州等少数人的支持远远不够。孟子

[①] 一镒为二十两。

讲了"一傅众咻"的故事（6·6）。后来，在孟子的支持下，宋国终于开始实行仁政，但在实行中又大打折扣。如什一税等都被延期执行，孟子用"偷鸡贼"从日偷一只改为月偷一只加以讽刺（6·8）。

孟子离开宋国途经齐国封地薛，然后回到邹国。在薛地遭受了绝粮之困，孟子也担心路途有治安问题，接受了薛君赠予的买兵器的钱（4·3）。

在邹期间，遇滕定公去世，滕文公继位。孟子在宋国的时候，滕文公还是世子，他们之间有过交谈，滕文公对孟子深深佩服（5·1）。此时，滕文公派然友向孟子一再征求滕定公丧礼以及国是的意见，孟子推介三年丧制，但滕文公推行时遇到阻力，于是孟子讲述了"君子之德，风也；小人之德，草也。草尚之风，必偃"的道理。意思是，君子的德行就像风，百姓的德行就像草。风吹在草上，草就一定会顺着风的方向倒下。滕文公力排众议，最后取得了非常好的效果（5·2）。

孟子在滕文公即位后到了滕国，滕文公待为上宾。滕文公请教的内政外交问题非常广泛。如滕国作为夹在齐、楚之间小国，如何进行外交的问题（2·13）；齐国加固薛地的城墙，如何因应的问题（2·14）；滕国竭力去服侍大国，还不能避免祸患的问题（2·15）；滕文公问为国，孟子讲民事不可缓，较全面地阐述了制民之产、教育、税制、井田制等仁政问题（5·3）。此间，滕国行仁政还吸引了其他学派的学者，孟子与农家学派进行了一场辩论，孟子反对农家"并耕而食"的观点，阐明了社会分工的必要性和重要性（5·4）。滕国是处在大国之间的小国，没有安定感，虽实行仁政，但仍然没有达到孟子的预期。后来，远在千里之外的魏国招贤纳士，孟子离开了滕国。

魏国是与韩、赵"三家分晋"，从春秋时的晋国独立出来的。战国初期，魏文侯广纳贤才、厉行改革，魏国国力在战国七雄中最为强盛。魏惠王初期，国力仍然很强。魏国国都原在安邑（今山西省夏县西北），过丁靠近国境，易受秦、赵、韩的攻击，公元前361年，迁都大梁（今河南开封市），所以，魏又称梁，魏惠王在《孟子》中称梁惠王。梁惠王中晚期，魏国在几次大战中惨败，国力迅速衰落。这些战役包括：公元前341年齐魏马陵之战；同年，齐、秦、赵对魏的三面围攻；公元前340年、公元前330年、公元前329年、公元前328年秦魏之战；公元前323年楚魏之战等。其中齐魏马陵之战是重要的转折点：公元前342年，魏国进攻韩国，韩国向齐国求救，齐以田忌为统帅，孙膑为军师，起兵攻魏。次年，齐军用孙膑之计，以逐日减灶制造齐军大量逃亡的假象，迷惑敌人，引诱追击。待魏军追到马陵（今河南范县西南）险要地区，齐军万弩齐发，全歼魏军十万，魏将庞涓被迫自杀，魏太子申也被俘杀，魏国从此国势衰落，一蹶不振。公元前321年—公元前320年前后，梁惠王试图重振国威，"卑辞厚币以招贤者"。时年六十岁左右的孟子，率弟子"后车数十乘，从者数百人"，来到了魏国。

　　孟子与梁惠王的交谈具有重要的意义，谈话记录被编排在《孟子》的首卷。内容包括义利观、民本理念、仁政措施、政治责任、贫富差距、仁者无敌等。梁惠王的态度也从傲慢地问"何以利吾国？"（1·1）转变为"寡人愿安承教"（1·4）（我很乐意接受你的指教）。但是，孟子推行王道的仁政主张，相对于一心富国强兵、急于报仇雪恨的梁惠王来说，毕竟是远水难解近渴。因此，司马迁写道："梁惠王不果所言，则见以为迂远而阔于事情。"尤其到了公元前319年，梁惠王去世、梁襄王即位。孟子对梁襄王初次见面就没有什么好感（1·6），于是，离开魏国，再到齐国。

　　齐国在齐威王的父亲田桓公时，在国都临淄西门外设立"稷下学宫"，广纳天下贤才，一时成为当时学术研究的中心。孟子再到齐国时，齐威王已经去世、齐宣王即位不久。这时的齐国，地域广阔、经济军事实力位列诸侯之首。稷下学宫也更加兴盛，学者达数百千人。齐宣王野心勃勃，企望一统天下。孟子对齐国实行仁政也抱有很大的信心。孟子与齐宣王最初的几次见面，并没有急于发表自己的主张，在摸清齐宣王武力征服天下的思想脉络后，开始循循善诱。先是从齐宣王不忍看到将要杀了祭钟的牛发抖而换成羊的故事，来发掘齐王行仁政的基础（1·7-1），接着区分"不为"与"不能"（1·7-2），进而指出齐宣王的做法相对于他"莅中国而抚四夷"、一统天下的愿望是缘木求鱼，终于让齐宣王表示："愿夫子辅吾志，明以教我。我虽不敏，请尝试之。"即：希望先生辅佐我实现志向，明晰地给我教导。我尽管不聪明，但愿意试一试（1·7-3）。此后，孟子担任齐国的卿相。

　　孟子与齐宣王讨论的话题非常广泛，如齐宣王关心齐桓公、晋文公之事（1·7-1）；齐宣王只好世俗之乐的问题（2·1）；苑囿大小的问题（2·2）；与邻国交往的原则问题（2·3）；明堂是否拆毁的问题（2·5）；齐宣王好勇、好货、好色与行仁政的问题（2·5）；故国的衡量标准问题；人才的任用问题（2·7）；商汤放逐夏桀、周武王讨伐商纣的问题（2·8）；出兵燕国与撤军问题等，但每每被孟子拉回如何实行仁政王道。

　　从总体来看，孟子推行仁政主张并不顺利，齐宣王那些自以为是、无视专家治国意义的言论，被孟子比喻为教玉人治玉（2·9）；有时孟子的指责也让齐宣王"顾左右而言他"（2·6）。特别是在燕国问题上，孟子与齐宣王之间最终发生了重大冲突：公元前316年，燕王哙将君位让给相国子之，子之的改革受到了贵族的反对，公元前314年，进一步演变成内乱。齐宣王乘机攻入燕国，仅用五十天就攻破了燕国。本来解民于水火也是孟子同意的（2·10），算得上是"仁义之战"，但齐国占领燕国后的所作所为违背了孟子的意愿,孟子要求齐国为燕国协助选立贤明君主后撤军的劝告也未被采纳(2·11)。后来,齐军的暴虐行径引起燕国人民的反抗,加上其他诸侯国的帮助,齐国军队被击退。孟子推行仁政以实现王道的理想再次破灭。于是,辞官准备离开齐国。齐宣王觉得在这些事情上很对不住孟子(4·9),托人再三挽留,并准备提供寓所和万钟之禄供孟子师生讲学之用(4·10),都被孟子拒绝。不久,孟子离开齐国。

孟子此时已七十余岁,再无心周游列国,于是带领万章、公孙丑等弟子,回到了家乡。此后的十几年中,孟子和弟子们潜心研习《诗》《书》等儒家典籍,整理学术思想,编著了《孟子》。关于《孟子》的篇数,司马迁在《史记》中说"作《孟子》七篇",但班固《汉书·艺文志》等记载:"《孟子》十一篇。"根据汉代赵岐记叙:七篇之外,"又存外书四篇,《性善》《辩文》《说孝经》《为正》。"但据他考察:"其文不能弘深,不与内篇相似,似非孟子本真,后世依放(仿)而托之者也。"他认为,那四篇外书没有达到《孟子》七篇的水准,是后人假托孟子而作的,因此,拒绝给它作注,后世也没人读它,也就逐渐亡佚了。

《孟子》七篇包括:《梁惠王》《公孙丑》《滕文公》《离娄》《万章》《告子》《尽心》。各篇的篇名,和《论语》一样,只是取自篇首的重要字词,并没有特别的意义。东汉时赵岐作《孟子章句》,将《孟子》七篇大致根据篇幅每篇分为上下两卷,因此,就有了所谓《梁惠王上》《梁惠王下》《尽心上》《尽心下》等十四卷的《孟子》。

《孟子》思想简论

人们常常把孔、孟思想相提并论，称之为"孔孟之道"，一方面，从师承传衍来看，孟子受业于子思门人①，孟子自己还曾明确表示："乃所愿，则学孔子也。"（3·2-3）另一方面，思想的内在关联当然更为重要，孟子思想的确是对孔子思想的继承和发展。

1. 性善论

人类早期的思想发展，无疑经历着从野蛮到文明的巨大飞跃。而文明从本质上说，是"人之为人"在思想上的自觉和在实践中的表现。孔子从人的社会关系出发，指出："鸟兽不可与同群"（《论语·微子》），这就是对人之为人最基本的自觉，也是任何对文明的理解所不可缺少的。人只能在超越自然的基础上，"与斯人之徒"（《论语·微子》），同世上的人打交道，与他人彼此结成一种社会联系。孔子对人之为人更深层次的阐述则是"仁者，人也。"（《中庸·问政》）在孔子看来，人有道德伦理的自觉，这才是人之为人更重要的标志。孟子也说："仁也者，人也；合而言之，道也。"（14·16）"大而化之之谓圣。"（14·25）只有人能觉悟到仁，人通过弘道，从而使精神境界达到极高的境地。孟子实际上继承并发展了孔子的仁道原则。

孟子更富于创造性的理论拓展则是性善论。后世著名的儒家学者认为："孟子大有功于世，以其言性善也。"（朱熹《四书章句集注·孟子序说》引程子语）

在孟子思想中，"人之为人"是首要的基础性的理论问题，人与禽兽

---

① 历史上有学者甚至认为孟子直接师事子思，但子思去世时孟子尚未出生，从时间上考察并无此种可能。

的区别被反复加以讨论。"人之所以异于禽兽者几希"（8·19），而人类和禽兽少之又少的差别，其核心体现在对伦理道德的觉悟与践行。以舜为例：

> 舜之居深山之中，与木石居，与鹿豕游，其所以异于深山之野人者几希；及其闻一善言，见一善行，若决江河，沛然莫之能御也。（13·16）

舜居住在深山时，与动物打交道，和深山里的"野人"少有不同。这时，人类的特性，因为特定的环境条件而被潜藏下来，就像人类还处在蒙昧状态，他们的特性还没有得以显露。但舜一旦听到善言、见到善行，便深有感触，如同决堤的江河，气势充沛，无可阻挡。这表明，尽管人与禽兽的差别在起始点上似乎并不明显，但这种界限却不容抹杀。

人的道德自觉的形成，在孟子看来，源于人类具有共同的心理基础。

> 口之于味也，有同嗜焉；耳之于声也，有同听焉；目之于色也，有同美焉。至于心，独无所同然乎？（11·7）

既然人的口对于味道有相同嗜好，耳对于声音有相同听觉，眼对于姿色有相同美感，那么，自然会引出这样的疑问："至于心，独无所同然乎？"这里，孟子做了一个类比推理：人有共同的生理基础、生理欲望，也理应具有共同的心理基础、心理体验乃至精神追求。应当注意的是，孟子把落脚点放在了人类具有共同的心理基础、心理体验和精神追求上，而不是把重心放在人有共同的生理基础、生理欲望上，因此，既不同于先前告子所谓"食色性也"（11·4），把人的生理基础当作人性的特征；也不同于后来荀子所谓"生而有耳目之欲，有好声色焉""生而有好利焉""生而有疾恶焉"（《荀子·性恶》），以聚焦生理欲望来展开对人性的论证。

这种共同的心理基础和心理体验，孟子认为，集中体现在人类具有共同的道德情感。

> 恻隐之心，人皆有之；羞恶之心，人皆有之；恭敬之心，人皆有之；是非之心，人皆有之。（11·6）

恻隐之心、羞恶之心、恭敬之心、是非之心，是每个人生来就具有的。人具有"四心"这一基本观点，在孟子思想中，具有准"公理"的地位，是可以不证自明的。如果一定要予以证明的话，那也未尝不可。就拿"恻隐之心"来说吧。

> 所以谓人皆有不忍人之心者，今人乍见孺子将入于井，皆有怵惕恻隐之心，非所以内交于孺子之父母也，非所以要于乡党朋友也，非恶其声而然也。由是观之，无恻隐之心，非人也。（3·6）

假如突然看见小孩快掉到井里去了，人们都会产生惊恐心、同情心而紧急施救。这样做，不是想结交小孩的父母，不是为了在当地或朋友间博取好名声，也不是因为厌恶小孩的哭声才这样，而是因为人都有怜恤别人的心或同情心。因此，孟子断定，没有同情心的，就不能算人。孟子这种证明，实际上是基于人类普遍存在的自然而然的内心情感。论证过程是理论性的，依据的材料是可经验的。同理，孟子认为，"无羞恶之心，非人也；无辞让之心，非人也；无是非之心，非人也"（3·6）。人本然地具有羞恶之心、辞让之心、是非之心，也可以依此类推。

人共同具有的初始道德情感，恻隐之心、羞恶之心、恭敬之心、是非之心（四心），正是人的根本德性的发端，并由此生发出仁义礼智等人的根本德性。

> 恻隐之心，仁之端也；羞恶之心，义之端也；辞让之心，礼之端也；是非之心，智之端也。人之有是"四端"也，犹其有四体也。（3·6）

同情心是"仁"的开端，羞耻心是"义"的开端，谦让心是"礼"

的开端,是非心是"智"的开端。人有这四种善端(四端),就好比他有四肢(四体)。如果说"四体"是人类共同生理基础的缩影,那么,"四心"就是人类共同心理基础的缩影、"四德"也就是人类共同道德基础的缩影。

如果把"四德"再加以概括,那就是理义了。

心之所同然者何也?谓理也,义也。圣人先得我心之所同然耳。故理义之悦我心,犹刍豢之悦我口。(11·7)

人心所同在理义。理义使我心愉悦,就像肉类能大快朵颐。道德的、精神的体验对于心,与生理的、物质的享受对于感官,两者间的对应具有相似性、同构性。

孟子认为,仁义礼智等根本德性是人本来就有的,不是通过后天学习和深入思考得来的,它是良知、良能,完全根源于人的自然本性。

仁义礼智,非由外铄我也,我固有之也。(11·6)

人之所不学而能者,其良能也;所不虑而知者,其良知也。孩提之童无不知爱其亲者;及其长也,无不知敬其兄也。亲亲,仁也;敬长,义也;无他,达之天下也。(13·15)

所谓良能,指的是人不通过后天学习就能做到的;所谓良知,指的是人不需要通过思考就能知道的。在孟子那里,人具有的良知良能,其主体内容正是仁义礼智等根本德性。两三岁的小孩都知道爱他父母,而亲爱父母就是仁;长大以后,都知道尊敬兄长,而尊敬兄长就是义。仁义可以通行天下,一切都是自然而然的。

这样,孟子通过人类具有共同心理基础(心)→具有共同的道德情感(四心)→具有共同的根本德性(四德)→不学而能、不虑而知的"理义",勾勒出"性善论"的基本逻辑脉络。

问题到此并没有完结。因为人性是当时热议的话题,学者们有着多种不同的观点。孟子的性善论要想在理论上彻底站住脚，就不能对其他的观点视而不见、不闻不问。根据《孟子》一书所及，相关的观点至少还有：（1）"性无善无不善也"。（2）"性可以为善，可以为不善"。（3）"有性善，有性不善"等。（11·6）

第一种看法是告子的观点。在他看来，人的本性主要在于他的生理属性，即"生之谓性"，人性无所谓善恶，善恶问题被排除在人性的讨论之外。第二种观点虽然把人性界定为人的道德属性，但强调可以让它善良，也可以让它不善。如周文王、周武王当政的时候，百姓就趋于善良；周幽王、周厉王当政的时候，百姓就趋于残暴。第三种观点认为：有本性善良的，也有本性不善良的。如，有尧这样的圣人做君主，却有像象那样恶劣的百姓；有瞽瞍那样的坏父亲，却有舜这样的好儿子；有商纣这样恶劣而且身为君主的侄儿，却有微子启、王子比干这样的仁人等。

相对而言，告子的观点由于要从根本上取消人性的善恶问题，引起了孟子更多的关注。

就近取譬往往是古人论证的常用方式。告子为了论证自己的观点打了两个比方，即杞柳之喻和湍水之喻。杞柳枝条柔软，可用来编器物。告子说：人的本性就像杞柳，仁义就像杞柳做的杯盘；凭人性达到仁义，就像用杞柳做成杯盘。意思是：人的本性无所谓善恶，人性之善是后天作用的结果。告子还说：人性好比湍急的水流，从东边打开缺口就流向东，从西边打开缺口就流向西。人性不分善与不善，就好像水本身没有向东流、向西流的分别。

针对告子的论证，孟子一一予以批驳。

对于杞柳之喻，孟子反问：你是顺应杞柳的本性来制成杯盘的呢？还是违逆它的本性来制成杯盘的呢？言下之意是：正因为杞柳的本性可以用来制作杯盘，于是才能随材成就。就像人性具有四种主要善端，才能发展成四种主要德行一样。孟子进一步质疑：假如把制作杯盘看成是通过违逆杞柳本性的方式来进行的，那么，势必会把仁义等德行看成是通过违逆人的本性才能实现的。这样说来，告子的这种言论，还很可能会带来对仁义的伤害呢！

而对于湍水之喻，孟子也找到了突破口。孟子指出：湍急的流水的确没有往东往西的固定流向，但是，难道也没有向上向下的流向问题吗？显然，水往低处流，这是常识。人性的善良，就像水性向下而流。人的本性没有不善良的，就像水流没有不趋于向下一样。

仅仅批驳告子这些比喻总还是不够的。于是，孟子又对告子"生之谓性"这一基本观点发起了攻击。

　　告子曰："生之谓性。"孟子曰："生之谓性也，犹白之谓白与？"
　　曰："然。"
　　"白羽之白也，犹白雪之白，白雪之白，犹白玉之白与？"曰："然。"
　　"然则犬之性犹牛之性，牛之性，犹人之性与？"（11·3）

孟子指出：告子认同"生之谓性"的命题形式如同说"白之谓白"，即把所有东西的白色都叫做白。于是孟子追问：白羽毛的白就像白雪的白、白雪的白如同白玉的白吗？如果是这样的话，那么，犬之性就像牛之性，牛之性就像人之性了。这显然是荒谬的。

应该说，孟子对性善论思想有立有破，语言的论辩风格也堪称奇特。

2. 仁政说

孟子的政治主张与他的性善论思想一脉相承。孟子到过多个疆域大小不同、国力强弱各异的诸侯国，见过多位心仪逐利争霸、心态各有千秋的国君，每每以先王之道、王道仁政相导引。实际上，无论是对尧舜之道、文王之治的称颂，还是对王道仁政的渲染与具体化，都是基于他对现实政治状况的判断和性善等基本思想的贯彻。

当时的社会政治状况：一方面，战乱频仍，统治者穷兵黩武。孟子曾经用"争地以战，杀人盈野；争城以战，杀人盈城"（7·14）来形容；另一方面，社会贫富差距极大。孟子用"庖有肥肉，厩有肥马，民有饥色，野有饿莩"（1·4）来描述。孟子批判统治者"率土地而食人肉"；"率兽而食人"，甚至提出要让"善战者服上刑，连诸侯者次之"（7·14），认为死刑都不足以惩罚他们的罪行，而那些统治者在孟子看来也大多不配"为民父母"（1·4）。

既然社会无道，那么，要解救它就不能只停留在细枝末节上，"天下溺，援之以道。"（7·17）而"尧舜之道，不以仁政，不能平治天下。"（7·1）在孟子看来，解救天下的那个根本之道就是"仁"。

> 三代之得天下也以仁，其失天下也以不仁。国之所以废兴存亡者亦然。天子不仁，不保四海；诸侯不仁，不保社稷；卿大夫不仁，不保宗庙；士庶人不仁，不保四体。（7·3）

上至天子，下到百姓，不仁不足以立国安身。孟子强调，由于饥者易为食，渴者易为饮，当下百姓深受暴政之苦，"民之憔悴于虐政，未有甚于此时者也"，因此，行仁政正当其时，可以收到"事半古之人，功必倍之"（3·1）之效。

孟子的仁政学说正是其性善论贯彻到社会政治领域的结果。

> 人皆有不忍人之心。先王有不忍人之心，斯有不忍人之政矣。以不忍人之心，行不忍人之政，治天下可运之掌上。（3·6）

根据孔子对仁的解释：仁者爱人。仁政，从根本上说就是爱民之政。不忍人之心即恻隐之心，也就是仁爱之心。先王有仁爱之心，于是施行仁爱之政。施行仁政符合人性，深得百姓的支持，治理天下就能像掌上移物，轻而易举，顺理成章。

首先，孟子的"仁政"思想体现在要求满足百姓的基本物质生活条件，以保障百姓的生存权为出发点。

在孟子那里，"王道之始"就是要"使民养生丧死无憾""黎民不饥不寒"（1·3），也就是首先要解决温饱问题，让老百姓生养和丧葬都无后顾之忧。为了做到这一点，孟子提出要采取"制恒产""正经界"、扶贫弱、兴百业等一系列措施。

所谓"制恒产"，就是让百姓有稳定的产业和收入，尤其是有土地、有园宅，根据就是"有恒产则有恒心"。在孟子看来，平民百姓没有固定产业和收入就不会有坚定的心志。而要是没有坚定的心志，就会什么事都干得出来。等到他们犯了罪再加以处罚，就等于是在陷害百姓了。"制民之产"也有个最低标准，那就是："必使仰足以事父母，俯足以畜妻子，乐岁终身饱，凶年免于死亡。"（1·7）也就是说，上足以赡养父母，下足以供养妻儿，丰收年全家吃饱，灾荒年没人饿死。这也算是最低保障线。孟子还曾畅想拥有"五亩之宅""百亩之田"的平民之家过着怎样的平静生活（1·7）。

所谓"正经界"，就是按照土地公有的井田制划分田界，确保土地分配公平，从而减少社会贫富差距。"夫仁政，必自经界始。经界不正，井地不钧（均），谷禄不平"。（5·3）井田制本是西周时期的土地制度，根据孟子的描述，大概是一里见方的地为一个井田，每个井田九百亩，按井字形划分，当中一百亩是公田。周围八家都授给私田一百亩，公田由八家共同耕种。公田里的活干完了，然后才敢干私田的活。孟子主张恢复井田，主要是为了避免土地私有后贫富分化之弊。当然，孟子还提出"薄其税敛"，即减轻负担；"使有菽粟如水火"（13·23），即大量增加粮食生产等措施，以保障民生。

扶助弱势群体，也是仁政的重要内容。鳏寡孤独者是弱势群体的代表，孟子认为他们是最穷困而又无所依靠的人，因此应该作为优先救助的对象。"老而无妻曰鳏，老而无夫曰寡，老而无子曰独，幼而无父曰孤。此四者，天下之穷民而无告者。文王发政施仁，必先斯四者"。（2·5）孟子借助对先王之道的阐述，表明了这一举措的重要性。

孟子还看到了社会分工的必要性，强调"且一人之身，而百工之所为备"（5·4），因此，要求保护工商业。"市，廛而不征，法而不廛，则天下之商皆悦"。"关，讥而不征"（3·5）。集市提供仓储不抽货物税，关卡也只检查不征税。简而言之，"取于民有制"（5·3），这些必定有利于工商业的发展。

孟子关于保民、养民、利民的思想是丰富而深刻的。但这并不意味着孟子着力凸显"利"字，恰恰相反，大张旗鼓地以利为号令是孟子所极力反对的。

《孟子》书中专门讨论"义利"问题有两个故事：一个故事讲孟子初见梁惠王；另一个故事讲孟子与宋牼（jiān）讨论阻止秦楚之战。在第一个故事中，孟子初次见到梁惠王，梁惠王开口就讨教"何以利吾国"的问题，孟子抓住对方提到的"利"字做文章：一方面，推断上下争相求利的危害；另一方面，阐述君王推崇仁义的效应。强调治国不能利字当头，倡导仁义才是根本（1·1）。第二个故事，说的是秦楚两国将燃起战火，宋牼想去劝两国的国君放弃开战的打算，途中遇到孟子。当孟子得知宋牼的方法论根基在于向秦楚两国分别"言其不利"时，孟子指出："先生之志则大矣，先生之号则不可。"（12·4）志向虽然很好，但提法却行不通。孟子认为，如果以"利"相劝诱而能奏效，那么，就会导致君臣、父子、兄弟之间最终都会抛弃仁义，怀着利益之心交往，最终将以是否有"利"作为处理社会关系和重大事件的唯一衡量标准，其恶果必将是亡国。反之，如果以"仁义"去开导而取得成效，这会使君臣、父子、兄弟去除求利的念头，而怀着仁义之心交往，这样就能最终统一天下。前后两个故事中，孟子都坚定地强调"何必曰利！"可见，孟子的义利观实际上是以义制利的。

其次，孟子的"仁政"思想体现在倡导教育上，把"明人伦"作为教育的重要内容。

孟子认为教育是行仁政、得民心的重要手段。他提出："善政不如善教之得民也。善政，民畏之；善教，民爱之。善政得民财，善教得民心。"（13·14）善政得到的是百姓的财富，善教却可以得到百姓的心。因为再好的政治百姓也畏惧，而好的教育却使人心悦诚服，从而乐于向善。要是既无善政，又无善教，那可就危险了。"上无礼，下无学，贼民兴，丧无日矣"（7·1）。可见，教育的作用不可低估。

伦理教育是孟子教育内容的核心。孟子考察了夏商周三代的教育简况。

> 设为庠序学校以教之。庠者，养也；校者，教也；序者，射也。夏曰校，殷曰序，周曰庠；学则三代共之，皆所以明人伦也。人伦明于上，小民亲于下。（5·3）

这里指出，作为核心教育内容的"明人伦"是贯穿于三代的。值得注意的是，受教育者却不仅仅是小民，上面的人明白伦理道德，下面的平民百姓自然爱戴他们。这说明伦理教育还可以通过约束在上者而调整上下关系。至于"教以人伦，父子有亲，君臣有义，夫妇有别，长幼有叙，朋友有信"（5·4）。以及在保障人民物质生活的基础上，"谨庠序之教，申之以孝悌之义，颁白者不负戴于道路矣"（1·3），则是在更广泛的意义上教民懂得并实践社会生活的准则，进而调整社会关系。

再次，孟子的"仁政"思想还体现在对民意、民心的重视和"与民同乐"上。

对民心民意的重视,是以史为鉴所获得的重要启示。

> 桀纣之失天下也,失其民也;失其民者,失其心也。得天下有道,得其民,斯得天下矣;得其民有道,得其心,斯得民矣;得其心有道,所欲与之聚之,所恶勿施尔也。(7·9)

桀纣的惨痛教训告诉人们:得民心者得天下。在孟子看来,得民心的方法其实也很简单,那就是顺民意,他们想要的就为他们聚积,他们所厌恶的不要强加给他们。

民意同时还应该是察举的重要依据。孟子多次提到,仁政应该"贤者在位,能者在职"(3·4)、"尊贤使能,俊杰在位"(3·5),国君选贤任能当然是一件重要的事情,必须慎重行事。选贤任能以什么为依据呢?孟子认为,"左右皆曰贤,未可也;诸大夫皆曰贤,未可也;国人皆曰贤,然后察之;见贤焉,然后用之"(2·7)。身边的近臣、身居要职的大夫们说了都不能算,还得听听百姓的意见,然后还得通过实际考察,最后才能任用。在这一过程中,民意占了很重的分量。其实,这不过是孟子的一种理想。

对传为佳话的尧舜禅让,孟子也做出了新的解释:禅让能否成功,最终仍需得到民意的认可。孟子认为,"天子不能以天下与人"。具有决定权的首先是"天",其次是"民"。"尧荐舜于天而天受之,暴之于民而民受之"(9·5)。尧把舜推荐给天而天接受了他,把舜展现给老百姓而老百姓接受了他。并引证《尚书·泰誓》中"天视自我民视,天听自我民听"加以说明。尽管这里还摆脱不了神道设教的影子,但对民意的强调,仍具有重要的意义。

在"汤武革命"的问题上,孟子更是把商纣称为"一夫"(独夫),在彰显"诛一夫"合法性的同时,对不施仁政的统治者大加挞伐。孟子在论及卿、君关系时还曾说:"君有大过则谏;反覆之而不听,则易位"

(10·9），王室同宗族的公卿对犯有重大错误的君王可以上谏，反复上谏仍不听从，就废弃他的王位改立他人。以至于使齐宣王听后"勃然变乎色"，紧张得脸色都突然变了。

与民同乐是仁政的重要一环，也是重视民心民意的试金石。

古之人与民偕乐，故能乐也。（1·2）

乐民之乐者，民亦乐其乐；忧民之忧者，民亦忧其忧。乐以天下，忧以天下。（2·4）

行百姓之所欲，去百姓之所恶，乐百姓之所乐，忧百姓之所忧，才能真正与百姓同心同德。君民一体，上下同心，忧乐关乎天下，一切"与百姓同之"，这是孟子对君民关系的理想化，后来，先忧后乐等思想成为儒家所追求的政治理想。

归结起来看，孟子的名言"民为贵，社稷次之，君为轻"（14·14），的确反映了他鲜明的民本思想。尽管民本还不同于近代从西方传入的民权、民主思想，但是，其进步性仍然值得大书特书。

另外，孟子关于王道与霸道的思想也颇值得一提。崇尚王道、反对霸道是孟子仁政思想的延续。"仁者无敌"是其内在精神。

王与霸的概念在春秋时期就已出现，王指统一的君王，霸指行使部分王权的诸侯，两者都没有贬义。孟子首次将王与霸对立起来看。孟子认为：王道的基本特征就是"以德行仁"，以仁政理论与政策，通过保民而得人心；霸道的基本特征却是"以力假仁"，以武力暴力相威胁，而仁此时只是一个幌子。称霸必须具有强大的国力；称王则不一定依靠国家强大。孟子举例说，商汤仅凭七十里见方的疆域，文王也仅凭百里见方的疆土。凭借武力使人服从，那种服从不是内心服从，而是力量不足；依靠道德使人服从，那种服从却是内心愉快、真心实意地服从，就像七十多个弟子服膺孔子一样（3·3）。

孟子称颂王道，反对霸道。把行王道、施仁政看作能统一天下的不二法门。他多次强调，"仁者无敌"(1·5)，"仁人无敌于天下"(《尽心下》14·3)，"得道者多助，失道者寡助"(《公孙丑下》4·1)。

孟子的仁政学说与当时"贵诈力而贱仁义，先富有而后推让"《史记·平准书》的社会情势形成了强烈的反差，带有较多的理想成分，被视为"迂远而阔于事情"在所难免。但他以民为本、崇德尚义的精神在后世产生了深远的影响。

3. 修养论

性善论不仅是孟子仁政说的思想基础，也是其修养论的理论前提。

首先，孟子讨论了修养的重要性和可能性问题。从修养的重要性看，孟子指出：

> 天下之本在国，国之本在家，家之本在身。(7·5)
>
> 有大人者，正己而物正者也。(13·19)
>
> 君子之守，修其身而天下平。(14·32)

物正以至国治天下平是儒家处理人与自然、人与人、人与社会关系的理想终点，而正己、修身等自我完善是其基础和起点，这是儒家的基本思想。正如《大学》所言："自天子以至于庶人，壹是皆以修身为本。"

但就一般情况而论，孟子认为，人们对身体的重视超过了对心性修养的追求。孟子举例说：如果有人无名指弯曲伸展不开，不很疼痛，也不妨碍做事，可是，如果有人能让它重新伸直，那么即使让他前往秦国、楚国去治，他也不会觉得路途遥远，因为他总觉得自己的无名指不如别人。孟子进而引申评论说：

> 指不若人，则知恶之；心不若人，则不知恶。此之谓不知类也。(11·12)

手指等肉体的缺陷容易感知，也易于和其他人进行比较，往往自愧不如乃至心生厌恶，必康复而后安；而心性修养的不足反倒被人忽略，赶不上别人也没有什么羞愧感。孟子称之为"不知类"，即朱熹解释的"不知轻重之等"（朱熹《四书章句集注·孟子卷之六》）。

要"知类"就必须区分体之大小、贵贱，修养方式也不能等量齐观。

> 体有贵贱，有小大。无以小害大，无以贱害贵。养其小者为小人，养其大者为大人。（11·14）

身体有至关重要的部分，有微不足道的部分；有小的部分，有大的部分。不要因为小的部分而损害大的部分，不要因为微不足道的部分而损害至关重要的部分。能保养好小的部分的是小人，能保养好大的部分的是君子。这实际上可以看作是修养的基本原则。孟子试图凸显精神生活的重要性，让人们从物质生活、肉体生存中超拔向上。

从修养的可能性来看，修养正基于性善论。孟子认为，人本然具有恻隐、羞恶、是非、辞让之心。人有此"四心"，就是有仁、义、礼、智四种善端。"人之有是四端也，犹其有四体也"。一切都是自然而然的，这正是修养的基础。但修养不能停留于此，而关键还要懂得把这四种善端扩大充实起来。

> 凡有四端于我者，知皆扩而充之矣，若火之始然，泉之始达。苟能充之，足以保四海；苟不充之，不足以事父母。（3·6）

"扩而充之"强调的正是后天的修养。孟子打比方说，人有这四端，好像刚开始燃烧的火，又如刚开始流出的泉水。推展言之，只有通过扩充，才能使之形成燎原之势、汇成奔涌之流。与此相反，有了这四端，如果还"自谓不能"，按照孟子的说法，那就是"自贼"，是对精神生命的自我伤害。

其次，孟子点出了修养的实质问题，即"求在我"。

孟子认为，许多人并不真切了解身心修养的意义，不懂得真正的"贵"。

> 欲贵者，人之同心也。人人有贵于己者，弗思耳矣。人之所贵者，非良贵也。(11·17)

希望自己活得尊贵些，这是人们的共同心愿。但每个人都有贵而在己的东西，却往往没去考虑。孟子指出：别人给予的尊贵，并非"良贵"，即不是真正的尊贵。这种尊贵既然是被给予的，也就可以被拿走。他人可以让你尊贵，他人也就可以让你卑贱。

但那些贵而在己的"良贵"又是什么呢？孟子用"天爵"和"人爵"作了说明。

> 有天爵者，有人爵者。仁义忠信，乐善不倦，此天爵也；公卿大夫，此人爵也。古之人修其天爵，而人爵从之。今之人修其天爵，以要人爵；即得人爵，而弃其天爵，则惑之甚者也，终亦必亡而已矣。(11·16)

"天爵"即天赐爵位、或称自然爵位，"人爵"即社会爵位，二者的区别实际上是道德价值和政治地位的区别。朱熹解释说："天爵者，德义可尊，自然之贵也。"朱熹《四书章句集注·孟子卷之六》孟子把仁义忠信、行善而且乐此不疲这些道德价值看成是天赐爵位，这无疑与他的性善论有关；他把公卿大夫归为社会的爵位，实际上指的是政治地位。在他看来，两种爵位之间也有一定的关系。孟子赞赏把道德价值追求（修其天爵）作为目的，获得社会政治地位只是其副产品；反对反其道而行之，把道德价值追求作为手段，甚至在得到社会政治地位以后，反而舍弃道德价值追求的做法。

孟子进一步用"求在我"（求在内）和"求在外"来加以区别。

> 求则得之，舍则失之，是求有益于得也，求在我者也。求之有道，得之有命，是求无益于得也，求在外者也。(13·3)

所谓"求在我"，指的是所寻求的东西存在于我自身，我们也可以称之为"求在内"。因为它操之在我,所以这种寻求与最终能否有所收获直接相关。所谓"求在外",指的是所寻求的东西存在于我自身以外,即使寻求的方法得当,但能否有所收获却取决于命运,这种寻求与最终能否得到没有直接关联。

相对而言,孟子更为强调"求在我"或"求在内"。认为:"祸福无不自己求之者""夫人必自侮,然后人侮之;家必自毁,而后人毁之;国必自伐,而后人伐之。"(7·8)这就是后来人们所称的寻求"内圣之道"的路线。

第三,孟子概述了心性修养的方法:一则是存心养性;一则是"养浩然之气"。存心养性主要指培养仁、义、礼、智等德性,养浩然之气主要指培养浩然的意志力量。

仁、义、礼、智等德性的修养方法,在孟子看来,首先是"存",即"存心"。

> 君子所以异于人者,以其存心也。君子以仁存心,以礼存心。(8·28)

"存"就是保存、保全。"存心"就是保全人的善心。在这里也有人释为存于心而不忘。人本然具有"四端",君子则更为突出,"仁、义、礼、智根于心"(13·21),即德性牢牢扎根在其内心之中,因此,从外到内表现与众不同。并且在孟子看来,甚至越是先天即有越是境界高尚。"尧、舜,性之也;汤、武,身之也;五霸,假之也。"(13·30)本性使然高于身体力行,身体力行高于假借名义,这种等级划分仍然可以追溯到孟子的性善论。

与"存"相反的是"放",即放失。而与"存心"对应的是"求放心"。

> 仁,人心也;义,人路也。舍其路而弗由,放其心而不知

求,哀哉!人有鸡犬放,则知求之;有放心而不知求。学问之道无他,求其放心而已矣。(11·11)

"放其心"又称"放其良心",即丧失了善良之心。孟子指出:鸡狗走丢了还知道去找回来,善心丧失了却不知寻找,事情往往就是这样。因此,孟子强调:学问之道没有别的,就是"求放心",即找回那丧失了的善心。"存心"和"求放心"实质上是一样的,只是一个问题的两个方面。

仁、义、礼、智等德性的修养方法,在孟子看来,其次是"养",即养性。

苟得其养,无物不长;苟失其养,无物不消。孔子曰:"操则存,舍则亡;出入无时,莫知其乡。"惟心之谓与?(11·8)

虽存乎人者,岂无仁义之心哉?其所以放其良心者,亦犹斧斤之于木也,旦旦而伐之,可以为美乎?

万物生长都有一个养的过程,得到好的滋养就能生长,丧失了就会消亡。孟子举"牛山之木"为例:牛山上的树木曾经很繁茂,可是总有斧子不断去砍伐它;生长出的新条、嫩芽,又不断被牛羊啃噬,因此变得光秃秃的。修养也一样,放失的良心从根本上说就是没有很好地得到"养"护。

"养"从实质上说,就是"充",即前述的"扩而充之"。

人皆有所不忍,达之于其所忍,仁也;人皆有所不为,达之于其所为,义也。人能充无欲害人之心,而仁不可胜用也;人能充无穿逾之心,而义不可胜用也。(14·31)

五谷者,种之美者也;苟为不熟,不如荑稗。夫仁,亦在乎熟之而已矣。(11·19)

人有"四端",存而不忘;一旦放失,及时找回。在保持善端的基础上不失其养，懂得推广、扩充与提升，方能有所成就。能把不忍之心加以推广、扩充与提升（"达"）就是仁，能把不为之事加以推广、扩充与提升（"达"）就是义。人如果能够把不愿害人的心扩展开，那么仁就会用之不竭了；人如果能够把不挖洞、跳墙的心扩展开，那么，义就会用之不竭了。其余均可以此类推。孟子把仁义等善端比作五谷的种子，种子成熟有一个过程，"扩而充之"之"养"也要有个"熟"的过程。

那么，"养"该注意什么呢？孟子提出了几个原则：即"自得"原则、近易原则、"寡欲"原则、择善原则、"反求"原则。

所谓"自得"原则，强调的是存心养性要靠主体自觉。孟子说："君子深造之以道，欲其自得之也。自得之，则居之安；居之安，则资之深；资之深，则取之左右逢其原，故君子欲其自得之也。"（8·14）君子依循正确的方法获得高深的造诣，就是要能自觉地有所得。那样，就能毫不动摇、积蓄深厚；然后就能取之不尽、左右逢源。

所谓近易原则，强调的是存心养性并非高妙难行，应该从身边平易之处做起。孟子说："夫道若大路然，岂难知哉？"（12·2）尽管大道易知、践道易行，但人们却往往陷入误区："道在迩而求诸远，事在易而求诸难。"（7·11）因此，要改变那种舍近求远、避易就难的错误做法。譬如，如果每个人都能尊老爱幼，进一步推己及人，天下就太平了。

所谓"寡欲"原则，强调的是存心养性应该减少欲望。孟子说："养心莫善于寡欲。其为人也寡欲，虽有不存焉者，寡矣；其为人也多欲，虽有存焉者，寡矣。"（14·35）"寡欲"就是减少欲望。孟子认为，耳目等五官都是"小体"，容易为外物所引诱。而"养其小者为小人，养其大者为大人"（11·14）。"寡欲"正是要抑制小者之欲，因此，是修养心性最好的方法。人如果欲望少，即使善性有所缺失，也不会失去很多；反之，如果欲望很多，那么善性就会保留得少。孟子说他自己"四十不动心",(《公孙丑上》3·2)要求做到坚守自己的心志,不滥用意气,正是修养心性的一个重要侧面。

所谓择善原则,强调的是存心养性要关注环境,善于学习。孟子曾慨叹:"居移气,养移体,大哉居乎!"(13·36)认为环境对人的身心都有影响。以楚国孩子学齐国话为例:如果在楚国让一个齐国人教他,许多楚国人向他嚷嚷,即使天天鞭打、逼他说齐国话,他也不易办到;但要是带他到齐国住上几年,即使天天鞭打、逼他说楚国话,他照样也不易办到了(6·6)。同样,如果穿的是尧的衣服,说的是尧说的话,做的是尧做的事,你就是尧了。穿的是桀的衣服,说的是桀说的话,干的是桀干的事,你就是桀了(12·2)。每个人都可以成为尧舜,关键是要做起来。

所谓"反求"原则,强调的是存心养性必须"反求诸己"。孟子多次提到"反求诸己"的问题:"行有不得者皆反求诸己,其身正而天下归之。"(7·4)"仁者如射:射者正己而后发;发而不中,不怨胜己者,反求诸己而已矣。"(3·7)"反求诸己"就是从自己方面找原因、从自己的内心来反思行而不得、发而不中的根源。"反身而诚,乐莫大焉"(13·4)。如果反省自身发现自己做到了"诚",那么就是最大的快乐了。

"养浩然之气"则是孟子培养意志力量的重要修养方法。

敢问何谓浩然之气?

曰:"难言也。其为气也,至大至刚,以直养而无害,则塞于天地之间。其为气也,配义与道;无是,馁也。是集义所生者,非义袭而取之也。行有不慊于心,则馁矣。我故曰,告子未尝知义,以其外之也。必有事焉,而勿正,心勿忘,勿助长也。"(3·2)

关于"浩然之气"的解读,历来众说纷纭。从"至大至刚""塞于天地"等特征来看,"浩然之气"似乎是一种形而下的"气";但从"配义与道""集义所生"等属性来看,"浩然之气"更应是一种形而上的"气",是精神之气,是与主体意志相联系的精神力量,是一种坚毅博大的伟岸气概,后来称之为"浩然正气"。具体而言,养浩然之气不能靠偶然或侥幸取得,而是一个有所作为而不中止、内心不忘也不人为助长的长期修养过程。

最后,孟子提出了修养的境界和目标:成圣。

理想人格有哪些主要特征,层级如何界定?孟子在对具体人物进行评价时,曾透露出其基本思想。

规矩,方圆之至也;圣人,人伦之至也。(7·2)

可欲之谓善,有诸己之谓信,充实之谓美,充实而有光辉之谓大,大而化之之谓圣,圣而不可知之之谓神。(14·25)

这里,善—信—美—大—圣—神,将理想人格的层级以一个较为完整的序列呈现出来。"善"所蕴含的理想人格特征是人们所向往的德性(可欲之谓善);"信",指称的是主体本身具有这种德性的真实性(有诸己之谓信),其实质就是"真";"美"凸显的是真实与完满的统一性(充实之谓美);"大"展示的是内与外的和谐性(充实而有光辉之谓大);"圣"所体现的是这种内外和谐性具有道德感染力与教化作用(大而化之之谓圣);"神"所体现的理想人格特征是这种道德感染力与教化作用以潜移默化、日用不知的形式展开(圣而不可知之之谓神)。综合来看,孟子所述的理想人格实际上是真善美的统一,是蕴含着无形的道德力量的内外和谐的统一[①]。

孟子还把修养的最高境界描述为"知天""立命"。

尽其心者,知其性也。知其性,则知天矣。存其心,养其性,

---

① 参见杨国荣:《善的历程:儒家价值体系研究》,上海人民出版社2006年版,第66页。

所以事天也。夭寿不贰，修身以俟之，所以立命也。(13·1)

这段话可以看作孟子心性学说的纲领。孟子由尽心（存心）—知性（养性）—知天（事天）—立命，构筑了以"天人合一"为框架、以"知行统一"为方法、以"身心为一"为目标的"内圣之学"的完整体系。"尽心—知性—知天"是致思主线；"存心—养性—事天"是实践主线；"修身—立命"是内在红线。孟子认为，人具有上天赋予的具有思维功能的"心"，它正是人不同于动物的"性"之所在。通过充分发挥心之思的作用，扩充与生俱来的仁义礼智善端，就能真正理解人之为人的本性，进而领悟"天"对人意义。与此同时，人自觉地保全本心，培养本性，以正确的人生承奉天道。不论生命短长，矢志不渝，修养身心，等待天命，最终实现身心性命的安顿，体味"万物皆备于我"（13·4）、"上下与天地同流"（13·13）的境界。

这种理想人格的具体表现之一是"圣王"，即内圣与外王的统一。在孟子看来，尧舜就是这样的圣王。成圣当然要有大德，成王却不能没有天子之荐。"匹夫而有天下者，德必若舜、禹，而又有天子荐之者"（9·6）。尧禅位给舜正是"贵德而尊士，贤者在位，能者在职"似的佳话，但孟子没有忘记，指出其有一个"尧荐舜于天而天受之，暴之于民而民受之"的过程。（9·5）孔子缺少这个环节，因此不能享有天下，成圣而不能成王。尽管如此，孟子认为，后世虽然德至圣境者由圣而王缺乏现实性，但可以通过促使"继世以有天下"（9·6）的王者修其德能、朝渐趋圣境努力，也即通过德行高尚的"大人""君子"，不断"格君心之非"（7·20）、"引其君以当道"（12·8），也可以达到"一正君而国定"（7·20）的效果。

这种理想人格还具体表现为"大丈夫"。

居天下之广居，立天下之正位，行天下之大道；得志，与民

由之；不得志，独行其道。富贵不能淫，贫贱不能移，威武不能屈，此之谓大丈夫。(6·2)

大丈夫的基本特质是：住天下最宽广的住宅，站天下最中正的位置，走天下最光明的大路；得志时偕百姓依循大道，不得志时走自己的路；富贵不能乱我之心，贫贱不能变我之志，威武不能屈我之节。朱熹将"广居""正位""大道"分别释为仁、礼、义，那么，由"居""立""行"所构成生命活动的世界正是道德精神的世界。面临动静进退和各种境遇的"大丈夫"，在道德精神的映照下昂然挺立。

值得注意的是，孟子特别重视"士"的精神修养，对"士"也有更高的期许。如认为：士"居仁由义"、高尚其志（"尚志"）(13·33)，是养其大者；他们不把物质利益放在重要位置，"无恒产而有恒心者，惟士为能"(1·7)；他们成就为君子，"不怨天，不尤人"；他们仕与不仕的原则是"迎之致敬以有礼"(12·14)，因而不能被收买，"焉有君子而可以货取乎"(4·3)；他们坚守自己的心志，即"持其志"(3·2)；他们坚持自己原则，"大匠不为拙工改废绳墨，羿不为拙射变其彀率""中道而立"(13·41)；他们尊德乐义，"士穷不失义，达不离道。……得志，泽加于民；不得志，修身见于世。穷则独善其身，达则兼善天下"(13·9)。是否得志、穷与达不能由自己决定，但他们修身、守身而进入圣域。

实际上，孔子以后的"士"，与今天的知识分子有较多的关联性。关注知识分子研究的杜维明教授认为，孟子思想中有四种资源对今天塑造知识分子的人格有特别的意义："第一种资源，是知识分子有强烈的历史文化使命感"；"第二种资源就是知识分子基本是社会良知"；"第三方面的资源更重要，即知识分子有强烈的主体意识"；"第四种资源就是儒家的从道不从君的抗争精神"[①]。应该说，这些见解是符合孟子思想精神并富于启发意义的。

当然，孟子的理想人格并非遥不可及，在孟子看来往往是"君子存之，庶民去之"而已。究其原因，主要是人们反思得十分不够。"至于身，而不知所以养之者……弗思甚也"（11·13）。他反复强调："圣人，与我同类者"（11·7），"人皆可以为尧舜"（12·2）。认为君子之忧在于："舜，人也；我，亦人也。舜为法于天下，可传于后世，我由未免为乡人也，是则可忧也。"（8·28）这对于潜心向善的人们具有极大的鼓舞作用。

《孟子》的历史影响

孟子继承、丰富和发展了孔子创立的儒家学说，进一步奠定了孔孟之道的思想基础，成为了原始儒学集大成的思想代表。南宋著名理学家朱熹说："自尧舜以下，若不生个孔子，后人去何处讨分晓？孔子后若无个孟子，也未有分晓。"《朱子语类》卷九十三《孟子》一书和孟子的思想，对后世产生了重大影响。

战国晚期的荀子，是孟子之后儒家的另一重要代表人物。荀子在其著作的《非十二子》篇中，重点讨论了"子思唱之，孟轲和之"的这一学派，荀子在儒家中也仅仅选取了思、孟并加以评论。但是，"非十二子"，顾名思义，思孟学派是作为批判对象的面貌出现的。荀子和孟子在有些问题上，观点差异较大，如荀子写有《性恶》篇，与孟子性善论形成鲜明对照。《非十二子》评论思孟学派的基调，具有较浓厚的门户之见意味。但这篇文章提到：世俗认为孟子思想是孔子学说的真传，因而纷

[①] 参见《杜维明文集》第5卷，武汉出版社2002年版，第579-580页。

纷接受并传播其思想。这从另一个侧面反映了孔孟之间的思想关联，也体现了孟子思想在当时的社会影响。荀子的学生韩非，在《韩非子·显学》中，讨论过孔子之后"儒分为八"的有关情况，其中除了涉及孔门弟子、再传弟子与后裔外，也专门讨论了战国中期的孟子与战国晚期的荀子。

秦汉之际，孟子学派影响并不十分显著。秦始皇焚书坑儒，孟子学派损失惨重，参看东汉赵岐《孟子题辞》。到了汉代，孝文帝时，官方一度在五经博士之外，为《论语》《孝经》《孟子》《尔雅》设立传记博士，时间虽然不长，但后来人们仍将《孟子》视为辅翼经书的传。汉代还出现了一系列注解《孟子》的专书，如程曾的《孟子章句》、郑玄的《孟子注》、高诱的《孟子章句》、刘熙的《孟子注》、赵岐的《孟子章句》等，据说刘向和扬雄，也为《孟子》作过注。但流传至今比较完整的，只有赵岐的《孟子章句》。东汉时，能够援引《孟子》阐明经义被视为博学，因此，孟子思想成为思想家们的理论资源。

魏晋到隋，儒学衰微，《孟子》在这一时期也相对沉寂。但注解和引用《孟子》者仍不乏人。唐以后，五经等儒家经典开始从崇尚佛老的氛围中逐渐受到重视。中唐以后，一些思想家开始为提升孟子思想的地位奔走，特别是韩愈的道统说，认为儒家道统发展是："尧以是传之舜，舜以是传之禹，禹以是传之汤，汤以是传之文、武、周公，文、武、周公传之孔子，孔子传之孟轲。轲之死，不得其传焉。"虽然道统中辍的说法未必反映了史实，但孟子地位受到了高度评价。

到了宋代，孟子道统传人的地位得到朝野上下的普遍认同，并且超越荀子、董仲舒、扬雄、王通、韩愈等人，成为从先秦到宋以前儒家圣学道统的唯一传人。与此同时，孟子的政治地位也发生了根本改变。神宗时，孟子被封为"邹国公"，进入孔庙、配享孔子（公元 1084 年）。徽宗时，孟子庙也得到了朝廷的认可（公元1115年）。这一时期，《孟子》一书也日益受到推崇。神宗时，在王安石的推动下，《孟子》与《论语》并列为"兼经"，成为科举考试的必考内容。徽宗时，《孟子》首次正式进入儒家经典行列，成为儒家十三经之一而刻为石经。南宋光宗时，《孟子》被列入十三经注疏合刊印刷。而此前，通过多位思想家（如中唐韩愈、李翱；北宋张载、程颢、程颐；南宋朱熹），特别是程朱的努力，《孟子》与《大学》《论语》《中庸》最终被合称为"四书"而受到特别尊崇。在朝野的共同推动下，在而后七百余年的历史中，《孟子》一直作为儒学的主流思想而备受崇敬、流传广泛。

孟子思想在宋代以后成为儒家哲学各学派的共同思想资源，许多思想家都为解读《孟子》耗费大量的精力，并在此基础上拓展自己的思想：不论是朱熹《孟子章句集注》对理学思想的阐发；还是戴震《孟子字义疏证》表达对理学的反动。这一时期，注释《孟子》的书蔚为大观，不下数百家。[①] 今天看来，《孟子》作为中华民族传统重要的文化基因与文化记忆，仍不失为新时期文化创新的源头活水，值得特别珍视和反复研读。

古今注释、翻译和解读《孟子》者，所在多有。我们的译注主要参考了宋朱熹《四书章句集注》、清焦循《孟子正义》、今人杨伯峻《孟子译注》，以及傅佩荣《解读孟子》和万丽华、蓝旭译注《孟子》等。还参考了时贤的许多研究成果，在此，一并表示感谢。

最后，让我们共同品味着孟子以下思想前行：

> 天将降大任于是人也，必先苦其心志，劳其筋骨，饿其体肤，空乏其身，行拂乱其所为，所以动心忍性，曾（增）益其所不能。

---

① 参见周淑萍：《两宋孟学研究》，人民出版社2007年版。

人恒过,然后能改;困于心,衡于虑,而后作;征于色,发于声,而后喻。入则无法家拂士,出则无敌国外患者,国恒亡。然后知生于忧患而死于安乐也。(12·15)

一个有着重大担当的人,应该在艰难困苦中锻炼自己、最终有所作为。

卷一

梁惠王［上］

《孟子》7篇，各有篇名。篇名只是取自篇首的字词，没有特别的意义。每篇分为上下两卷。

本卷共7章，主要阐明"王道""仁政"思想。前五章为孟子与梁惠王的对话，涉及义利之辨、民本理念、仁政措施、政治责任、贫富差距、仁者无敌等。后两章分别是与梁襄王和齐宣王的对话，包括保民而王、仁政基础、不为与不能、推恩原则、仁政措施等。具体来说，第1章倡明仁义乃治国之本，分析上下争利将给治国带来的危害，即所谓"义利之辨"。第2章以史例阐述圣王之德"与民偕乐"的道理。第3章阐明王道之始在保证正常生产、遵循自然法则，让百姓获得基本的生活保障。第4章强调王者为政之道必须关注民生，避免率兽食人。第5章讲行仁政而天下无敌。要求少用刑罚、减少赋税、深耕细作、修习人伦与社会准则，增强凝聚力。第6章强调不贪杀人才能安定天下。第7章提出有不忍之心是保民而王的基础；区分行仁政之不能与不为；阐述推恩（推己及人）的重要性；批判不行仁政是缘木求鱼；要求制民之产、办好教育。

【原文】

[1.1] 孟子见梁惠王①。王曰:"叟不远千里而来②,亦将有以利吾国乎?"

孟子对曰:"王,何必曰利?亦有仁义而已矣③。王曰'何以利吾国?'大夫曰'何以利吾家?'士庶人曰'何以利吾身?'上下交征利而国危矣④。万乘之国⑤,弑其君者⑥必千乘之家;千乘之国,弑其君者必百乘之家。万取千焉,千取百焉,不为不多矣。苟为后义而先利,不夺不餍⑦!未有仁而遗其亲者也,未有义而后其君者也。王亦曰仁义而已矣,何必曰利?"

【注释】

① 梁惠王:即魏惠王,名䓨(yīng),在位时魏都由安邑迁到了大梁(今河南开封),故又称梁惠王,惠是他的谥号。

② 叟(sǒu):老丈。

③ 亦:只。

④ 征:取。

⑤ 乘(shèng),一辆四匹马拉的兵车称一乘,古时诸侯国大小以兵车多少论。

⑥ 弑(shì):卑杀尊,如臣杀君或子杀父等称为弑。

⑦ 餍(yàn):满足。

【译文】

孟子见梁惠王。梁惠王说:"老先生不远千里而来,也会有些利于我国的良策吧?"

孟子回答说:"王为什么定要谈'利'呢?只讲'仁义'就行了。君王讲'怎样对我的国家有利?'大夫讲'怎样对我的封地有利?'士人和百姓讲'怎样对我自己有利?'上上下下争相逐利,那国家就危险了。拥有万辆兵车的国家,杀天子的定是拥有千辆兵车的诸侯;拥有千辆兵车的诸侯,杀他的定是拥有百辆兵车的大夫。万辆兵车中有千辆、千辆兵车中有百辆,不能算不多吧。但是,假如把'义'放在后头而把'利'摆在前面,那些人不夺得君位是永远不会满足的!相反,从来没有讲'仁'却遗弃自己父母的,也没有讲'义'而轻慢自己君王的。王啊,只讲'仁义'就可以了,何必讲'利'呢?"

【品鉴】

王,何必曰利?亦有仁义而已矣。

上下交征利。而国危矣。

利字当头,治国必将危殆;高扬仁义,理政方有根基。

孟子生活的战国时代,诸侯争雄,战乱频仍。魏国是与韩、赵"三家分晋",从春秋时的晋国独立出来的,战国初期时国力在七雄中最为强盛,这与魏文侯广纳贤才、厉行改革分不开。后经武侯,到武侯之子惠王,国力已大不如前,特别是惠王在位时攻打韩,韩紧急求助于齐,齐派田忌为大将、孙膑为军师伐魏相助,惠王派庞涓和太子申为将抵御齐军。齐魏马陵之战(公元前342年),魏军损失十万,魏将庞涓自尽,太子申被俘并遭杀害,魏从此一蹶不振。魏先是向齐纳贡,紧接着被秦屡次打败,献出河西之地和上郡的十五座县城,后来还被楚国打败过。惠王时魏国迁都大梁，因此魏惠王又称梁惠王。

当梁惠王见到孟子的时候，面对前来游说诸侯的思想家，他急于寻求富国强兵的良方，这在当时，似乎都在情理之中，孟子对此也心知肚明。但是，思想精深、有雄才大略而又能言善辩的孟子，一上来就抓住对方提到的"利"字做文章，从一定意义上给了对方一个下马威。从本书来看，也当是开门见山、开宗明义：作为君王，治国不能"利"字当头，倡导仁义才是根本。接下来，孟子从正反两个方面阐述自己的主张：一方面，推演、引申上下争相求利的危害；另一方面，摆明推崇仁义的正面效应。最后结论也就水到渠成，自然呈现。

关于义利问题，历史上有许多的争论，被称为"义利之辨"。孔子讲："君子喻于义，小人喻于利。"算是这个问题的发端。史家司马迁也感慨系之地写道："余读孟子书，至梁惠王问何以利吾国，未尝不废书而叹也，曰：嗟乎！利，诚乱之始也。……自天子至于庶人，好利之弊，何以异哉？"并认为，孟子"义利"思想继承了孔子的基本原则。荀子《大略》篇中也说："盛世重义，乱世重利。"这些大致反映了儒家的基本思想倾向。

孟子是不是一概反对"利"呢？这就得全面了解孟子的相关思想了。朱熹认为，这里"未有仁而遗其亲者也，未有义而后其君者也"，实际上说的是"仁义未尝不利"。后面章节我们将会看到，孟子关于保民、养民、教民等民本思想很丰富，利民主张也很深刻。总体而言，孟子是强调以义制利的。我们可以理解为：孟子根据不同受众，将君、民区别对待，分类指导。

【原文】

[1.2] 孟子见梁惠王。王立于沼上①，顾鸿雁麋鹿，曰："贤者

亦乐此乎？"

孟子对曰："贤者而后乐此，不贤者，虽有此，不乐也。《诗》云：'经始灵台②，经之营之③，庶民攻之，不日成之。经始勿亟④，庶民子来⑤。王在灵囿⑥，麀鹿攸伏⑦，麀鹿濯濯⑧，白鸟鹤鹤⑨。王在灵沼，於牣鱼跃⑩。'文王以民力为台为沼，而民欢乐之，谓其台曰灵台，谓其沼曰灵沼，乐其有麋鹿鱼鳖。古之人与民偕乐，故能乐也。《汤誓》曰⑪：'时日害丧⑫，予及女偕亡⑬。'民欲与之偕亡，虽有台池鸟兽，岂能独乐哉？"

【注释】

① 沼：水池。

② 经：规划。

③ 营：建造、施工。

④ 亟（jí）：急，赶快。

⑤ 子来：像儿子帮父母那样来效力。

⑥ 囿（yòu）：畜养禽兽的园地。

⑦ 麀（yōu）：母鹿。鹿：指公鹿。攸：在动词前相当于"所"。

⑧ 濯濯（zhuó）：肥壮而有光泽的样子。

⑨ 鹤鹤：原作"翯翯"，（hè hè）羽毛洁白的样子。

⑩ 於（wū）：语首语气词。牣（rèn）：满。

⑪《汤誓》：《尚书》篇名，记载商汤讨伐夏桀时的誓师之词。

⑫ 时日：这个太阳，指夏桀。害（hé）：同"曷"，何也，这里指"何时"。

⑬ 偕（xié）：共同，一块儿。

【译文】

孟子见梁惠王。惠王站在池塘边,一面看着鸿雁麋鹿,一面问孟子:"贤者也以此为乐吗?"

孟子回答说:"只有贤者才能享受这种快乐,不贤之人即使有这些,也是无法享受的。《诗经·大雅·灵台》上说:'规划建灵台,施工巧安排,百姓都行动,很快便落成。王本不着急,百姓太卖力。王从灵囿过,群鹿悠闲卧,群鹿肥又光,白鸟白又亮。王又到灵沼,满池鱼欢跳。'文王借助民力筑台修池,老百姓却很欢喜,把那个台称为灵台,把那个池叫作灵沼,很高兴那里有各种麋鹿鱼鳖。古时的贤君与百姓同乐,所以能享受快乐。《尚书·汤誓》里说:'这个太阳何时才能灭亡啊,我们宁可和你一起去死。'老百姓恨不得和夏桀同归于尽,他即使有台池鸟兽,难道能独自享受吗?"

【品鉴】

古之人与民偕乐,故能乐也。

贤者而后乐此,不贤者,虽有此,不乐也。

与民同乐,才能真正而持久地享受快乐。贤德是享受快乐的有效前提,否则即使具备了物质条件,也无法获得真正的快乐。

人都有享受并获得快乐的需要。虽然统治者更有条件做到,但要真正而持久地享受快乐,就必须与民同乐。孟子用周文王和夏桀的史例从正反两个方面做了说明:文王与民同乐,要建灵台,老百姓都非常高兴,纷纷积极参与建设,干起活来就像儿子为父亲效力。文王所到的园林苑囿,也是一派人与自然和谐相处、怡然自得的和乐景象。而暴君夏桀呢,自封为太阳,但老百姓恨之入骨,甚至不惜与他同归于尽。这样,纵然富有天下,夏桀也不能享受真正的快乐,即使有,终究也不能长久。

与民同乐应该成为处理政民关系的重要原则。公共事务如果不从老百姓的根本利益出发，社会发展的成果如果不能与百姓同享，那就很难让社会得到持续而稳定的繁荣。

"贤者而后乐此，不贤者，虽有此，不乐也"。这是一个不同寻常、颇有见地的命题。它表明，享受并不能简单地归结为被动接受外在刺激、并对这些刺激做出心理反应，而实际上涉及享受者对外物和自身的了解和觉悟，涉及人对于自己活动的意义的了解，这就有个境界（层次）问题了。譬如在今天，一个家业雄厚的企业家，他自身完全有条件得到充分的物质享受，但后来更为关心他人的艰难困苦，成了一个慈善家，此后他所获得的快乐便自会与先前有所不同。

如果享乐有境界（层次）的不同，那么划分的标准是什么呢？孟子认为是"德"。中国现代著名哲学家冯友兰先生的人生境界理论，也可看作是孟子思想的拓展。冯友兰先生认为，人生是有觉解的生活，或有较高觉解的生活，人在觉解中建立自己的意义世界或价值世界。他根据人对宇宙人生意义觉解的不同，划分出不同的人生境界。这些境界由低到高依次为：自然境界、功利境界、道德境界和天地境界。自然境界的人对宇宙人生毫无觉解，似乎是一个混沌，完全是一种被动的人生；功利境界的人生略高于自然境界，是一种主动的人生，但往往表现为自私的、为我的、为利的；道德境界则超越功利境界，形成了较完善的人格，"利"转变成为公利也就是"义"，为利超越而成了行义；天地境界是理想的人格，是对宇宙人生的最高觉悟，这种觉悟使人的生活获得最大的意义，使人生具有最高的价值，这种境界既是自觉的，又是自由的。

现代西方著名心理学家马斯洛的需要层次理论也表明，人的需要是多方面的，从低到高分别包括生理需要、安全需要、爱的需要、尊重的需要、自我实现的需要等。生存需要，包括饮食、睡眠等的需要；安全需要，包括安全、稳定、依赖、对秩序和法律的需要；爱的需要，包括追求爱和被爱、渴望交往等；尊重的需要，包括对获得成就、名誉、地位、自信、独立和自由等的需要；自我实现的需要，使创造和挑战自我也成为一种享受。马斯洛的需要层次理论从另外一个侧面印证了享受和快乐是有层次的。值得注意的是，孟子是从道德价值维度来衡量，具有鲜明的儒学特色。

【原文】

[1.3] 梁惠王曰："寡人之于国也，尽心焉耳矣。河内凶，则移其民于河东①，移其粟于河内。河东凶亦然。察邻国之政，无如寡人之用心者。邻国之民不加少，寡人之民不加多，何也？"

孟子对曰："王好战，请以战喻。填然鼓之②，兵刃既接，弃甲曳兵而走③。或百步而后止，或五十步而后止。以五十步笑百步，则何如？"

曰："不可；直不百步耳④，是亦走也。"

曰："王如知此，则无望民之多于邻国也。不违农时，谷不可胜食也；数罟不入洿池⑤，鱼鳖不可胜食也⑥；斧斤以时入山林，材木不可胜用也。谷与鱼鳖不可胜食，林木不可胜用，是使民养生丧死无憾也。养生丧死无憾，王道之始也。五亩之宅，树之以桑，五十者可以衣帛矣。鸡豚狗彘之畜⑦，无失其时，七十者可以食肉矣。百亩之田，勿夺其时，数口之家可以无饥矣。谨庠序之教⑧，申之以孝悌之义⑨，颁白者不负戴于道路矣。七十者衣帛食肉，黎民不饥不寒，然而不王者⑩，未之有也。狗彘食人食而不知检，涂有饿莩而不知发⑪；人死，则曰：'非我也，岁也。'是何异于刺人而杀之，曰：'非我也，兵也。'王无罪岁，斯天下之民至焉。"

【注释】

① 河内、河东：魏地，河内指黄河北岸济源（今河南省）一带；河东指黄河东岸安邑（今山西省）一带。

② 填然：形容击鼓声。

③ 走：跑，逃跑。

④ 直：只是。

⑤ 数（cù）：细密；罟（gǔ）：渔网。洿（wū）：低洼之地。

⑥ 胜（shēng）：尽。

⑦ 豚（tún）：小猪；彘（zhì）：大猪。

⑧ 庠（xiáng）序：泛指学校。地方学校殷代称庠、周代称序。

⑨ 申：反复强调。

⑩ 王（wàng）：称王，统治天下。

⑪ 涂：通"途"，道路；莩（piǎo）：通"殍"，饿死的人。

【译文】

梁惠王说："对于国事，我真是尽了心力了。河内发生饥荒，就把部分百姓迁到河东，并调拨粮食到河内。河东发生饥荒，也照此处理。看看邻国处理政务，没有像我这样用心的。可是，邻国的百姓没减少，我的百姓也没增加，这是为什么呢？"

孟子回答说："王喜欢征战，就让我用打仗来做比喻吧。战鼓咚咚响起来，双方兵刃已相接，这时有人丢盔弃甲、拖着兵器逃跑。有的逃跑了一百步停下来，有的逃跑了五十步停下了。跑了五十步的人嘲笑那些跑了一百步的。这该怎么看呢？"

王说："这不对。只是没跑到一百步而已，可那也是逃跑啊。"

孟子说："王既然懂得这个道理，也就别指望你的百姓比邻国多了。

不违背农业生产的时节，就会有吃不完的粮食；细密的网不下池沼，就会有吃不完的水产；按照时令进山伐木，就会有用不完的木材。有吃不完的粮食和水产、用不完的木材，这就让老百姓生养和丧葬都无后顾之忧了。没有这些方面的后顾之忧，正是行王道的开端。五亩大的宅园，用来种桑养蚕，五十岁的人就能穿上丝织衣服；养鸡、狗、猪等禽畜，不要错过时令，七十岁的人就能吃上肉；种百亩大的农田，耕作时间不被占用，几口之家就不会挨饿。谨慎地办好学校教育，反复讲明孝亲敬长的道理，须发斑白的老人就不必背扛、头顶，负重上路。七十岁的人穿得上丝、吃得上肉，老百姓饿不着、冻不着，这样还不能让天下归服，那是没有的事啊。猪狗吃的是人的口粮，却不知制止；路上有了饿死的人，却不知开仓赈济。饿死了人，还说：'不能怪我，都怪年成。'这与刺死了人，却说：'不能怪我，都怪兵器，'又有什么不同呢？王不再归罪于年成，那么，天下的百姓就都来了。"

【品鉴】

以五十步笑百步，则何如？

养生丧死无憾，王道之始也。

治国无道，终是"五十步笑百步"；各得其"时"，百姓"养生丧死无憾"。

梁惠王以自己"赈灾用力"为例，抱怨尽心国事，但并未取得与邻国相比更为明显的实效。深知就里的孟子并未避实就虚，而是直指问题的根本：不行王道疲于征战、侵夺农时等，相对于赈灾乏力而言，只是"五十步笑百步"而已。一个连黎民百姓基本生活保障线都不能保证的统治者，何谈理政用心、遑论于国尽心？

"养生丧死无憾"，就是百姓生活的最低保障线，也是政治稳定的底线、国家复兴的基线。养家活口、解决温饱，自然是百姓生活的头等大事、一个国家的最大政治；临终关怀、死者安葬，也是社会生活的大事，切不可等闲视之。

要保障百姓的生活，就必须保证正常的生产。孟子反复讲到"时"的重要性："以时""不违时""无失其时""勿夺其时"等。"时"首先包括时节、时令，表明孟子真正抓住了以农立国的治国根本：百姓不仅需要树桑之宅、种粮之田，而且需要不失其时的制度保证和技术支持。附带说，"时"还包括时机、时势等，所谓"审时度势"。如：有人认为孟子的思想"迂远而阔于事情"，和梁惠王之流的交谈不过是对牛弹琴，一言以蔽之：不能审时度势。但当读到后面的"天将降大任于是人"一段，对孟子的良苦用心也许会有另外一种感触吧。

正常生产还必须遵循自然的法则：密网不入池、伐木要以时，……孟子这些思想萌生于对社会经验的总结、对自然生态的观照，在今天看来，其中包含着浓烈的生态意识，值得人们仿之效之、深长思之。

这里，还有必要说说"王道"。"王道"一词，在《尚书·洪范》中就已出现，所谓"无偏无党，王道荡荡"。古籍中"王道"实际上指的是王者之道，是理想政治的最高的原则。孟子心中的王道是以仁义治天下，并力主崇尚王道、反对霸道。孟子认为：王道的基本特征就是"以德行仁"，以仁政的理论与政策，通过保民、养民、教民、利民而得人心；霸道的基本特征却是"以力假仁"，以武力暴力相威胁，而"仁"此时只是一个幌子。

人死，则曰："非我也，岁也。"是何异于刺人而杀之，曰："非我也，兵也。"

寻找托辞，往往是失败者的惯用伎俩；敢于担当，恰恰是解决问题的良好开端。

饿死了人,说:"不能怪我怪年成。"就如同杀死了人,说:"不能怪我怪刀刃。"推脱责任的强盗逻辑,在孟子思想之光的烛照下昭然若揭、无所遁形。寻找托辞,往往是失败者的惯用伎俩;敢于担当,恰恰是解决问题的良好开端。

【原文】

[1.4] 梁惠王曰:"寡人愿安承教。"①

孟子对曰:"杀人以梃与刃②,有以异乎?"

曰:"无以异也。"

"以刃与政,有以异乎?"

曰:"无以异也。"

曰:"庖有肥肉③,厩有肥马,民有饥色,野有饿莩,此率兽而食人也。兽相食,且人恶之;为民父母,行政不免于率兽而食人。恶在其为民父母也④?仲尼曰:'始作俑者⑤,其无后乎!'为其象人而用之也。如之何其使斯民饥而死也!"

【注释】

① 寡人:古代诸侯自谦之词,意为寡德之人。

② 梃(tǐng):棍棒。

③ 庖(páo):厨房。

④ 恶(wū):何。

⑤ 俑(yǒng):殉葬用的土偶、木偶。

【译文】

梁惠王说:"我很乐意接受你的指教。"

孟子回答说:"用棍棒打死人和用刀杀死人,有什么不同吗?"

梁惠王说:"没什么不同。"

孟子问:"用刀杀死人与政治害死人有什么不同吗?"

梁惠王说:"没什么不同。"

孟子说:"厨房里有肥肉,马厩里有肥马,可是老百姓面露饥色,野外还有人饿死,这就等于率领野兽来吃人!野兽相互残杀,人们尚且厌恶;作为百姓父母,推行政事却不能避免率兽吃人,又怎么配做百姓父母呢?孔子说:'最早做出土偶、木偶来殉葬的人,该会断子绝孙吧!'只因为土偶、木偶像人,却被用来殉葬。而对那些让老百姓饿死的人,又该怎么办呢?"

【品鉴】

杀人以梃与刃,有以异乎?以刃与政,有以异乎?

曰:无以异也。

用棍棒打死人和用刀子杀死人没有两样,用政治害死人与用刀子杀死人也没什么不同。政治要突出以人为本,不能沦为杀人工具。

庖有肥肉,厩有肥马,民有饥色,野有饿莩,此率兽而食人也。

"朱门酒肉臭,路有冻死骨"。极端的贫富差距是社会不安定的重要因素。不能正确处理这一问题,统治者难辞其咎。打破平均主义,是现代社会的要求;实现公平正义,更是社会发展的方向。

孔子说:"丘也闻有国有家者,不患寡而患不均,不患贫而患不安,盖均无贫,和无寡,安无倾。"(《论语·季氏》)意思是:我听说,对于诸侯和大夫,不怕人口少,就怕财货分配不均;不怕财货少,就怕人心不安定。大概财物政策合理了,即使财货少也不怕;大家和睦团结了,就是人少也不要紧;上下安定了,国家就没有倾覆的危险了。孟子对贫富悬殊问题高度关注，并对统治者横征暴敛予以无情的抨击。贫富差距和社会公平问题为历代知识分子所关心，成为他们忧国忧民的重要内容。今天的所谓基尼系数正是衡量贫富差距的重要指标。打破平均主义，是现代社会的要求；实现公平正义，更是社会发展的方向。

为民父母，行政，不免于率兽而食人。恶在其为民父母也？

行政漠视百姓疾苦，无异于率兽吃人；为官没有人文关怀，不会被民众拥戴。

始作俑者，其无后乎！

最早做土偶、木偶来殉葬的人，该会断子绝孙吧！

从考古发掘来看，我国在公元前3000多年有过以人殉葬的历史，尤其殷商为最。在今安阳殷墟发掘的第23代商王武丁妻子妇好墓中，就有殉葬者16人之多。人殉葬制到西周逐渐消亡。孔子认为，过于像人的人形俑殉葬也是不可以的。我们推测：一则可能是孔子担心容易引起人殉死灰复燃；一则因为过于逼真，构成对人类尊严目标的误导。如果是这样，孔子思想无疑具有时代的进步性。秦始皇兵马俑远在孔子此言之后，但既有焚书坑儒之举，大兴土木建兵马俑巨阵，也就不足为怪了。"始作俑者，其无后乎！"表达了孔子对殉葬这一恶俗的极端痛恨。今天，当我们提及负面影响较大事件的初创者时，仍会用"始作俑者"来指称。

【原文】

[1.5] 梁惠王曰："晋国[①]，天下莫强焉，叟之所知也。及寡人之身，东败于齐，长子死焉[②]；西丧地于秦七百里[③]；南辱于楚[④]。寡人耻之，愿比死者壹洒之[⑤]，如之何则可？"

孟子对曰："地方百里而可以王[⑥]。王如施仁政于民，省刑罚，薄税敛，深耕易耨[⑦]；壮者以暇日修其孝悌忠信，入以事其父兄，出以事其长上，可使制梃以挞秦、楚之坚甲利兵矣。彼夺其民时，使不得耕耨以养其父母。父母冻饿，兄弟妻子离散。彼陷溺其民，王往而征之，夫谁与王敌？故曰：'仁者无敌。'王请勿疑。"

【注释】

① 晋国：这里指魏国。战国时的魏国是从春秋时的晋国分出来的。

② 东败于齐，长子死焉：指齐魏马陵（今河南濮阳县北）之战。魏伐韩，韩求助于齐，齐军以田忌为大将、孙膑为军师，在马陵大败以庞涓和太子申为统帅的魏军。庞涓自杀，太子申被俘。

③ 西丧地于秦七百里：马陵之战后，魏国多次败于秦国，失河西之地和上郡的十五座县城。

④ 南辱于楚：魏军为楚将昭阳所败，失八邑。

⑤ 比：为，替，给。壹：全，都。洒（xǐ）：后作洗，引申为洗雪。

⑥ 方百里：百里见方，纵横各百里。

⑦ 易：疾，速。耨（nòu）：锄草。

【译文】

梁惠王说："魏国，从前天下没有比它更强大的国家了，这是老先生您所知道的。但传到了我这儿，东边被齐国打败，长子也牺牲了；西边被秦国打败，割让了七百里土地；南边也遭到楚国欺侮。对此我深感耻辱，希望为死者一雪此恨。该怎么办才行呢？"

孟子回答说："有百里见方的土地也能让天下归服。王如果对百姓施行仁政，少用刑罚，减少赋税，要求深耕细作，勤除杂草；让年轻人在闲暇时修习孝亲敬长、忠诚守信的道理，在家侍奉父兄、在外服务上级。这样，即使让他们造棍棒也可以抗击秦、楚的坚甲利兵。

"而那些国家占用老百姓的生产时间，使他们不能[好好]耕作来奉养父母。父母饥寒交迫，兄弟妻儿离散。那些国家让老百姓陷入深渊，王去讨伐他们，有哪个能与王匹敌呢？所以说：'有仁德的人，天下无敌。'请王不要怀疑！"

【品鉴】

仁者无敌。

王如施仁政于民，省刑罚，薄税敛，深耕易耨；壮者以暇日修其孝悌忠信，入以事其父兄，出以事其长上，可使制梃以挞秦、楚之坚甲利兵矣。

施仁政、行王道，天下无敌；修孝悌、讲忠信，众志成城。

"仁"是一个先于孔子而出现的观念，《诗经》《尚书》等书中都已提到，但多指仪文美备。孔子则把"仁"提升为人之为人的一种价值原则，即《中庸》所谓"仁者，人也"。《孟子·尽心上》所说的"仁也者，人也"。仁是确立人自身以及处理人与他人关系的基本原则。那么，仁的基本含义是什么呢？《论语·颜渊》中记载："樊迟问仁。子曰：'爱人。'"仁者爱人以亲子、兄弟等原初的自然关系为基础："孝弟也者，其为仁之本与！"(《论语·学而》)，然后逐层展开："弟子入则孝，出则弟，谨而信，泛爱众"。(《论语·学而》)从亲子之爱、手足之情到群体之爱，仁道原则逐步提升为一种普遍的规范。这一规范的落实必须从自我入手，这就是孔子强调的"为仁由己"(《论语·颜渊》)。具体可以从两方面看，一方面是"己欲立而立人，己欲达而达人"(《论语·雍也》)，这是从积极方面说；另一方面是"己所不欲勿施于人"(《论语·颜渊》)，这是从消极方面说。但要真正达到"仁"的境界，却绝非易事。孔子评价自己说："若圣与仁则吾岂敢？抑为之不厌，诲人不倦，则可谓云尔已矣。"(《论语·述而》)说自己不过是不断朝仁圣的理想努力罢了。

孟子继承并发展了孔子的思想，认为仁是人的重要特质："仁，人心也"，仁是"人之安宅"(《公孙丑上》)。仁是人本身固有的："仁义礼智，非由外铄我也，我固有之也。"(《告子上》)它源自人人皆有的"恻隐之心"或"不忍人之心"："人皆有不忍人之心""无恻隐之心，非人也""恻隐之心，仁之端也。"(《公孙丑上》)孟子仁政思想正是建立在性善论这一基础之上："人皆有不忍人之心。先王有不忍人之心，斯有不忍人之政矣。以不忍人之心，行不忍人之政，治天下可运之掌上。"(《公孙丑下》)先王有仁爱之心，于是施行仁爱之政。施行仁政符合人性，深得百姓的支持，治理天下就能轻而易举。

在这章节，孟子提出了施行仁政的一些基本主张，如要求在法制上少用刑罚，经济上减少赋税，农业上深耕细作，教育上修习人伦与社会准则。孟子认为，通过推行仁政，社会就能稳定，凝聚力也会增强，一旦国家遭遇危难，百姓会奋力保家卫国。孟子还说："天时不如地利，地利不如人和""得道者多助，失道者寡助。"(《公孙丑下》)真正施行仁政即使不得已要迎战，也能战无不胜。这也就是所谓"仁者无敌"。

【原文】

[1.6] 孟子见梁襄王①，出，语人曰②："望之不似人君，就之而不见所畏焉。卒然问曰③：'天下恶乎定？'吾对曰：'定于一。''孰能一之？'对曰：'不嗜杀人者能一之。''孰能与之④？'对曰：'天下莫不与也。王知夫苗乎？七八月之间旱⑤，则苗槁矣。天油然作云⑥，沛然下雨，则苗浡然兴之矣⑦。其如是，孰能御之？今夫天下之人牧⑧，未有不嗜杀人者也。如有不嗜杀人者，则天下之民皆引领而望之矣⑨。诚如是也，民归之，由水之就下⑩，沛然谁能御之？'"

【注释】

① 梁襄王：梁惠王的儿子，名嗣，一说名赫。

② 语（yù）：告诉。

③ 卒（cù）：同"猝"，突然。

④ 与：从，随。

⑤ 七八月：用的是周历，相当于夏历五六月。间：中间，内。

⑥ 油然：云气上升的样子。

⑦ 浡（bó）然：兴起、旺盛。

⑧ 人牧：牧民之君，统治者。

⑨ 引领：伸长脖子。

⑩ 由：通"犹"。

【译文】

孟子见梁襄王，出来告诉别人说："远望不像个君王，近看也没什么威严。他突然问我：'天下怎样才会安定？'我回答说：'天下统一才会安定。''谁能统一天下？'我回答说：'不喜欢杀人的君王能统一天下。''谁会追随他？'我回答说：'天下人没有不追随他的。王知道禾苗吧？七八月间天旱，苗就枯了。要是天上涌起乌云，下场透雨，禾苗就又旺盛地生长起来。像这样，谁能阻挡得了？如今天下的统治者，没有不喜欢杀人的。假如有不喜欢杀人的，天下百姓就都会伸长脖子盼望他。真要是那样，百姓归服他，就像水往低处流，水势汹涌谁能阻挡得住？'"

【品鉴】

如有不嗜杀人者，则天下之民皆引领而望之矣。

热衷战事、草菅人命，政局必难安定；推行仁政，爱民亲民，百姓翘首以盼。

【原文】

[1.7-1] 齐宣王问曰①："齐桓、晋文之事可得闻乎②？"

孟子对曰："仲尼之徒无道桓、文之事者，是以后世无传焉，臣未之闻也。无以，则王乎？"

曰："德何如，则可以王矣？"

曰："保民而王，莫之能御也。"

曰："若寡人者，可以保民乎哉？"

曰："可。"

曰："何由知吾可也？"

曰："臣闻之胡龁曰③，王坐于堂上，有牵牛而过堂下者，王见之，曰：'牛何之？'对曰：'将以衅钟④。'王曰：'舍之！吾不忍其觳觫⑤，若无罪而就死地。'对曰：'然则废衅钟与？'曰：'何可废也？以羊易之！'不识有诸？"

曰："有之。"

曰："是心足以王矣。百姓皆以王为爱也⑥。臣固知王之不忍也。"

王曰："然；诚有百姓者。齐国虽褊小⑦，吾何爱一牛？即不忍其觳觫，若无罪而就死地，故以羊易之也。"

曰："王无异于百姓之以王为爱也⑧。以小易大，彼恶知之？王若隐其无罪而就死地，则牛羊何择焉？"

王笑曰："是诚何心哉？我非爱其财，而易之以羊也，宜乎百姓之谓我爱也。"

曰："无伤也，是乃仁术也，见牛未见羊也。君子之于禽兽也，见其生，不忍见其死；闻其声，不忍食其肉。是以君子远庖厨也。"

【注释】

① 齐宣王：齐威王之子，名辟疆。
② 齐桓、晋文：指春秋五霸中的两位。前者名小白，后者名重耳。
③ 龁（hé）：齐大臣。
④ 衅（xìn）：血祭，用牲畜的血涂在新制的器物上。
⑤ 觳觫（hú sù）：恐惧的样子。
⑥ 爱：舍不得，吝惜。
⑦ 褊（biǎn）：小，本指衣服窄小。
⑧ 异：奇怪。

【译文】

齐宣王问道："齐桓公、晋文公的事迹，可以讲来听听吗？"

孟子回答说："孔子的弟子没有人谈论齐桓公、晋文公的事迹，所以后世没有流传，我也没听到过。具体的谈不上，我说说使天下归服的道理吧？"

宣王说："要有怎样的德行，才能使天下归服呢？"

孟子说："安抚百姓来使天下归服，没有人能阻挡得了。"

宣王说："像我这样的人，能安抚得好百姓吗？"

孟子说："可以的。"

宣王说："从哪里能知道我行呢？"

孟子说："我听胡龁说起：有一次，王坐在堂上，有人牵牛从堂下经过，王看到了，问：'牛要牵到哪里去？'那人回答：'要宰了用它祭钟。'

王说：'放了它吧，我不忍心看它哆哆嗦嗦的样子，就像没罪的人走上刑场。'那人说：'那祭钟的仪式要废掉吗？'王说：'哪能废除呢？用只羊代替。'不知有这事吗？"

宣王说："有这回事。"

孟子说："有这样的心地就足以使天下归服了。百姓都认为王是舍不得，我原本就知道王是不忍心啊。"

宣王说："是啊。确实有这样的老百姓。齐国虽然狭小，但我哪会舍不得一头牛？也就是不忍心看它哆嗦，像没罪的人走上刑场，因此用只羊替代。"

孟子说："老百姓认为王舍不得，王也不要奇怪。用小的代替了大的，他们哪里知道其中用意？王如果可怜它没罪而被处死，那么，为什么在牛羊之间做取舍呢？"

宣王笑着说："真的，这用的是什么心思呢？我不是吝惜钱财，但用羊代替牛，老百姓说我舍不得也是有道理的。"

孟子说："没关系。这正是仁者的心术，看到了牛没看到羊嘛。君子对于禽兽，看它活着，就不忍心看它死去；听到过它的声音，就不忍心吃它的肉了。所以君子远离庖厨之事。"

【品鉴】

保民而王，莫之能御也。

安抚百姓而使天下归服，没有人能阻挡得了。

君子远庖厨。

远离庖厨之事，免失不忍之心。这是孟子的看法。又有人说："大隐隐于市"，两者并不矛盾。对此，您有何感想？

【原文】

[1.7-2] 王说，曰："《诗》云：'他人有心，予忖度之。'① 夫子之谓也。夫我乃行之，反而求之，不得吾心。夫子言之，于我心有戚戚焉②。此心之所以合于王者，何也？"

曰："有复于王者曰：'吾力足以举百钧③，而不足以举一羽；明足以察秋毫之末，而不见舆薪。'则王许之乎？"

曰："否。"

"今恩足以及禽兽，而功不至于百姓者，独何与？然则一羽之不举，为不用力焉；舆薪之不见，为不用明焉；百姓之不见保，为不用恩焉。故王之不王，不为也，非不能也。"

曰："不为者与不能者之形何以异？"

曰："挟太山以超北海④，语人曰：'我不能。'是诚不能也。为长者折枝，语人曰：'我不能。'是不为也，非不能也。故王之不王，非挟太山以超北海之类也；王之不王，是折枝之类也。老吾老，以及人之老；幼吾幼，以及人之幼。天下可运于掌。《诗》云：'刑于寡妻，至于兄弟，以御于家邦⑤。'言举斯心加诸彼而已。故推恩足以保四海，不推恩无以保妻子。古之人所以大过人者，无他焉，善推其所为而已矣。今恩足以及禽兽，而功不至于百姓者，独何与？权，然后知轻重；度，然后知长短。物皆然，心为甚。王请度之！抑王兴甲兵，危士臣，构怨于诸侯，然后快于心与？"

【注释】

① 见《诗经·小雅·巧言》
② 戚戚：心动的样子。

③钧：古代三十斤为一钧。

④太山：即泰山。北海：指渤海。

⑤刑：通"型"，示范。御：治理。诗出于《诗经·大雅·思齐》。

【译文】

宣王高兴地说："《诗经·小雅·巧言》上讲：'别人有何心思，我会揣摩出来。'说的正是您老人家呀。我只是这样做了，回过头来看，内心怎么想的却不甚了。您老人家说的，在我心中产生了共鸣。您刚才说这种心地与使天下归服之道相合，到底为什么呢？"

孟子说："如果有人回禀王说：'我的力气完全能举起三千斤，但拿不起一根羽毛；我的眼力完全能看清秋天鸟兽新长的细毛尖，但看不到一车薪柴。'那么，王会认同这种说法吗？"

宣王说："不会。"

"现在您的恩惠足够施及禽兽，但功绩还到不了百姓，究竟是为什么呢？既然说拿不起一根羽毛是因为不愿用力，看不到一车薪柴是因为不愿用眼，那么，百姓得不到安抚，就是因为王不愿施恩了。所以，王没使天下归服，是不愿做，不是做不到。"

宣王说："不愿做与做不到有什么样的差别呢？"

孟子说："用胳膊夹着泰山跳过北海，对别人说：'我做不到。'这是真做不到。为老人折根树枝，对别人说：'我做不到。'这就是不愿做，不是做不到了。因此，王没有使天下归服，不是像用胳膊夹着泰山跳过北海做不到，而是像为老人折根树枝不愿做。如果把尊敬自己的长辈，推广到了尊敬别人的长辈；把爱护自己的小孩，推广到了爱护别人的小孩，那么，治天下就易如掌中移物。《诗经·大雅·思齐》上说：'先给妻子做榜样，再来影响弟兄们，以此治理家和国。'说的不过是要把这份好的心思也用到别人身上。所以，推广恩惠足以安抚四海；反之，连自己妻儿也保护不了。古代的圣贤之所以远远超出常人，没有别的，就在善于将自己好的作为推而广之。现在您的恩惠足够施及禽兽，但功绩还到不了百姓，究竟是为什么呢？称一称，才知轻和重；量一量，才知短与长。事物都是这样，人心更是如此。请王考量。王是不是觉得动员军队，危害将士，与诸侯结怨，然后心里才痛快呢？"

【品鉴】

王之不王，非挟太山以超北海之类也。

故王之不王，不为也，非不能也。

"做不到"，常常是一事无成者事前的心理障碍和事后的牵强借口。

凡事未成，原因大致可以分为"不愿做"和"做不到"两类，即"不为"与"不能"。从理论上说：该做的，哪怕做不到也须努力；不该做的，即使做得到也不能为之。从实践中看，"做不到"，常常是一事无成者事前的心理障碍和事后的牵强借口。不愿做、懒于做因而没去做、没好好做，当然也就没做到，这正是无所作为者心路历程和现实结果的逻辑再现。一事当前，先要区分该不该做，再来考虑如何去做、如何才能做到做好。不加分析、笼而统之的"做不到"，只能是（不敢行动者）故步自封的自设门槛、（不愿行动者）顾左右而言他的无力托词。

老吾老，以及人之老；幼吾幼，以及人之幼，天下可运于掌。

古之人所以大过人者，无他焉，善推其所为而已矣。

将心比心，推己及人。自利构怨，以邻为壑终遭损；推恩为善，四海之内皆弟兄。

"老吾老，以及人之老；幼吾幼，以及人之幼"，我们可以把它看作是孔子"己欲立而立人，己欲达而达人""己所不欲，勿施于人"的逻辑发展和具体运用。一个社会的所有成员，如果真能做到像尊敬自己的长辈一样尊敬别人的长辈、像爱护自己的孩子一样爱护别人的孩子，那么，社会公平公正的实现，就有了一定的现实道德基础。可以想见，这样的社会其成员关系将是融洽的，其社会面貌将是和谐的。社会发展有了良好的道德基础（环境），国家治理当然会容易得多。这就是孟子说的推广恩惠足以安抚四海；反之，连自己妻儿也保护不了。《论语·颜渊》记载：孔子学生司马牛曾忧愁地说，别人都有兄弟，唯独自己没有。他的同学子夏劝慰，君子只要对自己所做的事情严肃认真，不出差错，与人结交恭敬而合乎礼的要求，那么，"四海之内皆兄弟也"。推恩而保四海，与"四海之内皆兄弟"有内在的一致性，都是"举斯心加诸彼""善推其所为"，即把这份好的心思也用到别人身上，善于将自己好的作为推而广之，最终获得"双赢"局面。相反，自利自私，以邻为壑，处处构怨于人，最后必然自受损失。在孟子看来，古代的圣贤之所以远远超出常人，没有别的，就在善于将自己良好德行不断推而广之。榜样的力量是无穷的，孟子似乎也在运用这一法则。

【原文】

[1.7-3] 王曰："否。吾何快于是？将以求吾所大欲也。"

曰："王之所大欲，可得闻与？"

王笑而不言。

曰："为肥甘不足于口与，轻暖不足于体与？抑为采色不足视于目与？声音不足听于耳与？便嬖不足使令于前与[①]？王之诸臣皆足以供之，而王岂为是哉？"

曰："否！吾不为是也。"

曰："然则王之大欲可知已，欲辟土地，朝秦、楚，莅中国而抚四夷也。以若所为，求若所欲，犹缘木而求鱼也。"

王曰："若是其甚与？"

曰："殆有甚焉。缘木求鱼，虽不得鱼，无后灾；以若所为，求若所欲，尽心力而为之，后必有灾。"

曰："可得闻与？"

曰："邹人与楚人战，则王以为孰胜？"

曰："楚人胜。"

曰："然则小固不可以敌大，寡固不可以敌众，弱固不可以敌强。海内之地，方千里者九，齐集有其一。以一服八，何以异于邹敌楚哉？盖亦反其本矣②。今王发政施仁，使天下仕者皆欲立于王之朝，耕者皆欲耕于王之野，商贾皆欲藏于王之市，行旅皆欲出于王之途，天下之欲疾其君者皆欲赴愬于王③。其若是，孰能御之？"

王曰："吾惛④，不能进于是矣。愿夫子辅吾志，明以教我。我虽不敏，请尝试之。"

【注释】

① 便（pián）：善辩。嬖（bì）：宠爱，受宠者。便嬖：阿谀逢迎得到君主宠信的近臣，这里泛指近臣。
② 盖：通"盍（hé）"，何不。
③ 愬（sù）：同"诉"，诉说，诉苦。
④ 惛（hūn）：不明了，糊涂。

【译文】

宣王说："不是。我哪能以此为快？我要实现自己的最大愿望。"

孟子说:"王的最大愿望能说出来听听吗?"

宣王笑而不答。

孟子说:"是因为肥美的食物不够吃?轻暖的衣服不够穿?还是五彩颜色不够看?悦耳的音乐不够听?左右近臣不够使?这一切都可以由王手下充分供应,王难道是为了这些?"

宣王说:"不,不是为了这些。"

孟子说:"那么,王最大的愿望就清楚了,是想要开疆拓土,让秦、楚等大国前来朝贡,成为中原霸主,安抚周边外族。但是,照您的做法去实现您的愿望,就好比是上树捉鱼。"

宣王说:"有你说的那么严重吗?"

孟子说:"恐怕比那还更严重呢。上树捉鱼,尽管得不到鱼,但不会有什么后患;照您的做法去实现您的愿望,越是尽心尽力去做,越会留下后患。"

"可以说来听听吗?"

孟子说:"如果邹国人和楚国人交战,王认为哪国会胜?"

宣王说:"楚国胜。"

孟子说:"既然说小的自然不敌大的、少的自然不敌多的,弱的自然不敌强的,那么,当今海内土地方圆千里的就有九块,齐国土地加起来也只占到其中一块,以一去降服八,这和邹国与楚国为敌又有什么区别呢?还是回到根本上来吧。现在王阐明政见、施行仁政,使天下做官的都想来王的朝廷中供职,种田的都想在王的田野里耕种,做生意的都想在王的市仓里存货,旅行者出门就想来齐国,天下痛恨他们国君的人都来王这里控诉。要是能像这样,谁能阻挡得了?"

宣王说:"我老犯糊涂,达不到这种境界。希望先生辅佐我实现志向,明晰地给我教导。我尽管不聪明,但愿意试一试。"

【品鉴】

"以若所为，求若所欲，犹缘木而求鱼也。"

想抓鱼却爬上树，所为与所欲不相匹配、方法与目标大相径庭。

【原文】

[1.7-4]曰："无恒产而有恒心者，惟士为能。若民，则无恒产，因无恒心。苟无恒心，放辟邪侈无不为已①。及陷于罪，然后从而刑之，是罔民也②。焉有仁人在位，罔民而可为也？是故明君制民之产③，必使仰足以事父母，俯足以畜妻子，乐岁终身饱，凶年免于死亡；然后驱而之善，故民之从之也轻④。今之制民之产，仰不足以事父母，俯不足以畜妻子；乐岁终身苦，凶年不免于死亡。此惟救死而恐不赡，奚暇治礼义哉？王欲行之，则盍反其本矣、五亩之宅，树之以桑，五十者可以衣帛矣。鸡豚狗彘之畜，无失其时，七十者可以食肉矣。百亩之田，勿夺其时，八口之家可以无饥矣。谨庠序之教，申之以孝悌之义，颁白者不负戴于道路矣。老者衣帛食肉，黎民不饥不寒，然而不王者，未之有也。"

【注释】

① 辟：怪癖，与众不同。侈：奢侈。
② 罔（wǎng）：渔猎用的网。
③ 制：规定、划定，以制度明确。
④ 轻：轻松，容易。

【译文】

孟子说："没有固定产业却有坚定心志，只有士人做得到。像平民百姓，没有固定产业就不会有坚定的心志。假如没有坚定的心志，那么，行为放荡、性情古怪、不务正业、奢侈浪费，什么事都干得出来。等到他们犯了罪，再加以处罚，等于陷害百姓。哪有仁德的人为君治国，却会去干陷害百姓的事呢？所以，贤明的君王给老百姓划定产业，一定要让他们上足以赡养父母，下足以供养妻儿，丰收年全家吃饱，灾荒年没人饿死。然后才鞭策百姓向善，因而百姓也易于跟随。现在给百姓划定的产业，上不足以赡养父母，下不足以供养妻儿，丰收年全家生活困苦，灾荒年免不了有人饿死。这样，连拯救将死的人都怕来不及，哪有闲功夫讲求礼义？王如果想要做好，何不回到根本上来？五亩大的宅园，用来种桑养蚕，五十岁的人就能穿上丝织衣服；养鸡、狗、猪等禽畜，不要错过时令，七十岁的人就能吃上肉；种百亩大的农田，耕作时间不被占用，八口之家就不会挨饿。谨慎地办好学校教育，反复讲明孝亲敬长的道理，须发斑白的老人就不必背扛、头顶，负重上路。老人穿得上丝、吃得上肉，老百姓饿不着、冻不着，这样还不能让天下归服，那是没有的事啊。"

【品鉴】

无恒产而有恒心者，惟士为能。若民，则无恒产，因无恒心。

制民之产，必使仰足以事父母，俯足以畜妻子，乐岁终身饱，凶年免于死亡；然后驱而之善，故民之从之也轻。

饥肠穷人，对路边美景均了无兴趣；饱德之士，因心有大志不碌碌无为。

相对稳定的谋生手段、可以预期的生活来源，是普通百姓的基本保障，离开这些来谈精神追求，是难以做到的。孟子认为，"士"却可以做到。"士"在孔子之后一般指读书人，这表明，孟子对知识阶层给予了很高的评价，当然也提出了更高的要求。

一定的物质条件，是推行道德教化、提升精神境界的基础。孟子指出：给老百姓划定产业，必须让他们上足以赡养父母，下足以供养妻儿，丰收年全家吃饱，灾荒年没人饿死。然后引导百姓向善，才能取得好的成效。应该说，这些思想与管子"仓廪实而知礼节，衣食足则知荣辱"，英雄所见略同。

五亩之宅，树之以桑，五十者可以衣帛矣。鸡豚狗彘之畜，无失其时，七十者可以食肉矣。百亩之田，勿夺其时，八口之家可以无饥矣。谨庠序之教，申之以孝悌之义，颁白者不负戴于道路矣。老者衣帛食肉，黎民不饥不寒，然而不王者，未之有也。

保障百姓的基本生活资料，不要干扰百姓的正常生产，提高百姓受教育水平，增加社会保障力度，是社会稳定和发展最基本的要素。

卷二

梁惠王［下］

　　本卷共16章。承接上卷继续阐明"王道"、"仁政"思想。第1章到第11章接前卷仍为孟子与齐宣王的对话。第12章到第16章记录关于孟子与邹穆公、滕文公、鲁平公等的对话与交往情况。具体来说：第1章讲人君钟鼓田猎，与民同乐。第2章讲衡量园林大小关键在是否与民同之。第3章讲国际交往原则：圣人乐天事小，以勇安天下。第4章讲与天下同忧乐，君王也应有所限制。第5章讲齐王好色好货，若与百姓同之，也不是坏事。第6章讲君臣上下，各勤其任，无失其职。第7章讲人才的任用问题，要以百姓的共识和实情为准。第8章评论武王伐纣：破坏仁义之道的独夫民贼照样该杀。第9章讲专家治国的重要性，任贤使能重视其学。第10章讲征伐之道在顺民心。第11章讲讨伐不是侵占，无贪其富，协助理顺后撤军。第12章讲上下关系：上恤其下则下赴其难，恶出于己则贻害自身。第13章讲小国应对大国，要以凝聚国内民心为要务。第14章讲治国之道君子尽力为善，成功与否要看天意。第15章讲小国遇险时的权变措施与常规做法。第16章讲成败自有大势，不必怨天尤人。

【原文】

[2.1] 庄暴见孟子，曰："暴见于王^①，王语暴以好乐^②，暴未有以对也。"曰："好乐何如？"

孟子曰："王之好乐甚，则齐国其庶几乎^③？"

他日，见于王，曰："王尝语庄子以好乐，有诸？"

王变乎色，曰："寡人非能好先王之乐也，直好世俗之乐耳。"

曰："王之好乐甚，则齐其庶几乎！今之乐由古之乐也^④。"

曰："可得闻与？"

曰："独乐乐^⑤，与人乐乐，孰乐？"

曰："不若与人。"

曰："与少乐乐，与众乐乐，孰乐？"

曰："不若与众。"

"臣请为王言乐。今王鼓乐于此，百姓闻王钟鼓之声，管籥之音^⑥，举疾首蹙頞而相告曰^⑦：'吾王之好鼓乐，夫何使我至于此极也？父子不相见，兄弟妻子离散。'今王田猎于此，百姓闻王车马之音，见羽旄之美^⑧，举疾首蹙頞而相告曰：'吾王之好田猎，夫何使我至于此极也？父子不相见，兄弟妻子离散。'此无他，不与民同乐也。今王鼓乐于此，百姓闻王钟鼓之声，管籥之音，举欣欣然有喜色而相告曰：'吾王庶几无疾病与，何以能鼓乐也？'今王田猎于此，百姓闻王车马之音，见羽旄之美，举欣欣然有喜色而相告曰：'吾王庶几无疾病与，何以能田猎也？'此无他，与民同乐也。今王与百姓同乐，则王矣。"

【注释】

① 王：指齐宣王。

② 乐（yuè）：音乐。

③ 庶几：差不多。

④ 由：通"犹"。

⑤ 乐乐（yuè lè）：欣赏音乐快乐。

⑥ 管籥（yuè）：即管龠，古代吹奏乐器。

⑦ 举：皆，全，整个。蹙頞（cù è）：皱着鼻梁。

⑧ 羽旄（máo）：代指旗帜。旄：牦牛尾，用来装饰旗帜或系在竿头用于指挥。

【译文】

齐国大臣庄暴来拜会孟子，说："我被王召见，王告诉我他喜好音乐。我当时没法回答他。"并问："喜好音乐好不好呢？"

孟子说："如果王特别喜欢音乐，那齐国就该治理得差不多了吧。"

几天之后，孟子被齐王接见。孟子说："王曾对庄暴说过喜好音乐，有此事吗？"

齐王脸有些变色，说："我还做不到喜欢先王的古典音乐，只是喜欢当代的流俗音乐呢。"

孟子说："如果王特别喜好音乐，那齐国就该治理得差不多了吧。当代音乐和古典音乐都是一样的。"

王说："可以说来听听吗？"

孟子说："独自欣赏音乐的快乐，与和别人一起欣赏音乐的快乐比起来，哪个更快乐？"

王说："不如和别人一起。"

孟子说："和个别人一起欣赏音乐的快乐，与和大家一起欣赏音乐的快乐比起来，哪个更快乐？"

王说："不如和大家一起。"

孟子说："请让我为王说说欣赏音乐的事儿。

"假如现在王在这里奏乐，百姓听到了钟鼓、管龠的声音，都觉得头疼，皱着鼻子互相议论说：'我们王喜欢奏乐，为什么却让我们到了这个极点？父子不能相见，兄弟分离、妻儿失散。'假如现在王在这儿打猎，百姓听到王车马的声音，看到华美的旗帜，都觉得头疼，皱着鼻子互相议论说：'我们王喜欢打猎，为什么却让我们到了这个极点？父子不能相见，兄弟分离、妻儿失散。'这没有别的原因，就是因为不能与民同乐。假如现在王在这里奏乐，百姓听到了钟鼓、管龠的声音，都高高兴兴、喜笑颜开地相互议论说：'我们王该没什么病痛了吧，要不怎么能奏乐呢？'假如现在王在这儿打猎，百姓听到王车马的声音，看到华美的旗帜，都高高兴兴、喜笑颜开地相互议论说：'我们王该没什么病痛了吧，要不怎么能打猎呢？'这没有别的原因，就是因为能与民同乐。如果王能与民同乐，就可以使天下归服了。"

【品鉴】

独乐乐，不若与人乐乐；与少乐乐，不若与众乐乐。

共享音乐的快乐是形式，能否与民同乐是实质。

共同欣赏音乐获得快乐，只是同心同德、同甘共苦、同舟共济的外在表现形式。与民同乐的关系一旦形成，上位者是否欣赏音乐取乐就成为百姓观察现实状况的晴雨表；同样，民众对上位者欣赏音乐的评价正是与民同乐关系形成与否的试金石。

【原文】

[2.2] 齐宣王问曰:"文王之囿方七十里①,有诸?"

孟子对曰:"于传有之。"

曰:"若是,其大乎?"

曰:"民犹以为小也。"

曰:"寡人之囿方四十里,民犹以为大,何也?"

曰:"文王之囿方七十里,刍荛者往焉②,雉兔者往焉,与民同之。民以为小,不亦宜乎?臣始至于境,问国之大禁,然后敢入。臣闻郊关之内,有囿方四十里,杀其麋鹿者,如杀人之罪,则是方四十里为阱于国中③。民以为大,不亦宜乎?"

【注释】

① 囿(yòu):畜养禽兽的园地。

② 刍荛(chú ráo):割草打柴。

③ 阱(jǐng):防御、捕捉野兽或敌人而挖的坑。

【译文】

齐宣王问道:"据说周文王的园林各七十里见方,有这事吗?"

孟子回答说:"史书上是这么写的。"

齐宣王说:"有那么大吗?"

孟子说:"百姓还觉得太小呢!"

齐宣王说:"我的园林四十里见方,老百姓就觉得太大,这是什么缘故呢?"

孟子说:"文王的园林七十里见方,割草砍柴的去得,打鸟逮兔的去得,这是与百姓共同享用它。百姓觉得它小,不也是理所当然的吗?我初到齐国边境时,先打听清了齐国的重要禁令,然后才敢入境。我听说,国都关内有一处各四十里见方的园林,要是有人杀了里边的麋鹿,就按杀了人一样处置。那么,这四十里见方的地方就成了一个城中陷阱,百姓觉得它大,不也是合乎情理的吗?"

【品鉴】

与民同之,民以为小。

万事应以百姓利益为重,大小本身不是问题核心。

什么是大,怎样算小?价值评价往往没有绝对的标准。价值评价尺度的确定,与评价者本身的立场紧密相关。与百姓共同享用它,百姓觉得它小;不与百姓共同享用它,百姓觉得它大。大小本身不是问题核心,关键看与百姓根本利益是否相一致。

【原文】

[2.3] 齐宣王问曰:"交邻国有道乎?"

孟子对曰:"有。惟仁者为能以大事小,是故汤事葛①,文王事昆夷②。惟智者为能以小事大,故太王事獯鬻③,勾践事吴④。以大事小者,乐天者也;以小事大者,畏天者也。乐天者保天下,畏天者保其国。《诗》云:'畏天之威,于时保之⑤。'"

王曰:"大哉言矣!寡人有疾,寡人好勇。"

对曰:"王请无好小勇。夫抚剑疾视曰,'彼恶敢当我哉!'此匹夫之勇,敌一人者也。王请大之!《诗》云:'王赫斯怒⑥,爰整其旅⑦,以遏徂莒⑧,以笃周祜⑨,以对于天下。'⑩此文王之勇也。

文王一怒而安天下之民。《书》曰：'天降下民，作之君，作之师。惟曰其助上帝宠之。四方有罪无罪惟我在，天下曷敢有越厥志？'⑪一人衡行于天下⑫，武王耻之。此武王之勇也。而武王亦一怒而安天下之民。今王亦一怒而安天下之民，民惟恐王之不好勇也。"

【注释】

① 葛：商的邻国。汤事葛：《滕文公下》(6.5)讨论较为详尽。

② 昆夷：也作"混夷"，周朝初年的西戎国名。

③ 太王事獯鬻（xūn yù）：本篇（2.15）有详叙。太王：指周部族首领古公亶（dǎn）父。獯鬻：即猃狁（xiǎn yǔn），当时北方的少数民族，即本篇（2.15）的"狄人"。

④ 勾践事吴：越王勾践被吴王夫差打败，向吴求和，自己做吴王的马前卒，卧薪尝胆，后来灭了吴国。

⑤ 引诗见《诗经·周颂·我将》，内容为祭祀上天和文王。

⑥ 王，指周文王。赫，发怒的样子。

⑦ 爰：于是。

⑧ 遏：阻止。徂（cú）：往。莒（jǔ）：周代诸侯国，在今山东莒县一带。

⑨ 笃：深厚，丰厚。祜（hù）：福。

⑩ 引诗见《诗经·大雅·皇矣》，主要颂扬文王伐崇、伐密的功绩。

⑪ 见《尚书·泰誓》。

⑫ 一人：指商纣王。衡：通"横"。

【译文】

齐宣王问道："与邻国交往有什么基本原则吗？"。

孟子回答说："有啊。仁德的国君才能以大国的身份服事小国，所以商汤服事葛伯，文王服事昆夷。明智的国君才能以小国的身份服事大国，所以太王服事獯鬻，勾践服事吴王。以大国身份服事小国的国君，是乐于按天意行事的人；以小国的身份事大国的，是敬畏天意的人。乐于按天意行事的人保有天下，敬畏天意的人保有他的国家。《诗经·周颂·我将》上说：'敬畏天之威严，时时得以保全。'"

齐宣王说："这话了不起！不过我有个毛病，喜好勇武。"

孟子说："王请不要喜好小勇。手按剑柄、怒目而视地说：'他怎敢挡我？'这是常人之勇，只是对付一个人。希望王加以拓展。《诗经·大雅·皇矣》上说：'文王勃然怒，回头整军旅，阻敌入侵莒。加深周人福祉，报答天下期许。'这是文王的勇武。文王一发怒就使天下百姓得到了安定。《尚书·泰誓》上说：'上天降生百姓，为百姓造就君王，为他们造就师傅，只是让他们协助上帝爱护百姓。四方之民有罪的和无罪的，都由我来负责，天下谁敢超越本分？'有个人（纣王）在天下横行，武王觉得他可耻。这是武王的勇武。武王也是一发怒就使天下百姓得到了安定。如果今天王也一发怒就使天下百姓得到安定的话，那百姓就生怕王不喜好勇武呢。"

【品鉴】

以大事小者，乐天者也；以小事大者，畏天者也。

惟仁者为能以大事小。惟智者为能以小事大。

以小事大或以大事小，都有其特定的历史条件，关键是最终如何超越。以小事大要有智慧；以大事小更见境界。"敬畏天道"是基础；"乐从天道"是升华。

【原文】

[2.4] 齐宣王见孟子于雪宫①。王曰:"贤者亦有此乐乎?"

孟子对曰:"有。人不得,则非其上矣。不得而非其上者,非也;为民上而不与民同乐者,亦非也。乐民之乐者,民亦乐其乐;忧民之忧者,民亦忧其忧。乐以天下,忧以天下,然而不王者,未之有也。昔者齐景公问于晏子曰:'吾欲观于转附朝儛②,遵海而南,放于琅邪③,吾何修而可以比于先王观也④?'晏子对曰:'善哉问也!天子适诸侯曰巡狩。巡狩者,巡所守也。诸侯朝于天子曰述职。述职者,述所职也。无非事者。春省耕而补不足⑤,秋省敛而助不给。夏谚曰:吾王不游,吾何以休?吾王不豫⑥,吾何以助?一游一豫,为诸侯度。今也不然:师行而粮食,饥者弗食,劳者弗息。睊睊胥谗⑦,民乃作慝⑧。方命虐民⑨,饮食若流。流连荒亡,为诸侯忧。从流下而忘反谓之流,从流上而忘反谓之连,从兽无厌谓之荒,乐酒无厌谓之亡。先王无流连之乐,荒亡之行。惟君所行也。'景公说,大戒于国⑩,出舍于郊。于是始兴发补不足。召大师曰⑪:'为我作君臣相说之乐!'盖《徵招》《角招》是也⑫。其诗曰,'畜君何尤⑬?'畜君者,好君也。"

【注释】

① 雪宫:齐王行宫。

② 观:游。转附:可能是现在的芝罘(fú)山(芝罘岛)。朝儛:可能是现在山东荣城东的召石山。

③ 放(fǎng):至,到。琅邪:山名,在今山东诸城东南。

④ 修:整治,办理。

⑤ 省(xǐng):查看。

⑥ 豫：出游，特指帝王秋日出巡。

⑦ 睊睊（juàn）：怒目而视。胥：相。谗：说别人坏话。

⑧ 慝（tè）：恶，邪恶。

⑨ 方（fáng）：违，逆。命：指天命。

⑩ 戒：准备，具备。

⑪ 大（tài）师：即"太师"，古代乐官之长。

⑫ 徵（zhǐ）、角：古代五音（宫、商、角、徵、羽）中的两个。招：通"韶"。

⑬ 畜（chù）：限制。尤：过错，罪过。

【译文】

齐宣王在他的行宫雪宫接见孟子。齐宣王说："贤人也有这种快乐吗？"

孟子回答说："有。如果有人得不到这种快乐，他就会抱怨他的君王。得不到这种快乐就抱怨君王，是不对的；但作为老百姓的君王，有快乐却不能同百姓一起享受，也是不对的。以百姓的快乐为乐的，百姓也以他的快乐为乐；为百姓的忧愁而忧的，百姓也为他的忧愁而忧。以天下的快乐为乐，为天下的忧愁而忧。这样还不能使天下归服，那是没有的事。"

"从前，齐景公问晏子说：'我想到转附山、朝儛山巡游，沿海边向南，直到琅邪山，我该怎么办理才能与古代圣王巡游相比？'晏子回答说：'问得好啊！天子前往诸侯国，称为巡狩。巡狩，就是巡视诸侯所守护的疆土。诸侯去朝见天子，称为述职。所谓述职，就是诸侯陈述自己所尽到的职责。没有无关国事的。春天视察耕种，补助困难农户；秋天视察收获，补助缺粮家庭。夏朝的谚语说：我王不巡游，我哪得闲休？

我王不巡幸，我哪得补助。巡游与巡幸，成诸侯法度。现在不这样了，出巡兴师动众，征敛粮食，饥饿的人没有饭吃，劳顿的人不能休息。人们怒目而视，怨声载道，百姓于是为非作歹。这种出巡，违背天意残害百姓，吃喝浪费好似流水。流连忘返，荒亡不厌，使得诸侯也深感忧愁。什么叫流连？顺流而下游乐忘返，叫作流；逆水而上游乐忘返，叫作连；什么叫荒亡？打猎追兽贪得无厌，叫作荒；饮酒作乐贪得无厌，叫作亡。古代圣王没有流连似的欢乐，没有荒亡似的行径。现在就看您怎么做了。'齐景公听了很高兴，先在都城里做了很多准备，接着出城驻扎在郊外。然后，在这里开始高兴地散发东西，救济穷人。景公召来掌乐的太师，说：'给我创作君臣相悦的歌曲吧！'大概《徵招》和《角招》就是。诗中唱道：'限制君王，有什么错？'限制君王，就是爱护君王啊。"

【品鉴】

乐民之乐者，民亦乐其乐；忧民之忧者，民亦忧其忧。

乐以天下，忧以天下。

苟利国家生死以，岂容祸福避趋之？

乐民之乐、忧民之忧者，民亦与之同忧乐，这是一般事实判断。乐以天下、忧以天下，与天下人同忧乐，则是为政的价值追求。从孟子"乐以天下、忧以天下"，再到范仲淹"先天下之忧而忧，后天下之乐而乐"，又是向理想目标再上一个台阶了。

【原文】

[2.5] 齐宣王问曰："人皆谓我毁明堂①，毁诸？已乎②？"

孟子对曰："夫明堂者，王者之堂也。王欲行王政，则勿毁之矣。"

王曰："王政可得闻与？"

对曰："昔者文王之治岐也③，耕者九一④，仕者世禄，关市讥而不征⑤，泽梁无禁⑥，罪人不孥⑦。老而无妻曰鳏，老而无夫曰寡，老而无子曰独，幼而无父曰孤。此四者，天下之穷民而无告者。文王发政施仁，必先斯四者。诗云，'哿矣富人⑧，哀此茕独。⑨'"

王曰："善哉言乎！"

曰："王如善之，则何为不行？"

王曰："寡人有疾，寡人好货。"

对曰："昔者公刘好货⑩，《诗》云：'乃积乃仓，乃裹糇粮⑪，于橐于囊⑫。思戢用光⑬。弓矢斯张，干戈戚扬⑭，爰方启行。'⑮故居者有积仓，行者有裹囊也，然后可以爰方启行。王如好货，与百姓同之，于王何有？"

王曰："寡人有疾，寡人好色。"

对曰："昔者太王好色⑯，爱厥妃⑰。《诗》云：'古公亶父，来朝走马⑱，率西水浒⑲，至于岐下，爰及姜女⑳，聿来胥宇㉑。'当是时也，内无怨女，外无旷夫。王如好色，与百姓同之，于王何有？"

【注释】

① 明堂：古代帝王宣明政教的地方。凡朝会、祭祀、庆赏、选士、养老、教学等大典，均在此举行。

② 已，停止。

③ 岐（qí）：地名，在今陕西岐山县东北。

④ 耕者九一：指井田制。九百亩地，以井字形平均分为九块，由八户人家来种。外围八块为私田，中间那块为公田。公田共同耕种，

上缴税费。这是孟子理想的土地制度。详见《滕文公上》(5.3)。

⑤ 讥：稽查，盘问。

⑥ 泽梁：在沼泽河流中拦水捕鱼的设备。

⑦ 孥（nú）：妻、儿统称，这里指不连累妻儿。

⑧ 哿（gě）：欢乐。

⑨ 茕（qióng）：孤单，孤独，本指没有兄弟的人。

⑩ 公刘：后稷的后代，周代创业始祖。

⑪ 餱（hóu）：干粮。

⑫ 橐（tuó）：无底口袋，用时拿绳子扎紧两头。囊：有底的口袋。两字连用泛指口袋。

⑬ 思：发语词。戢（jí）：这里同"辑"，和睦，安定。用：因。光：光大。

⑭ 干：盾牌。戚：古代一种像斧的兵器。扬：钺的别称。

⑮ 引诗见《诗经·大雅·公刘》。

⑯ 太王：即古公亶父，周文王的祖父，公刘十世孙。

⑰ 厥（jué）：他的。

⑱ 来朝：清早。走马：骑着马跑。

⑲ 率：沿着。西：指邠（bīn）地（今陕西彬县、旬邑）西边。水：指漆水。浒：水边。

⑳ 姜女：姓姜的女子，指太公之妻太姜。

㉑ 聿（yù）：语气词。胥（xū）：观察。宇：房屋。以上引诗见《诗经·大雅·绵》。

【译文】

齐宣王问："别人都建议我拆毁明堂，是该毁了呢？还是不毁？"

孟子回答说:"明堂,是君王的殿堂。王如果想施行王政,那就别毁掉它。"

齐宣王说:"关于王政,可以说来听听吗?"

孟子回答说:"从前,周文王治理岐地时,种田的纳税九分抽一,做官的俸禄世代继承,关卡集市只检查不收税,沼泽河流可捕鱼不设限,惩治犯罪不会牵连家小。年老无妻子的称为鳏,年老没丈夫的称为寡,年老无子女的叫作独,年幼没父亲的叫作孤。这四种人是天底下是最为穷困而又无依无靠的。周文王发布政令,施行仁义,必定先考虑这些人。《诗经·小雅·正月》中说:'有钱人过得够快活了,可怜那些孤苦的人吧。'"

齐宣王说:"这话说得太好了!"

孟子说:"王真要觉得好,那为什么不这样做呢?"

齐宣王说:"我有个毛病,我贪财。"

孟子回答说:"从前公刘也喜好钱财。《诗经·大雅·公刘》上说:'堆积又入仓,再把干粮装,灌满囊与橐,安民增国光。拉弓又搭箭,盾斧钺齐上,启程向前方。'因此,居家的贮粮满仓,行军的带足干粮,然后才'启程向前方'。王假如喜好钱财,就与百姓一同享用,这对称王天下来说,又有什么不好呢?"

齐宣王说:"我有个毛病,我好色。"

孟子说:"从前太王也喜好美色,宠爱他的妃子。《诗经·大雅·绵》上说:'古公亶父,清晨策马飞驰,沿着河水西岸,来到岐山脚下。便同姜氏女子,一起勘察住处。'那个时候,没有嫁不出去的女人,没有娶不上妻的汉子。王假如喜好美色,就和百姓一同分享,这对称王天下来说,又有什么不好呢?"

【品鉴】

文王发政施仁，必先斯四者（鳏寡孤独）。

对弱势群体的关照程度，是衡量一个国家文明发展水平的重要指标。

在孟子眼中，周文王是先王中的楷模。在孟子看来，文王的行政原则不外是降低税收（种田的纳税九分抽一、关卡集市只检查不收税），重奖功勋（做官的俸禄世代继承），资源共享（沼泽河流可捕鱼不设限），惩罚有度（惩治犯罪不会牵连家小），还有最重要一条，就是关照鳏寡孤独等弱势群体（年老无妻子的称为鳏，年老没丈夫的称为寡，年老无子女的叫作独，年幼没父亲的叫作孤。这四种人是天底下最为穷困而又无依无靠的）。特别是周文王发布政令，施行仁义，优先考虑这些弱势人群。应该说，即使在今天，对弱势群体的关照，仍是衡量一个国家文明发展水平的重要指标。

与百姓同之，（则好色好货）于王何有？

私利如果转变成为公利，在一定意义上就具有了合法性。

齐宣王寻找各种借口婉拒施行仁政，说自己"好货""好色"，再加上前面他所说的"好勇"，孔子提出的"君子有三戒"，即"色、斗、得"也就都占全了（《论语·季氏》）。面对这样一招，孟子并没有因此放弃，而是巧妙地将齐宣王种种毛病，转化为替百姓造福兴利，堵住齐宣王不想行仁政的退路。但既然是以利相诱，必然会与"何必言利"相矛盾，不过我们从中不难看出，孟子为规劝君王行仁政，真可谓煞费苦心。

【原文】

[2.6] 孟子谓齐宣王曰："王之臣有托其妻子于其友而之楚游者，比其反也①，则冻馁其妻子，则如之何？"

王曰："弃之。"

曰："士师不能治士②，则如之何？"

王曰："已之。"

曰："四境之内不治，则如之何？"

王顾左右而言他。

【注释】

① 比：及，等到。反：同"返"。

② 士师：古代的司法官。

【译文】

孟子对齐宣王说："假如王有个臣子，把妻儿托付给朋友后，自己出游到楚国，等到返回时，他的妻儿正受冻挨饿，对这个朋友该怎么办呢？"

齐宣王说："和他绝交。"

孟子说："假如司法官管不好他的下级，该怎么办？"

齐宣王说："撤了他。"

孟子说："假如国家治理得不好，那又该怎么办？"

齐宣王左顾右盼，说起别的事情来。

【品鉴】

王顾左右而言他。

革命革到自己头上来时，无言以对，就只得左顾右盼，转移话题了。

孟子想批评齐宣王治国无方，但单刀直入不仅非常唐突，接受效果也不会太好，于是采用迂回战术。先是用私人之事打比方，再上升到公堂之事，最后矛头直指目标，不偏不倚，令对方猝不及防，动弹不得。

孟子的论辩艺术的确令人赞叹,由远及近,层层推进,忽然声东击西,杀个回马枪,颇有文学作品中运用"起兴"之感,耐人寻味。

【原文】

[2.7] 孟子见齐宣王,曰:"所谓故国者,非谓有乔木之谓也,有世臣之谓也。王无亲臣矣,昔者所进,今日不知其亡①也。"

王曰:"吾何以识其不才而舍之?"

曰:"国君进贤,如不得已,将使卑逾②尊,疏逾戚③,可不慎与?左右皆曰贤,未可也;诸大夫皆曰贤,未可也;国人皆曰贤,然后察之;见贤焉,然后用之。左右皆曰不可,勿听;诸大夫皆曰不可,勿听;国人皆曰不可,然后察之;见不可焉,然后去之。左右皆曰可杀,勿听;诸大夫皆曰可杀,勿听;国人皆曰可杀,然后察之,见可杀焉,然后杀之。故曰,国人杀之也。如此,然后可以为民父母。"

【注释】

① 亡:流亡,逃亡。
② 逾(yú):越过,超过。
③ 戚:亲近。

【译文】

孟子见齐宣王,说:"通常所说的'故国',不是指有高大的树木,而是说有世代为官的人。王现在没有亲近的老臣了,从前所提拔的大臣,不知道现在在哪儿呢。"

齐宣王说:"我怎么判别臣子无能而不予任用呢?"

孟子说："国君任用贤能，如果一定要这样，将会使一些地位低的超过地位高的，关系远的超过关系近的，能不慎重对待吗？因此，身边的人都说他贤能，还不能任用；大夫们都说他贤能，也还不能任用；全国的人都说他贤能，这才去考察他。发现他确实贤能，然后才任用他。身边的人都说不能用他，还不能听信；大夫们都说不能用他，也还不能听信；全国的人都说不能用他，这才去考察他。发现确实不能用他，然后才罢免他。身边的人都说他该杀，还不能听从；大夫们都说他该杀，也还不能听从；全国的人都说他该杀，这才去考察他。发现他确实该杀，然后才杀了他。所以说，是全国的人杀了他。只有这样，才可以作为百姓的父母。"

【品鉴】

所谓故国者，非谓有乔木之谓也，有世臣之谓也。

人是世界上最可宝贵的，人才就更是如此了。

"栋梁"和"干城"更多的不再是指建筑材料、盾牌和城墙，而借以指称人才。就像在孟子看来，"故国"不是指有高大的树木，而是说有世代为国家做出重要贡献的人。

国人皆曰贤，然后察之；见贤焉，然后用之。

民为贵，君为轻。得民心，方得民。

"得其民，斯得天下矣""得其心，斯得民矣"，这是孟子总结桀纣的教训时反复说过的话（《离娄上》）。选贤任能最终要听"国人"的意见，这只不过是孟子的一种理想，但这和孟子"民为贵，社稷次之，君为轻"的思想是一致的，在那个历史时期能提出这样的民本思想，着实具有先进性。

【原文】

[2.8] 齐宣王问曰："汤放桀①，武王伐纣②，有诸？"

孟子对曰："于传有之。"

曰："臣弑其君③，可乎？"

曰："贼仁者谓之贼④，贼义者谓之残⑤。残贼之人谓之一夫⑥。闻诛一夫纣矣，未闻弑君也。"

【注释】

① 汤放桀：殷商开国之君汤，兴兵讨伐暴虐的夏桀，把他流放到南巢（今安徽巢县）。

② 武王伐纣：商纣王无道，武王兴兵讨伐，纣王大败，自焚而死。

③ 弑（shì）：卑杀尊，如臣杀君或子杀父等称为弑。

④ 贼：败坏，伤害。"贼"：强盗。

⑤ 残：凶恶的人。

⑥ 一夫：即"独夫"。众叛亲离者，残暴无道为民所恨的统治者。

【译文】

齐宣王问道："商汤放逐夏桀，周武王讨伐商纣，有这些事吗？"

孟子回答说："文献上有这样的记载。"

齐宣王说："臣子杀害他的君王，这对吗？"

孟子说："败坏仁的称为'贼'，败坏义的称为'残'。残贼的人称为'独夫'。只听说杀了独夫商纣，没有听说杀了君王啊。"

【品鉴】

闻诛一夫纣矣，未闻弑君也。

惩处"独夫民贼"与"弑君"大相径庭。"诛"和"弑"虽一字之差，却极具颠覆性，在价值观上振聋发聩。

桀和纣分别为夏和商的末代君主，均因生活荒淫无度、对内横征暴敛虐待百姓、对外穷兵黩武滥施征伐而众叛亲离，最终被民众唾弃。夏桀被商汤击败，逃到南巢（今安徽巢湖一带），不久后死在那里（孟子说的是汤放逐桀）。商纣则被武王讨伐，在牧野（今河南淇县）之战中因将士倒戈、知大势已去而自焚。

"弑"的基本含义是卑杀尊、下杀上，如臣杀君或子杀父等称为弑，为贬义词。桀和纣当初是君王，因此，齐宣王用"弑"。"诛"的基本含义是杀戮，还有惩罚、指责等义，多用为褒义词。孟子认为，桀和纣是残害仁义的"残""贼"之人，是"一夫"（独夫民贼），因此用"诛"。用字不同，凸显其价值评价迥然有别。这里，齐宣王本来又是给孟子出一道难题：既然孔子标榜"君君臣臣父父子子"，上下尊卑固有其序，各尽其职，那么如何看待桀和纣被"弑"？孟子明确指出：对沦为公敌的"独夫""弑"无从谈起，是"诛"，是惩处。

"闻诛一夫纣矣，未闻弑君也"，孟子这些鲜明的民主性思想在后来产生了重要影响。例如明初朱元璋因惧怕这些思想，又没能废黜《孟子》，于是下令删节《孟子》中具有民主性思想的多达八十五条，搞了个"短命"的《孟子节文》。思想的力量由此可见一斑。

【原文】

[2.9] 孟子见齐宣王，曰："为巨室①，则必使工师求大木②。工师得大木，则王喜，以为能胜其任也。匠人斫而小之③，则王怒，以为不胜其任矣。夫人幼而学之，壮而欲行之，王曰：'姑舍女所学而从我'④，则何如？今有璞玉于此⑤，虽万镒⑥，必使玉人雕琢

之。至于治国家，则曰，'姑舍女所学而从我'，则何以异于教玉人雕琢玉哉？"

【注释】

① 室：房屋。

② 工师：古代主管百工之官。

③ 斫（zhuó）：砍，削。

④ 女：通"汝"，你。

⑤ 璞（pú）：含有玉的石头或未雕琢过的玉。

⑥ 镒（yì）：古代重量单位，二十两为一镒，一说二十四两为一镒。

【译文】

孟子见齐宣王，说："如果建造大的宫室，就一定会派工师去寻找大的木料。工师找到了大木料，王就高兴，认为他能担此任。接下来，工匠把木料砍小了，王就生气，认为他不能胜任。人们从小学习某项本领，长大后想加以运用，如果王说：'把你所学的暂且都扔了吧，就听我的'，那会怎么样呢？假如现在有一块璞玉，即使它价值二十万两，也一定会让玉匠来雕琢它。可一谈到国家的治理，却说：'把你所学的暂且都扔了吧，就听我的'，这与指导玉匠雕琢玉石又有什么区别呢？"

【品鉴】

至于治国家，则曰，"姑舍女所学而从我"，则何以异于教玉人雕琢玉哉？

幼而学，壮而行，术业定要有专攻；治国家，凭君位，如同琢玉教玉人。

孟子是一个注重社会分工、提倡专家治国的人。孟子曾明确提出："士之仕也，犹农夫之耕""士之失位也，犹诸侯之失国家也。"(《滕文公下》)就是说，士人做官，就好比农夫耕田；士人失去官位，就好比诸侯失掉了国家。但孟子又特别强调："士穷不失义，达不离道。""穷则独善其身，达则兼济天下。"(《尽心上》)当士人困窘时，不会失去义；得意时，不会背离道。困窘时便独善其身；得志时便兼善天下。一般而言，从能工巧匠的具体工作来说，君王基本上能相信专家，但一谈到治国，情况就截然不同了，总是自以为是。孟子把这种情况比喻为教玉人治玉。从孟子对齐宣王的这番议论，我们不难看到为"仕"的艰难。

【原文】

[2.10] 齐人伐燕，胜之。宣王问曰："或谓寡人勿取①，或谓寡人取之。以万乘之国伐万乘之国，五旬而举之②，人力不至于此。不取，必有天殃。取之，何如？"

孟子对曰："取之而燕民悦，则取之。古之人有行之者，武王是也。取之而燕民不悦，则勿取，古之人有行之者，文王是也。以万乘之国伐万乘之国，箪食壶浆以迎王师③，岂有它哉？避水火也。如水益深，如火益热，亦运而已矣④。"

【注释】

① 取，夺取，攻下。
② 举：攻下，占领。
③ 箪（dān）：古代盛饭的圆形竹器。食：(shì)饭。浆：古代一种米制的带酸味的饮料，用来代酒。
④ 运：行，奔走而去。

【译文】

齐国人攻打燕国，取得了胜利。宣王问道："有人劝我不要夺取燕国，也有人劝我要夺取它。一个拥有万辆兵车的国家去攻打另一个同样有万辆兵车的国家，五十天就攻下了，光凭人力是达不到的。看来，不夺取燕国，一定会有天灾。现在夺取了燕国，又会怎么样呢？"

孟子回答说："如果夺取它而燕国百姓高兴，就夺取它。古时候有人这样做过，周武王就是这样。如果夺取它而燕国百姓不高兴，就不要夺取它。古时候也有人这样做过，周文王就是这样。一个拥有万辆兵车的国家去攻打另一个同样有万辆兵车的国家，当地百姓用筐盛饭、用壶装酒来迎接王的军队，难道会有别的想法吗？只是想离开那种水深火热的生活啊。假如水更深了、假如火更热了，那也就再离开罢了。"

【原文】

[2.11] 齐人伐燕，取之。诸侯将谋救燕。宣王曰："诸侯多谋伐寡人者①，何以待之？"

孟子对曰："臣闻七十里为政于天下者，汤是也。未闻以千里畏人者也。《书》曰：'汤一征②，自葛始。'天下信之。东面而征，西夷怨③；南面而征，北狄怨④，曰：'奚为后我⑤？'民望之，若大旱之望云霓也⑥。归市者不止⑦，耕者不变。诛其君而吊其民，若时雨降。民大悦。《书》曰：'徯我后⑧，后来其苏。'今燕虐其民，王往而征之，民以为将拯己于水火之中也，箪食壶浆以迎王师。若杀其兄父，系累其子弟⑨，毁其宗庙，迁其重器⑩，如之何其可也？天下固畏齐之强也，今又倍地而不行仁政⑪，是动天下之兵也。王速出令，反其旄倪⑫，止其重器，谋于燕众，置君而后去之，则犹可及止也。"

【注释】

① 多：数词，表示多数。

② 一：副词，表示时间短暂或前后动作的紧接。

③ 夷：泛指周边少数民族。

④ 狄：我国古代北部的民族。也作"翟"。这里泛指周边少数民族。

⑤ 奚（xī）：疑问代词：什么。

⑥ 霓（ní）：副虹。雨后天空中与虹同时出现的彩色圆弧。统言之，霓即虹。

⑦ 归市：涌向市集。

⑧ 徯（xī）：等待。后：君主，帝王。

⑨ 系累（léi）：同"系缧"，捆绑。

⑩ 重器：指宝器，如鼎。

⑪ 倍：加倍。

⑫ 旄（mào）倪：老幼的合称。旄：同"耄"：年老，指老人。倪：小孩。

【译文】

齐国人攻打燕国，攻下来了。别的诸侯大多谋划救助燕国。齐宣王说："诸侯大多谋划攻打我，怎么防备他们呢？"

孟子回答说："我听说过凭借七十里见方的国土统一了天下的，那就是商汤。还没听说凭着千里见方的土地还害怕别人的。《尚书》上说：'商汤一行征伐，就从葛国开始。'天下的人都信服了。当他向东方征伐时，西方的夷人就会抱怨；而他向南面征伐，北面的狄人就会抱怨，说：'为什么把我们放在后面呢？'百姓盼望他来，如同大旱时企盼乌云和虹霓。去市集的没有停下，种庄稼的照常耕作，商汤杀了他们的暴君，慰问那里的百姓，就像天降及时雨，老百姓非常高兴。《尚书》上说：'等待我们君王来，君王来了就得救。'现在燕国虐待百姓，王前去讨伐，百姓认为您将把他们从水火之中拯救出来，用筐盛饭、用壶装酒来迎接王的军队。你却杀害他们的父兄，捆绑他们的子弟，毁坏他们的宗庙，搬走他们的国宝，那怎么能行呢？天下人本来就害怕齐国强大，现在地盘扩大了一倍，又不施行仁政，正是这些触动了天下的军队。王赶紧发布命令，送还老少俘虏，停止搬运他们的国宝，与燕国民众商议重立一个国君，然后从燕国撤军，那么可能还来得及阻止诸侯出兵救燕。"

【品鉴】

民望之，若大旱之望云霓也。

百姓盼望他来，如同大旱时企盼乌云和虹霓。

这是久旱盼甘霖时的渴望，这是待救于水火中的呐喊，这是受难而又无助者的心声。在传统中国，生活在底层的普通民众常常盼望救星，而这救星又往往就是某位英雄。既然是希冀某个个人，那变数可就大得不可预测了。越是不可预测，就越是期盼。历史似乎就是这样一个难以超越的怪圈。

【原文】

[2.12] 邹与鲁鬨①。穆公问曰②："吾有司死者三十三人③，而民莫之死也。诛之则不可胜诛；不诛则疾视其长上之死而不救④，如之何则可也？"

孟子对曰："凶年饥岁，君之民老弱转乎沟壑⑤，壮者散而之四方者几千人矣⑥；而君之仓廪实⑦、府库充⑧，有司莫以告，是上慢而残下也。曾子曰⑨：'戒之，戒之！出乎尔者，反乎尔者也⑩。'

夫民今而后得反之也。君无尤焉⑪！君行仁政，斯民亲其上，死其长矣。"

【注释】

① 邹：周朝时的一个小国家。鬨（hòng）：同"哄"，争斗。

② 穆公：指邹国国君，穆是他的谥号。

③ 有司：官吏。

④ 疾：憎恨，厌恶。

⑤ 转：迁徙，转移。

⑥ 几（jī）：将近，接近。

⑦ 仓：粮仓。廪（lǐn）：米仓。

⑧ 库：收藏财物的仓库。

⑨ 曾子：孔子学生曾参。

⑩ 反：通"返"，归还，回报。

⑪ 尤：怨恨，归咎。

【译文】

邹国与鲁国发生冲突。邹穆公问道："我的官吏死了三十三个，但百姓没有人为他们去死的。杀他们吧，杀也杀不完；不杀他们吧，又痛恨他们看着长官被杀而见死不救，怎么办才好呢？"

孟子回答说："遭灾闹饥荒的年份，您的百姓中，年老体弱辗转死在山沟里、年轻力壮逃荒分散到各地的，接近千人了吧。而您的粮食仓库满满的，钱财储备也足足的，官吏没人将此禀告，这是怠慢上面的人、残害下面的人啊。曾子说：'小心谨慎啊！你怎么待人，人怎么待你。'百姓现在才得以报复呢。您别责备他们了。君王施行仁政，百姓就会亲近他们的上级，为官长去死了。"

【品鉴】

戒之戒之！出乎尔者，反乎尔者也。

出自你的，返归于你。你怎么待人，人怎么待你。

出自你的，返归于你，这是"出尔反尔"的原初意义。"自作孽，不可活"，可以看作是"出尔反尔"的警示性引证。"栽什么树苗结什么果，撒什么种子开什么花"，也算是符合"出尔反尔"原意的现代诠释。"送人玫瑰，手有余香"，则是"出尔反尔"的引申性阐释。

【原文】

[2.13] 滕文公问曰："滕①，小国也，间于齐②、楚。事齐乎？事楚乎？"

孟子对曰："是谋非吾所能及也③。无已，则有一焉：凿斯池也④，筑斯城也，与民守之。效死而民弗去⑤，则是可为也。"

【注释】

① 滕：周朝时的一个小国，故址在今山东滕县。
② 间：夹缝，间隙。
③ 谋：考虑，谋划。
④ 池：护城河。
⑤ 效死：尽死效力。

【译文】

滕文公问道："滕国是个小国，夹在齐国和楚国中间。该亲近齐国，还是亲近楚国?"

孟子回答说:"谋划这事不是我的能力做得到的。非要问我的话,倒有条建议:把护城河挖深,把城墙加固,和百姓一起坚守。百姓战斗到死也不离开,那么,这就好办了。"

【品鉴】

效死而民弗去,则是可为也。

打虎亲兄弟,上阵父子兵。百姓战斗到死也不离开,那该有多大的凝聚力啊,这时还有什么事情不好办呢?

【原文】

[2.14] 滕文公问曰:"齐人将筑薛①,吾甚恐,如之何则可?"

孟子对曰:"昔者大王居邠②,狄人侵之,去之岐山之下居焉。非择而取之,不得已也。苟为善,后世子孙必有王者矣。君子创业垂统③,为可继也。若夫成功,则天也。君如彼何哉?强为善而已矣④。"

【注释】

① 筑薛:在薛地筑城。

② 大王:即"太王",周文王的祖父。邠(bīn):即"豳",今陕西彬县一带。

③ 垂统:把基业传给后世子孙。

④ 强(qiǎng):竭力,尽力。

【译文】

滕文公问道:"齐国人要加固薛地的城墙,我很担心,怎么办才好呢?"

孟子回答说:"从前太王住在邠地,狄人来侵扰,他就离开了邠地,迁到岐山脚下定居下来。这并不是选择的结果,是不能不这样呀。如果能行善,后代子孙一定会有称王天下的。君子创立基业,传给后世子孙,是为了可以接续下去。至于说到成功,那就要看天意了。您对齐国人又能怎么样呢?自己尽力行善就是了。"

【原文】

[2.15] 滕文公问曰:"滕,小国也;竭力以事大国,则不得免焉①,如之何则可?"

孟子对曰:"昔者大王居邠,狄人侵之。事之以皮币②,不得免焉;事之以犬马,不得免焉;事之以珠玉,不得免焉。乃属其耆老而告之曰③:'狄人之所欲者,吾土地也。吾闻之也:君子不以其所以养人者害人。二三子何患乎无君④?我将去之。'去邠,逾梁山⑤,邑于岐山之下⑥,居焉。邠人曰:'仁人也,不可失也。'从之者如归市⑦。或曰:'世守也,非身之所能为也⑧。'效死勿去。君请择于斯二者。"

【注释】

① 免:特指免于祸。

② 币:缯帛,古人用作礼物的丝织品。

③ 属(zhǔ):聚集。耆(qí)老:老人。六十称耆,七十称老。

④ 二三子:诸位,几个人,"二三君子"的简称。

⑤ 梁山:在今陕西乾县西北。

⑥邑：国都，京城。这里作动词，建立国都。

⑦归市：涌向市集。

⑧身：自我，自身。

【译文】

　　滕文公问道："滕国是个小国。要是竭尽全力去服侍大国，还不能避免祸患，那该怎么办？"

　　孟子回答说："从前太王住在邠地，狄人来侵扰。太王拿毛皮和丝帛进献狄人，没能避免侵扰；拿好狗和良马进献狄人，也没能避免侵扰；拿珍珠美玉进献狄人，还是没能避免侵扰。于是召集当地的长老，告诉他们说：'狄人所要的，是我们的土地。我听说：君子不因那些用来供养人的东西使人受害。诸位还担心没有君主吗？我将要离开这里。'于是离开邠地，翻越梁山，在岐山脚下建都、定居。邠地人说：'是个有仁德的人啊，不能失去啊。'追随他的人就像赶集一样。也有人说：'这是世世代代守护的基业，不是我自己所能决定舍弃的。'于是尽死效力也不离开。就请您在这两者之中作出选择吧。"

【品鉴】

君子不以其所以养人者害人。

　　君子不因那些用来供养人的东西使人受害，这才叫分清了目的和手段、价值理性和工具理性。

　　"养人者"变成"害人者"着实值得反思，老子不也提出过"五色令人目盲，五音令人耳聋，五味令人口爽，驰骋畋猎令人心发狂，难得之货令人行妨"吗？缤纷的色彩使人眼花缭乱，纷杂的音调使人听觉不灵，饮食餍饫使人味觉受伤，纵情狩猎使人心荡神狂，稀有物品使人行为不轨。养人者同时具有害人的因素，区分目的和手段，把握适时与适度，都显得格外重要。

【原文】

[2.16] 鲁平公将出，嬖人臧仓者请曰①："他日君出，则必命有司所之。今乘舆已驾矣，有司未知所之，敢请。"

公曰："将见孟子。"

曰："何哉，君所为轻身以先于匹夫者？以为贤乎？礼义由贤者出，而孟子之后丧逾前丧。君无见焉！"

公曰："诺。"

乐正子入见②，曰："君奚为不见孟轲也？"

曰："或告寡人曰，'孟子之后丧逾前丧③'，是以不往见也。"

曰："何哉，君所谓逾者？前以士④，后以大夫；前以三鼎⑤，而后以五鼎与？"

曰："否，谓棺椁衣衾之美也⑥。"

曰："非所谓逾也，贫富不同也。"

乐正子见孟子，曰："克告于君，君为来见也⑦。嬖人有臧仓者沮君⑧，君是以不果来也⑨。"

曰："行或使之；止或尼之⑩。行、止，非人所能也。吾之不遇鲁侯，天也。臧氏之子，焉能使予不遇哉？"

【注释】

① 嬖（bì）人：受宠的侍臣或姬妾。

② 乐正子：孟子学生，名克。

③ 丧：哀葬死者的礼仪。后丧指他的母丧，前丧指他的父丧。

④ 以士：指用士之礼仪办丧事。

⑤ 以三鼎：用三个鼎来盛动物类祭品。

⑥ 棺椁（guǒ）：棺木内曰棺，外曰椁。衾（qīn）：覆盖遗体的单被。

⑦ 为（wéi）：将。

⑧ 沮：阻止。

⑨ 果：成为事实。事与预期相合的称果，不合的称不果。

⑩ 尼：阻止，止息。

【译文】

鲁平公将要出门，他宠信的侍臣臧仓前来请示，说："平日您如果外出，定会通知有关官员要去的地方。现在您的座驾已经套好马了，官员还不知道您要去哪儿，因此冒昧地请示一下。"

鲁平公说："将要去见孟子。"

臧仓问："国君降低身份主动去见一个普通人，这样做到底是为什么呢？是认为他贤明吗？礼义是经由贤明的人推广的，但孟轲后来葬母的排场超出了先前葬父的礼仪。您不要去见他！"

鲁平公说："那好吧。"

乐正子进见鲁平公。问道："国君为什么不去见孟子？"

鲁平公回答说："有人告诉我说，'孟轲后来葬母的排场超出了先前葬父的礼仪'，所以不去见他了。"

乐正子说："您所说的'超出'，指的是什么呢？指先前用士之礼葬父、后来用大夫之礼葬母，先前用三鼎设供、后来用五鼎设供吗？"

鲁平公说："不。我指的是华美的棺椁和衣被。"

乐正子说："这不能说是'超出'，前后贫富情况不一样了。"

乐正子来见孟子，说："我告诉过国君，国君也准备来见您。但有个叫臧仓的侍臣阻挡了他，因此他最终没来。"

孟子说："来，或许是有推动；不来，或许是遇阻挡。但能来与否，不是人所能左右的。我没有与鲁侯会面，那是天意。那个姓臧的怎能做到让我不与鲁侯会面呢？"

【品鉴】

行，或使之；止，或尼之。行止，非人所能也。

成败自有大势，螳臂岂能挡车？

孟子与鲁侯会面没能成功，孟子认为那是天意。既然天意如此，就不是某个人干扰的结果。这让我们自然想到了孔子的故事。据《史记·孔子世家》记载，孔子离开卫国，准备到陈国去，途经匡地时，遭匡人围禁达五天之久。因为在此之前，匡人遭受过鲁国阳虎的暴虐和屠杀，而孔子的长相与阳虎有些相似，而且当年替阳虎御车的人是孔子的弟子颜克。现在替孔子御车的也正是颜克，以致匡人把孔子当作阳虎，于是予以围禁。孔子说："文王死了后，自周以来的礼乐典章制度不是都掌握在我这里吗？老天若要灭绝这些文化，我就不会掌握这些文化了；老天若不想灭绝这些文化，匡人又能把我怎样呢？"他认为，自己来到这个世界，负载着上天的任务和使命。这些任务和使命还没有完成，老天怎么会让自己去死呢？

在儒家那里，"天"主要有三种含义：一是自然之天，如"七八月之间，旱，则苗槁矣。天油然作云，沛然下雨，则苗浡然兴之矣。"（《梁惠王上》）意思是：七八月间，天旱，苗就枯了。要是天上涌起乌云，下场透雨，禾苗就又旺盛地生长起来。又如："天之高也，星辰之远也，苟求其故，千岁之日至，可坐而致也。"（《离娄下》）说的是：天极高，星辰极远，如果研究它们已有的迹象，千年以后的冬至，都可以坐着推算出来。还有像"天时不如地利,地利不如人和"(《公孙丑下》)等等,都是讲的自然之天。二是人格意志之天,如孔子讲:"天生德于予,桓魋其如予何!"(《论语·述而》)孔子认为自己的德性生命就是由天所赐,你桓魋又能把我怎样?孟子也提到,即使是丑陋的人,只要斋戒沐浴,"则可以祀上帝"。(《离娄下》)但他说:"莫之为而为者,天也。"(《万章上》)没有什么目的去支配它,也没有什么力量去推动它,但它自己却这样"为"了。作为人格神意义的上帝在孟子那里被彻底虚化,孟子是反对超自然的神学目的论的。三是自然规律和法则之天。"天行有常,不为尧存,不为桀亡。"(《荀子·天论》)此时的天就是不以人的意志为转移的自然规律。

卷三

公孙丑［上］

　　本卷共9章。第1、2章为孟子与弟子公孙丑的对话，其余各章为孟子语录。从主体内容来看，第1、3、4、5章讨论"王道"与"仁政"问题，其余各章主要讨论人性与修养问题。具体来说：第1章讲以齐国现有条件行仁政，可以收到事半功倍的成效。第2章讲"不动心"与好勇的三种境界；"知言"与养"浩然之气"；对孔子的评价。第3章讲王道与霸道的根本区别："以德行仁"还是"以力服人"？第4章讲祸福自求，行仁则荣、不行仁则辱。第5章讲行仁政，使"士"、"商"、"旅"、"农"和"民"都满意的五项基本措施。第6章阐述性善论的主要观点：每个人都有仁义礼智四种善端，但须后天进一步扩充。第7章讲仁是人最安定的住所，"反求诸己"是为仁的基本方法。第8章讲为善的主要形式和"与人为善"的基本方法。第9章讲君子出仕与自处的适度原则。

【原文】

[3.1] 公孙丑问曰①："夫子当路于齐②，管仲、晏子之功③，可复许乎④？"

孟子曰："子诚齐人也⑤，知管仲、晏子而已矣。或问乎曾西曰：'吾子与子路孰贤⑥？'曾西蹴然曰⑦：'吾先子之所畏也。'曰：'然则吾子与管仲孰贤？'曾西艴然不悦⑧，曰：'尔何曾比予于管仲！管仲得君如彼其专也⑨，行乎国政如彼其久也，功烈如彼其卑也⑩。尔何曾比予于是？'"曰："管仲，曾西之所不为也⑪，而子为我愿之乎⑫？"

曰："管仲以其君霸，晏子以其君显。管仲、晏子犹不足为与？"

曰："以齐王，由反手也⑬。"

曰："若是，则弟子之惑滋甚。且以文王之德，百年而后崩⑭，犹未洽于天下⑮；武王、周公继之⑯，然后大行。今言王若易然，则文王不足法与？"

曰："文王何可当也！由汤至于武丁，贤圣之君六七作⑰，天下归殷久矣，久则难变也。武丁朝诸侯，有天下，犹运之掌也。纣之去武丁未久也，其故家遗俗，流风善政，犹有存者；又有微子、微仲、王子比干、箕子、胶鬲⑱，皆贤人也，相与辅相之，故久而后失之也。尺地，莫非其有也；一民，莫非其臣也；然而文王犹方百里起，是以难也。齐人有言曰：'虽有智慧，不如乘势；虽有镃基⑲，不如待时。'今时则易然也：夏后、殷、周之盛，地未有过千里也，而齐有其地矣；鸡鸣狗吠相闻，而达乎四境，而齐有其民矣。地不改辟矣⑳，民不改聚矣，行仁政而王，莫之能御也。且王者之不作㉑，未有疏于此时者也㉒；民之憔悴于虐政㉓，未有甚于此时者也。饥者易为食，渴者易为饮。孔子曰：'德之流行，速于置邮而传命㉔。'当今之时，万乘之国行仁政，民之悦之，犹解倒悬也。故事半古之人，功必倍之，惟此时为然。"

【注释】

① 公孙丑：孟子的学生。

② 当路：当仕路，掌握政权。

③ 管仲、晏子：春秋齐相。管仲：名夷吾，齐桓公之相。晏子：指晏婴，齐景公之相。

④ 许：期望。

⑤ 诚：确实，的确。

⑥ 子路：即仲由，孔子的学生。

⑦ 曾西：曾申，字子西，鲁人，曾参之子。蹴（cù）然：不安的样子。

⑧ 艴（bó）：生气、发怒的样子。艴然：因生气而变脸色的样子。

⑨ 得：投合，投契。专：诚笃。

⑩ 功烈：功劳，业绩。

⑪ 为：学习；谋求。

⑫ 为（wèi）：认为。

⑬ 由：通"犹"。

⑭ 百年而后崩：传说文王享寿九十七岁。

⑮ 洽：合，合会。

⑯ 周公：文王之子，名旦。

⑰ 作：量词，相当于"次"。

⑱ 微子：名启，商纣王的庶兄。微仲：微子之弟，名衍。比干：商纣王的叔父，多次进谏，被纣挖心。箕子：商纣王的叔父，比干死后，佯狂为奴，被纣囚禁。胶鬲（gé）：纣王之臣。

⑲ 镃（zī）基：锄头。

⑳ 改：变更，这里作副词"更加"。

㉑ 作：产生，兴起。

㉒ 疏：稀。

㉓ 憔悴：困苦，困顿。

㉔ 置、邮：相当于后世的驿站。

【译文】

公孙丑问道："如果先生在齐国执政，管仲、晏婴那样的功业，能重现吗？"

孟子说："你还真是个齐国人呢，就知道个管仲、晏婴。有人问曾西，说：'您和子路比起来，谁更贤能呢？'曾西不安地说：'他是先父所敬畏的人。'那人又问：'那您和管仲相比，谁更贤能呢？'曾西脸色都变了，很不高兴地说：'你哪能拿我去和管仲比呢！管仲投契君王那么诚笃，执掌国家政权时间又那么长，功绩却那么微不足道。你哪能拿我和他比？'"孟子接着说："管仲，连曾西都不学他，而你认为我会愿意吗？"

公孙丑说："管仲辅助桓公成就霸业，晏子辅助景公声名显赫。管仲、晏子还不值得学习吗？"

孟子说："凭齐国来统一天下，那是易如反掌。"

公孙丑说:"像您这么说,学生就更是疑窦丛生了。凭文王的仁德,百来岁才过世,尚且还没能统一天下。武王和周公继承了他的事业,终于大功告成。现在您把统一天下说得好像很容易的样子,那么,文王不值得效法吗?"

孟子说:"文王哪能比呢?从汤到武丁,贤能圣明的君主出现了六七位,天下归服殷朝已经很长时间了,时间一长就难以改变了。武丁使诸侯来朝,取得天下,就像掌中移物。商纣离武丁时间不远,世家大族、良好习俗、先民风尚、仁惠政教,都还有些留存。还有微子、微仲、王子比干、箕子、胶鬲等,都是些贤人,来共同辅佐他,因此持续了很久,后来才失去了天下。那时候,没有一尺土地不是他的疆土,没有一个百姓不是他的臣民。即便是这样,文王还从百里见方的地方兴起,因此是很困难的。齐国有句俗话,说:'即使有智慧,不如趁大势;即使有锄具,不如等农时。'现在的时势就容易推行仁政:夏、商、周最强盛的时期,疆土没超过千里见方,但齐却拥有;鸡鸣狗叫声相互听得到,一直绵延到四周边境,而这百姓正是齐国的。疆土不必再开拓,百姓不必再增加,通过行仁政来统一天下,没有人能阻挡得了。而且,仁德的君王不出现,没有比现在拖得更久的;百姓受暴政的困苦,没有比现在更严重的。对饥饿的人容易提供吃的,对口渴的人容易提供喝的。孔子说:'道德的流布与盛行,比驿站传达政令还要快。'在当下,如果拥有万辆战车的大国施行仁政,百姓就会像从倒悬之中被解救出来一样高兴。因此,事情只做了前人的一半,功效却必定是前人的一倍,只有这时才是这样。"

【品鉴】

虽有智慧,不如乘势。

当今之时，万乘之国行仁政，民之悦之，犹解倒悬也。故事半古之人，功必倍之，惟此时为然。

厉行仁政，解民倒悬；乘势待时，事半功倍。一则须选择正确的方法；一则要把握合适的时机。

孟子是一个具有高度历史使命感的人，读过孟子的人都会被他"如欲平治天下，当今之世，舍我其谁"的历史豪情所折服。在孟子时代，诸侯争雄，论综合实力，最强大的当然是齐国，因此孟子不惜在齐宣王身上费言辞、花力气。

在孟子看来，齐国具有的发展条件已经超过夏、商、周等任何历史时期。论疆土：夏、商、周最强盛的时期，疆土没超过千里见方，而齐却拥有；论百姓：齐国鸡犬之声相闻，一直绵延到四周边境。疆土足够宽广，百姓不用增加，用现在的话说，已经具有相当好的硬件，或者说应该走注重内涵发展的道路了。现在的问题就是要明确其内容和方法，寻找合适的时机进行。那么，齐国要走内涵发展之路的内容和方法该是什么呢？行仁政。这是孟子治国理念的核心，也是他一生奔波于政治事业的总纲。孟子坚信，有了行仁政这样一条正确的路线，并在像齐国这样的大国实行，老百姓定会像从倒吊状态中解救出来一样高兴。问题的另一方面就是时机了。孟子先是引用齐国的谚语，"虽有智慧，不如乘势；虽有镃基，不如待时"。从百姓的既有智慧中强调时势的重要性。接下来从生活经验中提示"饥者易为食，渴者易为饮"，即对饥饿的人容易提供吃的、对口渴的人容易提供喝的这一显见道理，再引证孔子关于道德流行的快速原则，分析长久没有出现仁德的君王、百姓受暴政困苦非常严重这一社会现实，阐述当下行仁政可以收到事半功倍的成效。所有论述一气呵成，具有很强的说服力。

【原文】

[3.2-1] 公孙丑问曰："夫子加齐之卿相，得行道焉，虽由此霸王，不异矣。如此，则动心否乎？"

孟子曰："否。我四十不动心①。"

曰："若是，则夫子过孟贲远矣②。"

曰："是不难，告子先我不动心③。"

曰："不动心有道乎？"

曰："有。北宫黝之养勇也④，不肤挠⑤，不目逃，思以一豪挫于人，若挞之于市朝。不受于褐宽博⑥，亦不受于万乘之君。视刺万乘之君，若刺褐夫，无严诸侯⑦。恶声至，必反之。孟施舍之所养勇也，曰：'视不胜犹胜也。量敌而后进，虑胜而后会⑧，是畏三军者也。舍岂能为必胜哉？能无惧而已矣。'孟施舍似曾子⑨，北宫黝似子夏⑩。夫二子之勇，未知其孰贤，然而孟施舍守约也⑪。昔者曾子谓子襄曰⑫：'子好勇乎？吾尝闻大勇于夫子⑬矣：自反而不缩⑭，虽褐宽博，吾不惴焉⑮；自反而缩，虽千万人，吾往矣。'孟施舍之守气，又不如曾子之守约也。"

曰："敢问夫子之不动心，与告子之不动心，可得闻与？"

"告子曰：'不得于言，勿求于心；不得于心，勿求于气。'不得于心，勿求于气，可。不得于言，勿求于心，不可。夫志，气之帅也；气，体之充也。夫志，至焉，气，次焉；故曰：'持其志，无暴其气⑯。'"

"既曰，'志，至焉，气，次焉⑰。'又曰，'持其志，无暴其气。'者何也？"

曰："志壹则动气，气壹则动志也，今夫蹶者趋者，是气也，而反动其心。"

【注释】

① 动心：指思想动摇。

② 孟贲（bēn）：传说中的古代勇士。

③ 告子：名不害，与孟子同时而年长。

④ 北宫黝（yǒu）：人名，事迹不可考。

⑤ 挠（náo）：扰乱，阻止。

⑥ 褐（hè）宽博：穿宽大粗布衣服的人，指地位低的人。褐，粗布衣。宽博，宽大的衣服。

⑦ 严：畏惧。

⑧ 会：交战。

⑨ 曾子：即曾参，孔子的学生。

⑩ 子夏：姓卜名商，孔子的学生。

⑪ 守约：抓住要领。守：保持。约：要领。

⑫ 子襄：曾子的学生。

⑬ 夫子：指孔子。

⑭ 缩：直。

⑮ 惴：恐惧。

⑯ 暴：损害，糟蹋。

⑰ 次：至，及。

【译文】

公孙丑问道："先生您假如做了齐国的卿相，能够推行自己的主张，那么即使因此成就了霸业或者王业，也不奇怪。要是像这样，您会动心吗？"

孟子说："不会。我过了四十岁就不会动心了。"

公孙丑说："要是这样，那先生远远超过孟贲了。"

孟子说:"这不难,告子做到不动心比我还早。"

公孙丑说:"不动心有门径吗?"

孟子说:"有的。北宫黝是这样培养勇气的:肌肤被刺不阻止,眼睛挨戳不逃避;把受到一点点挫折,看得像在大庭广众之下被鞭打一样;既不受卑贱者的羞辱,也不受大国之君的侮辱;把刺杀大国之君,看得像刺杀卑贱者一样;不畏惧诸侯;听到辱骂之声一定回击。孟施舍培养勇气的方法,用他的话说,就是:'把战胜不了的看得像可以战胜的一样。先估量敌人的实力才前进,考虑打得赢才交战,这是敌军多了就害怕的人。我孟施舍哪能战无不胜呢,只是做得到无所畏惧而已。'孟施舍的风格像曾子,北宫黝的风格像子夏。这两个人的勇气,难说谁比谁强,但是孟施舍抓住了要领。从前曾子对子襄说:'你喜欢勇敢吗?我曾经听孔子谈论过大勇:反省自己觉得理亏,那么即使面对卑贱的人,我也不去恐吓他;反省自己认为理直,即使面对成千上万人,我也敢于前往。'看来,孟施舍保持勇气的方法,又不如曾子精要。"

公孙丑说:"请问:先生的不动心和告子的不动心,可以讲给我听吗?"

孟子说:"告子说过:'言语不能驾驭好,不要求助于内心;内心不能控制好,不要求助于意气。'内心不能控制好,不要求助于意气,这是对的;言语不能驾驭好,不要求助于内心,却不对。心志是意气的统帅,意气充满身体。心志到哪里,意气就到哪里。所以说:'要坚守自己的心志,不要滥用意气。'"

公孙丑说:"既然说'心志到哪里,意气就到哪里',又说'要坚守自己的心志,不要滥用意气',这是什么道理呢?"

孟子说:"心志专一,就能调动意气;意气专一,也会带动心志。譬如跌倒和奔跑,这是意气所动,但也反过来扰动心志。"

【品鉴】

自反而缩，虽千万人，吾往矣。

正义在我，即使独自面对千军万马，我也勇往直前。

孟子与弟子讨论"养勇"的问题，孟子列举了三个案例：北宫黝、孟施舍、曾子，实际上分别体现了三种境界。北宫黝坚毅、果敢、不卑不亢，可以说浑身是胆，有那种遇险而面不改色心、不乱跳之勇，但主要是体质之勇或气勇；孟施舍把战胜不了的看得像可以战胜的一样，坚定必胜的信念，绝不是那种先估量敌人的实力、敌军多了就害怕的胆小鬼，因此具有精神观念上之勇或神勇；曾子之勇则是在思想上作出深刻反思，这种勇建立在是否正义的基础上，是德性之勇，是真正的大勇。《孟子·梁惠王下》曾讨论过小勇和大勇。手按剑柄、怒目而视说："谁敢挡我？"这是匹夫之勇，是小勇。"文王一怒而安天下之民"，那才是大勇。

北宫黝、孟施舍都有一种大无畏的精神，但后者较之于前者更敢于胜利，在精神上有压倒敌人的气势，因此，虽然不能百战百胜，但这种勇是神勇，超出了气勇。曾子与孟施舍之勇比起北宫黝之勇来，增加了更多的精神因素，成败、胜负也不是进退标准，但曾子更关注的是有无道德上的支撑，这样又与孟施舍之勇区分开来：曾子以德性来衡量，正义在我，即使独自面对千军万马，我也勇往直前；但如果正义不在我，即使面对卑微的人，我也不去恐吓他。正是这种有勇有怯、一依德性之勇才是真正的大勇。因此，相对来说，孟施舍之勇又更接近"守气"，而曾子之勇才更接近"守约"。如果套用孔子的看法，北宫黝、孟施舍、曾子这三者之勇又实际上体现的是"勇""知（智）""仁"的差别吧。

曾子之勇就是孤往精神。这种精神不是偏狭的孤芳自赏、不是逃避似的自命清高，也不是独醒独清式的故作姿态，而是在黑暗中向往光明、重压下奋起抗争的勇气和精神。这种孤往精神激励着一代又一代的先进分子不畏强暴、勇于面对各种腐朽势力，敢于代表社会的良心，甚至在胜负面前知其不可而为之，为文明的赓续、民族的发展和社会的进步贡献了自己的力量。

【原文】

[3.2-2]"敢问夫子恶乎长？"

曰："我知言，我善养吾浩然之气。"

"敢问何谓浩然之气？"

曰："难言也。其为气也，至大至刚，以直养而无害，则塞于天地之间。其为气也，配义与道；无是，馁也①。是集义所生者，非义袭而取之也②。行有不慊于心③，则馁矣。我故曰告子未尝知义，以其外之也。必有事焉而勿正④，心勿忘，勿助长也。无若宋人然。宋人有闵其苗之不长而揠之者⑤，芒芒然归⑥，谓其人曰：'今日病矣⑦！予助苗长矣！'其子趋而往视之，苗则槁矣。天下之不助苗长者寡矣。以为无益而舍之者，不耘苗者也⑧。助之长者，揠苗者也，非徒无益，而又害之。"

"何谓知言？"

曰："诐辞知其所蔽⑨，淫辞知其所陷⑩，邪辞知其所离⑪，遁辞⑫知其所穷。生于其心，害于其政；发于其政，害于其事。圣人复起，必从吾言矣。"

"宰我、子贡善为说辞⑬，冉牛、闵子、颜渊善言德行⑭。孔子兼之，曰：'我于辞命，则不能也。'然则夫子既圣矣乎？"

曰："恶！是何言也！昔者子贡问于孔子曰：'夫子圣矣乎？'孔子曰：'圣则吾不能，我学不厌而教不倦也。'子贡曰：'学不厌，智也；教不倦，仁也。仁且智，夫子既圣矣。'夫圣，孔子不居，是何言也！"

【注释】

① 馁（něi）：空虚，贫乏。

② 袭而取之：袭取，出其不意地夺取，这里指偶然或侥幸取得。

③ 慊（qiè）：满足，快意。

④ 正：止，停止。一说是预期。

⑤ 闵：忧虑，担忧。揠（yà）：拔。

⑥ 芒芒然：疲倦的样子。

⑦ 病：疲惫。

⑧ 耘：除草。

⑨ 诐（bì）：偏颇，片面。蔽：遮蔽。

⑩ 淫：过分。陷：过失，缺陷。

⑪ 邪：邪僻，不正。离：违背，违反。

⑫ 遁辞：因为理屈词穷而故意避开正题的话。遁：逃走。

⑬ 宰我：即宰予。子贡：即端木赐。都是孔子的学生。

⑭ 冉牛：指冉耕，字伯牛。闵子：即闵损，字子骞。颜渊：即颜回，字子渊。都是孔子的学生。

【译文】

公孙丑说："请问先生的专长在哪里？"

孟子说："我懂得辨析言辞，我善于培养我的浩然之气。"

公孙丑说："请问什么是浩然之气？"

孟子说："很难讲得清楚啊。那种气，是最强盛、最刚健的，用正当的方法来培养它，不让它受到伤害，就能充盈于天地之间。那种气，是义和道的结合，没有这些，它就空虚了。它是义的积累所产生的，而不是义从外而入、突然取得的。如果所作所为不能让内心满意，那么它就空虚了。所以我说，告子并不懂得义，因为他把义看作心外的东西。培养这种气，一定要有所作为而不中止，内心不能忘了它，但也不要人为地去助长。不要像那个宋国人一样。宋国有个人，担心禾苗长不快而把它拔高，然后非常疲倦地回到家，告诉家人说：'今天累坏了！我帮助禾苗长高了！'他的儿子跑过去一看，禾苗都枯槁了。天底下不拔苗助长的人很少啊。认为养气没用而放弃的，就像是不为禾苗除草的人；人为地去助长的，就像是拔苗的人。不但没有助益，反而伤害了它。"

公孙丑说："怎样才算'懂得辨析言辞'？"

孟子说："片面的言辞，知道哪些方面被遮蔽；过当的言辞，知道哪些地方有过失；邪僻的言辞，知道哪些方面有偏差；搪塞的言辞，知道哪些地方会理屈。言辞失当发生于思想认识，对政治有危害；如果发生在行政上，就会危害具体事务。要是圣人再出现，也一定会赞同我的话。"

公孙丑说："宰我、子贡擅长言谈，冉牛、闵子、颜渊善于阐述德行。孔子兼有两者，但他却说：'我对于辞令，并不擅长。'这么说来，先生您已经是圣人了吧？"

孟子说："哎呀！这是什么话！从前子贡请教孔子说：'先生是圣人了吧？'孔子回答：'圣人，我做不到。我只是学习不知满足，教人不知疲倦罢了。'子贡说：'学习而不知满足，就是智；教人而不知疲倦，就是仁。仁而且智，先生已经是圣人了。'圣人，连孔子都不敢自居，你这说的是什么话呀！"

【品鉴】

我善养吾浩然之气。

懂得了浩然之气,才可以懂得中国。

关于"浩然之气"的解读,历来众说纷纭。从"至大至刚""塞于天地"等特征来看,"浩然之气"似乎是一种形而下的"气";但从"配义与道""集义所生"等属性来看,"浩然之气"更应是一种形而上的"气",是精神之气,是与主体意志相联系的精神力量,是一种坚毅刚正的伟岸气概,后来称之为"浩然正气"。具体而言,养浩然之气不能靠偶然或侥幸取得,也不能拔苗助长式地催生,而是必须长期坚持不懈地养成。

"浩然之气"是天人合一之气,是砥砺精神的凛然正气。北宋哲学家程颐说:"天人一也,更不分别。浩然之气,乃吾气也,养而无害,则塞乎天地之间。"南宋哲学家朱熹解释说:"至大,初无限量;至刚,不可屈挠。盖天地之正气,而人得此生者,其体段本如是也。"南宋文天祥作《正气歌》云:"天地有正气,杂然赋流形。下则为河岳,上则为日星。于人曰浩然,沛乎塞苍冥。""是气所磅礴,凛烈万古存。当其贯日月,生死安足论。"他以"人生自古谁无死,留取丹心照汗青"很好地诠释和实践了浩然之气。

中国现代著名哲学家冯友兰说:"浩然之气这四个字,是中华文化中的一个词汇。懂得了这个词汇,才可以懂得中国。"中国历史上无数的仁人志士,为中华民族用鲜血和生命写下了一首首浩然正气之歌,值得后人永远敬仰。

【原文】

[3.2-3]"昔者窃闻之:子夏、子游、子张皆有圣人之一体①;冉牛、闵子、颜渊则具体而微,敢问所安?"

曰："姑舍是。"

曰："伯夷、伊尹何如②？"

曰："不同道。非其君不事，非其民不使；治则进，乱则退，伯夷也。何事非君？何使非民；治亦进，乱亦进，伊尹也。可以仕则仕，可以止则止。可以久则久，可以速则速，孔子也。皆古圣人也。吾未能有行焉；乃所愿，则学孔子也。"

"伯夷、伊尹于孔子，若是班乎③？"

曰："否。自有生民以来，未有孔子也。"

曰："然则有同与？"

曰："有。得百里之地而君之，皆能以朝诸侯，有天下。行一不义，杀一不辜而得天下，皆不为也。是则同。"

曰："敢问其所以异。"

曰："宰我、子贡、有若④，智足以知圣人，污不至阿其所好⑤。宰我曰：'以予观于夫子⑥，贤于尧、舜远矣。'子贡曰：'见其礼而知其政，闻其乐而知其德，由百世之后，等百世之王⑦，莫之能违也。自生民以来，未有夫子也。'有若曰：'岂惟民哉？麒麟之于走兽，凤凰之于飞鸟，泰山之于丘垤⑧，河海之于行潦⑨，类也。圣人之于民，亦类也。出于其类，拔乎其萃，自生民以来，未有盛于孔子也。'"

【注释】

① 子游：孔子的学生言偃。子张：孔子的学生颛孙师。

② 伊尹：商汤之相。

③ 班：等同。

④ 有若：孔子的学生。

⑤污：本作洿（wū），夸字的假借。夸，大。

⑥予：孔子学生宰我的字。

⑦等：指分出等次。

⑧垤（dié）：小土堆。

⑨行潦（lǎo）：路上的积水。潦，雨后积水。

【译文】

公孙丑说："以前我听说：子夏、子游、子张都部分具有圣人的特质，冉牛、闵子、颜渊则整体具备但气象不够博大。请问您属于哪一类？"

孟子说："这个暂且不谈。"

公孙丑说："伯夷、伊尹怎么样？"

孟子说："他们处世方式不一样。不是他心中的君主，他不服事；不是他心中的百姓，他不使唤；天下太平就出来做官，天下大乱就隐居起来，这是伯夷。不理想的君主服事能怎么样？不理想的百姓使唤能怎么样？天下太平也做官，天下大乱也做官，这是伊尹。应该做官就做官，应该辞职就辞职；应该久任就久任，应该速去就速去，这是孔子。都是些往昔的圣人。这些我都没做到；至于我的意愿，就是学习孔子。"

公孙丑说："伯夷、伊尹跟孔子，都是一样的吧？"

孟子说："不是。自有人类以来，没有孔子那样的。"

公孙丑说："那么，他们有相同之处吗？"

孟子说："有。要是获得了百里见方的土地做君王，他们就都能使诸侯来朝觐而统一天下。但做一件不义的事，杀一个无辜的人因而得到天下，他们都不会去做。这是他们相同之处。"

公孙丑说："请问孔子又有什么不同呢？"

孟子说："宰我、子贡、有若，他们的智慧足以了解孔子，即使说话有所夸大,也算不上阿谀他们所敬爱的人。宰我说:'按我对先生的了解,他比尧、舜强多了。'子贡说:'看它的礼制,就可以了解它的政治状况;听它的音乐,就可以了解它的道德风尚。从百代以后去评价这百代君主,没有人能违背这个道理。我认为自从有人类以来,还没有像先生那样的人。'有若说:'岂止人类有这些不同!麒麟对于走兽,凤凰对于飞鸟,泰山对于小小土堆,河海对于路面雨水,都是同类;圣人对于百姓,也是同类。高出他的属类,超出他的族群,自从有人类以来,还没有比孔子更伟大的。'"

【原文】

[3.3] 孟子曰:"以力假仁者霸,霸必有大国;以德行仁者王,王不待大。汤以七十里,文王以百里。以力服人者,非心服也,力不赡也①。以德服人者,中心悦而诚服也,如七十子之服孔子也②。《诗》云:'自西自东,自南自北,无思不服。'③此之谓也。"

【注释】

① 赡:充足。

② 七十子:指孔子的学生。相传孔子有弟子三千人,通六艺者七十二人。

③ 思:语助词。以上引诗出自《诗经·大雅·文王有声》。

【译文】

孟子说:"凭仗武力,假借仁义而统一天下的是'称霸',称霸必须具有强大的国力;凭依道德,推行仁义而统一天下的是'称王',称王则不一定依靠国家强大。比如,商汤仅凭七十里见方的疆域,文王仅凭百里见方的疆土。凭借武力使人服从，那种服从不是内心服从，而是力量不足；依靠道德使人服从，那种服从却是内心愉快、真心实意地服从，就像七十多个弟子服从孔子一样。《诗经·大雅·文王有声》上说：'从西从东，从南从北，无不心悦诚服。'说的正是这个意思。"

【品鉴】

以力假仁者霸；以德行仁者王。

以德服人者，中心悦而诚服也。

王道以德服人，终使人心悦诚服；霸道以力假仁，靠武力称雄一时。

王与霸的概念在春秋时期就已出现，王指统一的君王，霸指行使部分王权的诸侯，两者都没有贬义。孟子首次将王与霸对立起来看。孟子认为：王道的基本特征就是"以德行仁"，以仁政理论与政策，通过保民而得人心；霸道的基本特征却是"以力假仁"，以武力暴力相威胁，而仁此时只是一个幌子。称霸必须具有强大的国力；称王则不一定依靠国家强大，孟子举例说，商汤仅凭七十里见方的疆域，文王仅凭百里见方的疆土。凭借武力使人服从，那种服从不是内心服从，而是力量不足；依靠道德使人服从，那种服从却是内心愉快、真心实意地服从，就像七十多个弟子服从孔子一样。

孟子称颂王道，反对霸道。把行王道、施仁政视为能统一天下的不二法门。他多次强调："仁者无敌""得道者多助，失道者寡助"。《三国演义》中众所周知的诸葛亮"七擒孟获"的故事，可以视为"以德服人"的光辉典范。

【原文】

[3.4]孟子曰："仁则荣，不仁则辱。今恶辱而居不仁，是犹恶

湿而居下也。如恶之，莫如贵德而尊士，贤者在位，能者在职。国家闲暇①，及是时明其政刑。虽大国必畏之矣。《诗》云：'迨天之未阴雨②，彻彼桑土③，绸缪牖户④。今此下民⑤，或敢侮予？'⑥孔子曰：'为此诗者，其知道乎！能治其国家，谁敢侮之！'今国家闲暇，及是时般乐怠敖⑦，是自求祸也。祸福无不自己求之者。《诗》云：'永言配命⑧，自求多福。'⑨《太甲》曰⑩：'天作孽，犹可违⑪。自作孽，不可活。'此之谓也。"

【注释】

① 闲暇：安静无事。

② 迨（dài）：趁着。

③ 彻：取。桑土：即桑杜，桑根之皮。

④ 绸缪（móu）：缠结之意。牖（yǒu）户：窗户。这里指巢穴洞口。

⑤ 下民：指树下的人。

⑥ 以上引诗出自《诗经·豳风·鸱鸮》。

⑦ 般（pán）：乐。怠：怠惰。敖：同"遨"，游玩、游逛。

⑧ 永：长。言：语助词。配命：配合天命。

⑨ 以上引诗出自《诗经·大雅·文王》。

⑩ 《太甲》：《尚书》篇名。

⑪ 违：避。

【译文】

孟子说："如果实行仁政，就会带来荣耀；如果不行仁政，就会带来耻辱。如今的君主讨厌耻辱却又处在不仁之地，这就如同讨厌潮湿却又处在低洼的地方一样。要是讨厌耻辱，就不如推崇道德、尊重士人，使有德行的人有合适的官可当，使有才能的人有合适的职可任；国家太平无事，趁这个时候来修明政令法典，即使是强大的国家，也一定会畏惧它。《诗经·豳风·鸱鸮》上说：'趁天没阴雨没下，快把桑根皮来扒，紧缠密绕巢穴口。从此树下那些人，有谁还敢欺侮我。'孔子说：'作这首诗的人，懂得道理呀！能治理好自己的国家，谁还敢欺侮他呢？'要是现在国家太平无事，趁这个时候，作乐无度、怠政出游，这是自己在招祸。祸与福无不是自己招来的。《诗经·大雅·文王》上说：'永远都要配合天命，自己寻求更多福祉。'《尚书·太甲》上说：'天降灾难，还可躲避；自作罪恶，不能活命。'说的就是这个意思。

【品鉴】

仁则荣，不仁则辱。

贵德而尊士，贤者在位，能者在职。

仁与不仁，尊荣与屈辱分野；选贤任能，德行与才能并重。

关于"仁"，我们在《梁惠王上》已做过些讨论。"仁"在孔孟那里是人之为人的一种价值原则。孔子弟子樊迟问仁，孔子回答说"爱人"。孟子说："仁者以其所爱及其所不爱"（《尽心下》），从亲子之爱手足之情到群体之爱，仁道原则逐步提升为一种普遍的规范。中国现代著名哲学史家钱穆先生说："仁乃人与人间之真情厚意。"孟子强调："夫仁，天之尊爵也，人之安宅也。"就是说，仁是天最尊贵的爵位，是人最安定的住所。因此，大丈夫应该"居天下之广居"。以仁德待人，能获得尊荣；不仁的人会招致屈辱，甚至不可以同他谈论。这种人在别人有危险时，他安然不动，别人遭了灾，他却趁火打劫，幸灾乐祸。和这种人谈论，甚至会亡国败家。（《离娄上》）

"仁则荣，不仁则辱"。主要指个人修养，这里是对为政者的警示。

要想远离耻辱，就不如推崇道德、尊重士人，使有德行的人有合适的官可当，使有才能的人有合适的职可任。"贤者在位，能者在职"，实际上是行仁政的重要内容。"尧舜之道，不以仁政，不能平治天下。"(《离娄上》)"行仁政而王，莫之能御。"(《公孙丑上》)

祸福无不自己求之者。

天作孽，犹可违；自作孽，不可活。

咎由自取、福皆自致。

幸福要靠自己创造。国家是这样，个人也是这样。希望自己活得尊贵些，这是人们的共同心愿。但每个人都有贵而在己的东西，别人给予的尊贵，不是真正的尊贵。因为这种尊贵既然是被给予的，也就可以被拿走。他人可以让你尊贵，他人也就可以让你卑贱。(《告子上》)孟子说："人必自侮，然后人侮之；家必自毁，而后人毁之；国必自伐，而后人伐之。"(《离娄上》)也就是《尚书·太甲》上说的：天降灾难，还可躲避；自作罪恶，不能活命。

【原文】

[3.5]孟子曰："尊贤使能，俊杰在位，则天下之士皆悦而愿立于其朝矣。市，廛而不征①，法而不廛，则天下之商皆悦而愿藏于其市矣。关，讥而不征②，则天下之旅皆悦而愿出于其路矣。耕者助而不税，则天下之农皆悦而愿耕于其野矣。廛③，无夫、里之布④，则天下之民皆悦而愿为之氓矣⑤。信能行此五者，则邻国之民仰之若父母矣。率其子弟，攻其父母，自生民以来未有能济者也。如此，则无敌于天下。无敌于天下者，天吏也。然而不王者，未之有也。"

【注释】

① 廛（chán）：公家所建出租用的货仓。这里指收取仓储费。征：抽取货物税。

② 讥：稽查，查问。

③ 廛：这里指民居。

④ 夫里之布：布：钱。这里指夫布和里布。不能服徭役的，需出钱雇佣劳动力，雇劳动力的钱就叫作夫布。宅有空地而不种植桑麻，国家会抽取惩罚性的地税，叫作里布。

⑤ 氓（méng）：民，古代百姓之称。流亡之民。

【译文】

孟子说："尊重有德行的人，任用有才能的人，才智出众的人身居官位，那么，天下的士人都会高兴，就乐意在他的朝廷供职；集市只收仓储费而不抽货物税，有规定的连仓储费也不收，那么，天下的生意人都会高兴，而乐意把货物存放在他的集市上了。关卡，只检查而不征税，那么天下旅行者都会高兴，而乐意去那里旅行了。种田的，助种公田就不征土地税，那么天下的农夫都会高兴，而乐意在他的田野上耕种了。人们居住的地方，不收力役雇用税和宅地附加税，那么，天下的老百姓都会高兴，乐意去做他的百姓。一国君王如果真正能做到这五条，那么邻国的老百姓就会像对父母一样地仰望他。率领他们的子弟，去攻打他们的父母，自从有人类以来，没有能够成功的。像这样的话，就能天下无敌了。这种天下无敌的人，就是遵从天道的官吏。这样还不能让天下归服，那是没有的事。"

【品鉴】

信能行此五者，则邻国之民仰之若父母矣。

尊贤使能、多行便利、减免税费，是天下老百姓永久的共同期盼。

【原文】

[3.6] 孟子曰："人皆有不忍人之心。先王有不忍人之心，斯有不忍人之政矣。以不忍人之心，行不忍人之政，治天下可运之掌上。所以谓'人皆有不忍人之心'者，今人乍见孺子将入于井，皆有怵惕恻隐之心①，非所以内交于孺子之父母也，非所以要誉于乡党朋友也②，非恶其声而然也。由是观之，无恻隐之心，非人也；无羞恶之心，非人也；无辞让之心，非人也；无是非之心，非人也。恻隐之心，仁之端也；羞恶之心，义之端也；辞让之心，礼之端也；是非之心，智之端也。人之有是四端也，犹其有四体也。有是四端而自谓不能者，自贼者也③；谓其君不能者，贼其君者也。凡有四端于我者，知皆扩而充之矣，若火之始然④，泉之始达。苟能充之，足以保四海；苟不充之，不足以事父母。"

【注释】

① 怵（chù）惕：惊惧。恻隐：怜悯、同情。

② 要（yāo）：求取。乡党，周制以五百家为党，一万二千五百家为乡，后以"乡党"泛指乡里。

③ 贼：残害。

④ 然：同"燃"，烧。

【译文】

　　孟子说:"人都有怜恤别人的心。先王有怜恤别人的心,这才有了怜恤别人的政治。凭着怜恤别人的心,推行怜恤别人的政治,治理天下就能像掌上移物。说人都有怜恤别人的心,是因为:假如现在有人突然看见小孩快掉到井里去了,都会产生惊恐同情之心,这并不是因此想结交小孩的父母,不是为了在乡里朋友间博取好名声,也不是因为厌恶小孩的哭声才这样。从这点看,没有同情心的,不能算人;没有羞耻心的,不能算人;没有谦让心的,不能算人;没有是非心的,也不能算人。同情心是仁的开端,羞耻心是义的开端,谦让心是礼的开端,是非心是智的开端。人有这四种善端,就好比他有四肢。有这四种善端却自称办不到,这种人是自己在残害自己;说他的君王办不到,这种人是在残害他的君王。凡是自己具有这四种开端的,都懂得把它们扩大充实起来,就像火刚开始燃烧、泉水刚开始流出一样。如果能够扩充它们,就完全可以获得天下;如果不能扩充它们,就连侍奉父母也都做不到。"

【品鉴】

　　恻隐之心,仁之端也;羞恶之心,义之端也;辞让之心,礼之端也;是非之心,智之端也。

　　每个人都有仁、义、礼、智四种善端,后来有的人扩充了,有的人却相反。

　　"人之初,性本善。性相近,习相远"。这是人所熟知的《三字经》开头的几句。这里,前两句是孟子的基本思想,后两句是孔子人性论的基本主张。后两句见于《论语·阳货》,原文是:"子曰:'性相近也,习相远也。'"孔子认为,人的性情本是相近的,只是由于外界环境的习染,使人们有了差别。孟子认为:恻隐之心、羞恶之心、恭敬之心、是非之心，是每个人生来就具有的，它们正是仁、义、礼、智四种根本德性的发端。实际上，孟子认为，仁、义、礼、智等根本德性也是人本来就有的，但强调需要后天的存养和"扩而充之"。性善论不仅是孟子仁政说的基石，也是其修养论的总纲。后世大儒二程认为："孟子大有功于世，以其言性善也。"蔡元培在《中国伦理学史》中也说："性善之说，为孟子伦理思想之精髓。"

【原文】

[3.7] 孟子曰："矢人岂不仁于函人①哉？矢人唯恐不伤人，函人唯恐伤人。巫、匠②亦然。故术不可不慎也。孔子曰：'里仁为美。择不处仁，焉得智？'③夫仁，天之尊爵也，人之安宅也。莫之御而不仁，是不智也。不仁不智，无礼无义，人役也。人役而耻为役，由④弓人而耻为弓，矢人而耻为矢也。如耻之，莫如为仁。仁者如射，射者正己而后发，发而不中，不怨胜己者，反求诸己而已矣。"

【注释】

① 函人：造铠甲的。函：铠甲。
② 巫：古人治病有的用巫。匠：指制造棺椁的木工。
③ 引语见《论语·里仁》。
④ 由：通"犹"。

【译文】

孟子说："制箭的人难道就比造铠甲的人更残忍吗？制箭的人只怕伤不到人，造铠甲的人只怕伤到了人。给人治病的巫医与制作棺材的木匠，他们之间也可以这样看。所以，谋生手段的选择不能不慎重啊。孔子说："与仁德共处是美好的。自己选择不与仁德共处，怎能算得上明智呢？"仁，是天最尊贵的爵位，是人最安定的住所。没有人阻挡却不与仁德共处，这就是不明智了。没仁德，不明智；不遵礼，无义行。这就是被他人所役使。做役夫的却以被役使为耻，就好比造弓的人却耻于造弓，制箭的人却耻于制箭。真要把它看成耻辱，就不如实行仁。实行仁，就好比是射箭：射手先端正自己的姿势，然后把箭射出；箭射了出去但没有射中，怨不得胜过自己的人，只能回过头来，在自己那里找原因罢了。"

【品鉴】

仁者如射：射者正己而后发；发而不中，不怨胜己者，反求诸己而已矣。

为仁由己，先正己而后正物；反求诸己，不怨天也不尤人。

孔子说："为仁由己，而由人乎哉？"要做到仁，靠的是自己，难道还能靠别人吗？孟子也强调要"求在我"。这里孟子用射箭来阐述为仁：射手一般来说只有做到自身姿势端正，然后把箭射出去，才有可能中的。精神修养正是这样，由于天下之本在国，国之本在家，家之本在身，因此只有修其身才有可能平天下。"正己而物正者也"。自己努力端正姿势后，箭射出去了，但没有命中目标，能不能去责怪那些射中了的人呢？显然不能。只能在自己方面找原因。任何怨天尤人的做法，既不能解决问题，也违背为仁之方。"反求诸己"是提高精神修养的基本方法。

中国现代著名哲学家熊十力先生谈到 20 世纪中国问题时说："今人只知向外，一切不是，却不肯反求自家不是处，此世乱所以无已也。先圣贤之学，广大悉备。而一点血脉，只是'反求诸己'四字。"

【原文】

[3.8] 孟子曰:"子路,人告之以有过,则喜。禹闻善言,则拜。大舜有①大焉:善与人同,舍己从人,乐取于人以为善;自耕稼、陶、渔②,以至为帝,无非取于人者。取诸人以为善,是与③人为善者也,故君子莫大乎与人为善。"

【注释】

① 有:同"又"。
② 耕稼、陶、渔:传说舜曾在历山种地,在河滨做陶,在雷泽打鱼。
③ 与:偕同。

【译文】

孟子说:"子路,别人给他指出过错就高兴。禹听到善言就向人致敬。伟大的舜更是了不起啊,他把善行与人共享,舍弃自己之短,追随别人之长,乐于吸取别人的优点来行善。从他种地、制陶、捕鱼一直到做天子,这些经验没有不是从别人那里获得的。吸取别人的优点来行善,这就是跟别人一道行善。所以,君子没有比跟别人一道行善更高尚的。"

【品鉴】

君子莫大乎与人为善。

吸收别人优点来做好事,成就了别人也成就了自己。

"与人为善"现在一般指善意地帮助别人,本意则是和别人一起做好事。圣人无常师。见贤思齐。三人行,必有我师焉。吸取别人的优点来行善,就是跟别人一道行善,即"与人为善"。与人为善,既成就了别人,也成就了自己。

【原文】

[3.9] 孟子曰:"伯夷,非其君不事;非其友不友。不立于恶人之朝,不与恶人言。立于恶人之朝,与恶人言,如以朝衣朝冠坐于涂炭。推恶恶之心,思①与乡人立,其冠不正,望望然②去之,若将浼③焉。是故诸侯虽有善其辞命而至者,不受也。不受也者,是亦不屑④就已。柳下惠⑤,不羞污君,不卑小官;进不隐贤,必以其道;遗佚而不怨⑥,厄穷而不悯⑦。故曰:'尔为尔,我为我,虽袒裼裸裎于我侧⑧,尔焉能浼我哉?'故由由然⑨与之偕而不自失焉,援而止之而止。援而止之而止者,是亦不屑去已。"孟子曰:"伯夷隘,柳下惠不恭,隘与不恭,君子不由⑩也。"

【注释】

① 思:语助词。

② 望望然:失意的样子。

③ 浼(měi):污染。

④ 屑:洁。

⑤ 柳下惠:春秋时鲁国大夫,姓展名禽,字季。

⑥ 遗佚:遗弃,指不被用。佚,隐遁,不为世用。

⑦ 厄穷:困穷。悯:忧愁。

⑧ 袒、裼(xī):敞开或脱衣,部分露出上身。裸、裎(chéng):光着身子。

⑨ 由由然:高兴的样子。

⑩ 由:用,行。

【译文】

　　孟子说:"伯夷,不是他心中的君主,他不服事;不是他心中的朋友,他不结交。不在坏人的朝廷做官,不和坏人说话。把在坏人的朝廷做官、同坏人说话,看得像穿戴着上朝的礼服礼帽坐在烂泥和黑炭上。要是把他厌恶坏人坏事的心情推广开来:即使同乡下人站在一起,那人帽子没戴正,他也会难为情地走开,像是会受到污染。因此,诸侯国君尽管有人好言好语来招请他,他也不接受。他不接受,也是因为他以为接近他们会不洁净。柳下惠服事污浊的君主不觉得羞愧,当小官也不觉得低下;入朝为官,不隐藏贤能,行事一定遵循自己的原则;丢官不用不埋怨,穷困潦倒不犯愁。所以他说:'你是你,我是我,即使在我身旁赤身裸体,你哪能玷污我呢?'因此他能怡然自得地与那些人相处而不丧失自我,拉他停下他就不走。拉他停下他就不走,这是因为他不把离开当作洁净。"孟子又说:"伯夷太狭隘,柳下惠不严肃。狭隘和不严肃,君子不会这样做。"

【品鉴】

　　隘与不恭,君子不由也。

　　严谨而不狭隘自清,自适而不同流合污。进退有度,立于中道。

卷四

公孙丑 [下]

本卷共14章。从记录的事件来说，孟子离开齐国的前前后后占了较大篇幅；从思想内容来看，主要阐述士人出仕的志向期许、独立人格、行道原则、取舍标准等。此外，还讨论了战争胜负的主因问题、国家间征伐的合法性与原则问题、待人接物问题、葬亲尽孝问题等。具体来说：第1章在天时、地利、人和中首重人和，强调得道多助、失道寡助。第2章讲人君应该尊德乐义，有不召之臣；君子可以以德抗位。第3章讲取与之道必得其礼，不在多少；君子不能被收买。第4章讲当政者的政治责任。第5章讲进退去留问题的原则。第6章讲道不相合可不与之沟通。第7章讲孝必尽心，根据礼法量力而行。第8章讲齐国伐燕的事：讨伐不义者，自己必须坚持道义。第9章仍讲齐国伐燕的事：圣人亲亲，但不文过饰非；小人坚持错误以谄其上。第10章讲孟子辞官且不接受齐王筑室供养，关注的是行道而不是为利。第11章讲挽留孟子的事：只有贤者能安贤，智者能知微。第12章讲孟子辞官而不急于离开边境，是希望还有机会行志，不同于气量狭小者的做法。第13章讲孟子离开齐国后，感叹圣贤兴起有其大势，自己要有高度使命感。第14章讲孟子离开齐国而不接受俸禄，主要是无功不受禄，而事功最终取决于心志。

【原文】

　　[4.1] 孟子曰："天时不如地利①，地利不如人和②。三里之城③，七里之郭④，环而攻之而不胜。夫环而攻之，必有得天时者矣；然而不胜者，是天时不如地利也。城非不高也，池非不深也，兵革⑤非不坚利也，米粟非不多也，委⑥而去之，是地利不如人和也。故曰：域⑦民不以封疆之界，固国不以山谿⑧之险，威天下不以兵革之利。得道者多助，失道者寡助。寡助之至，亲戚畔之⑨；多助之至，天下顺之。以天下之所顺攻亲戚之所畔，故君子有不战，战必胜矣。"

【注释】

　　① 天时：指影响战争的气候条件。地利：指有利的地理条件。

　　② 人和：指人心所向，拥护和团结。

　　③ 城：指内城。

　　④ 郭：指外城。

　　⑤ 兵：兵器。革：皮革，指铠甲。

　　⑥ 委：舍弃。

　　⑦ 域：界限。

　　⑧ 谿（xī）：山谷，山间低凹狭长的地带。

　　⑨ 畔：通"叛"。

【译文】

　　孟子说:"占天时比不上得地利,得地利比不上有人和。一个内城边长三里、外城边长七里的小城,把它团团围住,发动攻击却不能取胜。既然能包围起来攻打它,在天时上一定占有有利的条件;但却不能取胜,这就是天时比不上地利了。不是城墙不够高,不是护城河不够深,不是兵器铠甲不够锐利坚实,不是粮食不够多,但军队弃城逃走,这就是地利比不上人和了。所以说:笼络百姓不靠国家的疆界,安定国家不靠山川的险阻,威震天下不靠兵器的锐利。坚持正义者帮助他的人就多,违背正义者帮助他的人就少。帮助他的人少到极点,连亲戚都会背叛他;帮助的人多到极点,天下人都归顺他。用天下都归顺的人,去攻打连亲戚都背叛他的人,所以君子不用打仗,如果打仗一定会取胜。"

【品鉴】

天时不如地利,地利不如人和。

得道者多助,失道者寡助。

　　天时、地利与人和,成就大事须兼顾;得道、失道与相助,正义与否是关键。

　　天时,是指有利于农作、攻战等的节气、气候,阴晴寒暑的变化,还可以指天命、运会;地利指险阻城池之固,是战略上的有利地势、地面设施等,也可泛指环境条件、土地生产的财富等;人和,赵岐注云:得民心之所和乐也。说的是百姓心意和谐,也就是得人心。天时地利,古人多有提及,如《管子·牧民》中,就有"不务天时,则财不生;不务地利,则仓库不盈"。与孟子同时的《尉缭子》中,两次完整提到"天时不如地利,地利不如人和"一语,比孟子稍晚的《荀子》中,也说:"上不失天时,下不失地利,中得人和。"看来,注重天时、地利、人和,在战国时代已逐渐形成共识。

在攻战中，天时、地利、人和三者，首重人和，因为得民心者得天下，人是最重要的因素。其次是地利，险阻城池在冷兵器时代很能发挥作用。最后是天时。在今天，战争模式已发生了极其重大的变化，但"天时不如地利，地利不如人和"的理念却早已渗透到社会生活之中，成为成就大事必须贯彻的基本原则。

"得道多助，失道寡助"，讨论的问题与"人和"紧密相关。能否得到更多的支持，取决于是否得"道"。"道"指的是道义、正义，狭义地讲就是孟子说的仁道、王道。孟子认为，行仁政才是得道、才能多助，极而言之就能"天下顺之"。因此，"得道多助，失道寡助"表明，站在正义的一方一定能获得更多的支持与帮助，最终赢得胜利。

【原文】

[4.2] 孟子将朝王，王使人来曰："寡人如①就见者也，有寒疾，不可以风。朝将视朝，不识可使寡人得见乎？"

对曰："不幸而有疾，不能造②朝。"

明日，出吊于东郭氏③。公孙丑曰："昔者辞以病，今日吊，或者不可乎？"

曰："昔者疾，今日愈，如之何不吊？"

王使人问疾，医来。孟仲子④对曰："昔者有王命，有采薪之忧⑤，不能造朝。今病小愈，趋造于朝，我不识能至否乎？"

使数人要⑥于路，曰："请必无归而造于朝！"

不得已而之景丑氏⑦宿焉。

景子曰："内则父子，外则君臣，人之大伦也。父子主恩，君臣主敬。丑见王之敬子也，未见所以敬王也。"

曰："恶！是何言也！齐人无以仁义与王言者，岂以仁义为不美也？其心曰：'是何足与言仁义也'云尔，则不敬莫大乎是。我非尧、舜之道，不敢以陈于王前，故齐人莫如我敬王也。"

景子曰："否，非此之谓也。《礼》曰：'父召，无诺⑧。''君命召，不俟驾⑨。'固将朝也，闻王命而遂不果，宜⑩与夫礼若不相似然。"

曰："岂谓是与？曾子曰：'晋、楚之富，不可及也。彼以其富，我以吾仁；彼以其爵，我以吾义。吾何慊⑪乎哉？'夫岂不义而曾子言之？是或一道也。天下有达尊⑫三：爵一，齿一，德一。朝廷莫如爵，乡党莫如齿，辅世长民莫如德。恶得有其一以慢其二哉？故将大有为之君，必有所不召之臣；欲有谋焉，则就之。其尊德乐道，不如是不足以有为也。故汤之于伊尹，学焉而后臣之，故不劳而王。恒公之于管仲，学焉而后臣之，故不劳而霸。今天下地丑⑬德齐，莫能相尚，无他，好臣其所教，而不好臣其所受教。汤之于伊尹，桓公之于管仲，则不敢召。管仲且犹不可召，而况不为管仲者乎？"

【注释】

① 如：应当。

② 造：到……去。

③ 东郭氏：齐国大夫。

④ 孟仲子：孟子之堂兄弟。

⑤ 采薪之忧：自称有病的婉辞。

⑥ 要（yāo）：半路拦截。

⑦ 景丑氏：齐国大夫，不可详考。

⑧ 父召，无诺：《礼记·曲礼》有："父命呼，唯而不诺。""唯"和"诺"都表示答应，"唯"用于对尊长。

⑨ 驾：车把套在马身上。

⑩ 宜：大概，也许。

⑪ 慊（qiǎn）：不足，缺少。

⑫ 达尊：公认为尊贵的人。达，通。

⑬ 丑：类似。

【译文】

孟子正要朝见齐宣王，这时宣王派人来说："我本该去见您的，但着凉了，不能吹风。您如果来朝见，我也就上朝办公，不知道能让我见到您吗？"

孟子答复说："我也不幸生病了，不能够到朝廷去。"

第二天，孟子出门到东郭家吊丧。公孙丑说："昨天托病谢绝朝见，今天却出门吊丧，也许这样不行吧？"

孟子说："昨天病了，今天好了。为什么不去吊丧？"

齐王派人来探望病人，还有医生随行。

孟仲子回答来访者说："昨天王有令，不巧孟子生病了，不能到朝廷去。今天病好些了，他就赶紧到朝廷去了，我不知道是不是已经到了？"

他又打发人到孟子回家的路上拦截，说："务请别回家，快到朝廷去！"

孟子没办法，只好到景丑家过夜。

景子说："在家有父子，在外有君臣，这是最重要的人际关系。父子以慈爱为主，君臣以恭敬为主。我只看到王尊敬您，却没见您尊敬王啊。"

孟子说:"哎呀!这是什么话!齐国人没人向王谈仁义,难道他们认为仁义不好吗?他们心里在说,'这样的人哪里值得和他讲仁义呢',如此而已,那么,没有比这再大不敬的了。要说我,不是尧、舜的道理,不敢说给王听,所以齐国人没有比我更尊敬王的。"

景子说:"不。我指的不是这个。《礼》经上说:'父亲召唤,应答用唯不能答诺;君王宣召,不等套好车马立刻动身。'你本来要去朝见,听到王的命令反而不去,也许和礼的规范有些不相合。"

孟子说:"原来你说的是这个呀!曾子说:'晋王和楚王的财富,我是比不了的。但是,他倚仗他的财富,我倚重我的仁德;他倚仗他的爵位,我倚重我的义行。我少了什么呢?'难道这些话不合礼义,是曾子随便说的吗?这话也许自有一番道理吧。天下公认尊贵的东西有三样:爵位算一个,年龄算一个,道德算一个。在朝廷上看重的莫过于爵位,在乡里看重的莫过于年龄,辅君治世、管理百姓,看重的莫过于道德。哪能具有了其中一个,就轻慢其他两个?所以,想要大有作为的君王,一定有他的不易召见的臣子。如果有事要商量,也得主动去请教。他推重德行喜爱道义,如果不能像这样,就不值得和他一道有所作为。所以商汤对于伊尹,首先是向他学习,其次才把他当臣子,因此不必操劳就统一了天下;齐桓公对于管仲,首先是向他学习,其次才把他当臣子,因此不必操劳就称霸于诸侯。当今天下各国,国土大小类似,品行不相上下,谁也不比别人强。没有别的原因,就因为都喜欢任用自己所教导过的人,而不喜欢任用教导过自己的人。商汤对于伊尹,齐桓公对于管仲,就不敢轻易召唤。管仲尚且不能轻易召唤,更何况不愿做管仲的人呢?"

【品鉴】

将大有为之君,必有所不召之臣。

保持独立品格是礼贤下士的前提，善于向属下学习是成就大事的要素。

孔子以后，文士阶层逐渐形成。他们努力高尚其志，在战乱中怀着救国救民的抱负，周游列国，推行自己的主张，他们往往有德而无位。与此形成鲜明对照的，是那些诸侯国的国君和当道者，他们有位而未必有德，常常表现出拥有权利的傲慢。

以德抗位、保持独立品格是孟子作出的选择。齐宣王托病，上朝不积极；孟子也称病，不是你国君想见就能见到的。"不召之臣"字面意思是不易召见的臣子。不易召见只是其外在的表现，而其真正目的是要保持士人的独立品格。孟子的基本依据是：天下公认尊贵的东西有三样：爵位、年龄和道德。在朝廷上看重的是爵位，在乡里看重的是年龄，辅君治世、管理百姓看重的是道德。国君具有其中之一，哪能因此轻慢其他两个？当代著名哲学家杜维明教授说："这在专制体制形成的传统社会，乃至在今天的民主社会都很难想象的'傲慢'，正是孟子以德抗位的风骨所在。"具有独立品格是独立思想意志的保证。没有了独立品格，失去了独立的思想，礼贤下士只能是一句空话、一种表面文章。

善于向属下学习也应该成为成就大事者的一种重要素质。如何礼贤下士、怎样向属下学习？孟子通过历史实例作了说明，尤其是确立了两条原则：一条是"学焉而后臣之"，第一位的是向他学习，把他当臣子放在第二位，就好比说要做人民的先生，先做人民的学生；另一条是"欲有谋焉则就之"，真正要有躬身请教的精神，而不是呼来唤去、以位凌德。

【原文】

[4.3] 陈臻①问曰："前日于齐，王馈兼金一百②而不受；于宋，

馈七十镒而受；于薛，馈五十镒而受。前日之不受是，则今日之受非也；今日之受是，则前日之不受非也。夫子必居一于此矣。"

孟子曰："皆是也。当在宋也，予将有远行，行者必以赆③，辞曰：'馈赆。'予何为不受？当在薛④也，予有戒心，辞曰：'闻戒，故为兵馈之。'予何为不受？若于齐，则未有处也。无处而馈之，是货之也。焉有君子而可以货取乎？"

【注释】

① 陈臻：孟子的学生。

② 兼金：好金，价值是普通金的两倍以上。一百：指一百镒；一镒为二十两。

③ 赆（jìn）：以财物赠行者。

④ 薛：春秋时的薛国此时已归齐国，故城在今山东滕县东南。

【译文】

陈臻问道："前些日子在齐国，齐王送给您上等金一百镒，但您不接受；在宋国，宋君送给您七十镒，您接受了；在薛，薛君也送您五十镒，您同样接受了。如果先前不接受是对的，那么今天接受了就是错的；如果今天接受了是对的，那么先前没接受就是错的了。在这二者之间，先生一定占了一头，总有一个是错的吧。"

孟子说："都是对的。在宋国的时候，我将要远行，对远行的人必定会送些盘缠，因此，在告别时说：'送点钱作盘缠。'我为什么不接受呢？在薛的时候，我心生戒备，因此，在告别时说：'听说需要戒备，送点钱买兵器。'我为什么不接受呢？至于在齐国，就没什么理由了。没有理由而送钱给我，这就是收买了。哪有君子能用钱收买的呢？"

【品鉴】

焉有君子而可以货取乎？

若是真君子，岂能被收买？

俗话说："君子爱财，取之有道。"孔子说："不义而富且贵，于我如浮云。"都是强调正当性问题。君子不能被收买，这是一条重要原则，也是区分君子与小人的重要标准。若是真君子，岂能被收买？心中有了这把尺，该不该拿，当不当官，相关问题都可以迎刃而解。

曾经有一副嘲讽贪官的对联："焉有君子而可；譬诸小人而犹。"上联用典就是这句"焉有君子而可以货取乎？"下联用典则出于《论语·阳货》"譬诸小人，其犹穿窬之盗也与？"意思是：若用小人来做比喻，大概就像个钻洞爬墙的盗贼吧？

【原文】

[4.4] 孟子之平陆①，谓其大夫②曰："子之持戟之士③，一日而三失伍④，则去之⑤否乎？"

曰："不待三。"

"然则子之失伍也亦多矣。凶年饥岁，子之民老羸转于沟壑，壮者散而之四方者几千人矣。"

曰："此非距心⑥之所得为也。"

曰："今有受人之牛羊而为之牧之者，则必为之求牧与刍矣。求牧与刍而不得，则反诸其人乎？抑亦立而视其死与？"

曰："此则距心之罪也。"

他日，见于王曰："王之为都者，臣知五人焉。知其罪者，惟孔距心。"为王诵之。

王曰："此则寡人之罪也。"

【注释】

① 平陆：齐国邑名，靠边境，故地在今山东汶上县北。
② 大夫：这里指邑宰，地方首长。
③ 持戟（jǐ）之士：指战士。戟，古代的一种兵器。
④ 失伍：掉队或离岗。
⑤ 去之：罢去。
⑥ 距心：即本章对话中平陆地方首长的名。

【译文】

孟子到了平陆，对当地的邑宰孔距心说："先生的士卒，如果一天失职三次，你会开除他吗？"

邑宰说："不必等到三次。"

孟子说："既然这样，那么，您失职的地方也是很多的。遭灾闹饥荒的年份，您的百姓中，年老体弱辗转死在山沟里、年轻力壮逃荒分散到各地的，接近千人了吧。"

邑宰说："这不是我孔距心所能做得到的。"

孟子说："假如现在有人接受别人的牛羊而替人放牧，那么，他一定会替人寻找牧场和草料。要是找不到牧场和草料，是把牛羊还给人家呢？还是站在那里眼看牛羊死掉呢？"

邑宰说："这样看来就是我距心的罪过啊。"

过了几天，孟子朝见齐宣王，说："王的都邑长官，我认识其中五位。知晓自己的罪过的，只有孔距心一人。"接着为齐宣王讲述了那番对话。

齐宣王说："这样看来也是我的罪过啊。"

【原文】

[4.5] 孟子谓蚳蛙①曰："子之辞灵丘②而请士师，似也，为其可以言也。今既数月矣，未可以言与？"

蚳蛙谏于王而不用，致为臣③而去。

齐人曰："所以为蚳蛙则善矣；所以自为，则吾不知也。"

公都子④以告。

曰："吾闻之也：有官守者，不得其职则去；有言责者，不得其言则去。我无官守，我无言责也，则吾进退，岂不绰绰然⑤有余裕哉？"

【注释】

① 蚳蛙（chí wā）：齐国大夫。

② 灵丘：齐国边境的邑名。

③ 致为臣：交还官职，这里指辞职。致，还。

④ 公都子：孟子的学生。

⑤ 绰绰（chuò）然：宽裕的样子。

【译文】

孟子对蚳蛙说："你辞去灵丘邑的邑宰而请求做法官，似乎有道理，因为可以进言。现在你任职已经有几个月了，还不能进言吗？"

蚳蛙向王进谏但不被采纳，于是辞官离开了。

齐国有人说："孟子替蚳蛙考虑得很好，为自己考虑得怎样，我就不知道了。"

公都子把这些话告诉孟子。

孟子说："我听说过，有官位职守的人，如果无法行使职权，就辞官离开；有进言职责的人，如果无法进言，就辞职离开。我没有官位职守，也没有进言职责，那么，我的进退去留，难道不是宽宽松松、大有余地吗？"

【原文】

[4.6] 孟子为卿于齐，出吊于滕，王使盖①大夫王骥为辅行②。王骥朝暮见，反齐、滕之路，未尝与之言行事也。

公孙丑曰："齐卿之位，不为小矣；齐、滕之路，不为近矣，反之而未尝与言行事，何也？"

曰："夫既或治之，予何言哉？"

【注释】

① 盖（gě）：齐国邑名，故城在今山东沂水西北。
② 王骥（huān）：齐王宠臣，行事专断。辅行：副使。

【译文】

孟子在齐国做客卿，出使到滕国吊丧，齐王派盖邑的邑宰王骥任副使同行。孟子与王骥从早到晚都能见到，甚至在往返齐国和滕国的路上，孟子也没和王骥讨论过出使的事。

公孙丑说："齐卿的官位不算小了；齐滕之间的路途也不算近了。往返一趟也没和他讨论过出使的事，这是为什么呢？"

孟子说："既然有人独行备办了，我还说什么呢？"

【原文】

[4.7] 孟子自齐葬于鲁，反于齐，止于嬴①。充虞②请曰："前日不知虞之不肖，使虞敦匠，事严③，虞不敢请。今愿窃有请也：木

若以④美然。"

曰："古者棺椁无度，中古⑤棺七寸，椁称之。自天子达于庶人，非直为观美也，然后尽于人心。不得，不可以为悦；无财，不可以为悦。得之为⑥有财，古之人皆用之，吾何为独不然？且比化者⑦，无使土亲肤，于人心独无恔⑧乎？吾闻之：君子不以天下俭其亲。"

【注释】

① 嬴（yíng）：齐国邑名，故城在今山东莱芜西北。

② 充虞：孟子的学生。

③ 严：急。

④ 以：太，甚。

⑤ 中古：指周公制礼以来。

⑥ 为：用。

⑦ 比：为了。化者：死者。

⑧ 恔（xiào）：欣慰。

【译文】

孟子从齐国到鲁国去安葬母亲，返回齐国时，在嬴邑停留。

充虞请问道："前些天承蒙错爱，让我监理造棺椁的事。由于时间紧迫，我不敢请教。现在想冒昧地问一句：棺木好像太好了吧。"

孟子说："上古时棺椁没有固定的尺寸，中古时规定棺厚七尺、椁的厚度与棺相称。从天子到老百姓，在棺椁上讲究不只是为了好看，而是因为这样做才算尽了孝心。由于礼法所限而做不到，是不会称心的；由于财力所限而做不到，也是不会称心的。如果礼法允许，又有财力，古人就都这样做。为什么唯独我不这样做呢？况且替死者想，不让泥土挨近肌肤，对于生者心里来说难道没有点欣慰吗？我听说过，君子不会借口因为天下之人而在父母丧事中俭省。"

【品鉴】

君子不以天下俭其亲。

想省钱不能在父母身上打主意。

儒家推崇孝道，所谓"百善孝为先"。丧葬也是孝道的重要内容，《中庸·达孝》中有："事死如事生，事亡如事存，孝之至也。"《孟子》多次提到"养生丧死无憾"，养生丧死相提并论，由此可见一斑。为什么要重视丧葬呢？《论语·学而》载孔门弟子曾子的话说："慎终追远，民德归厚矣。"意思是：对待长辈的死亡要尽情表达自己的哀伤，祭祀先祖的仪式要尽情表露对先祖的敬意，这样做，老百姓的德行就会归于敦厚。因此，重视丧葬是道德教化的重要一环。但在是否该厚葬的问题上，孔子的主张却是："礼，与其奢也，宁俭。丧，与其易也，宁戚。"就是说：讲究礼，与其追求奢侈浮华，不如约省节俭；置办丧事，与其礼仪周备，不如真切表达内心的悲伤与哀愁。

孟子幼而丧父，母亲为培养他可谓用心良苦，"孟母三迁""断机教子"是家喻户晓的故事。孟子在齐国做客卿时，年迈的母亲和他一起生活。母亲去世后，孟子葬母于原籍。而此时，邹国已被鲁国吞并，因此称"葬于鲁"。孟子葬母的棺椁可能不小，引出了学生的疑问。后来还有人以孟子葬母棺椁超过葬父为由劝阻鲁平公和他见面，但孟子的学生乐正用先后贫富不同对此事进行了解释。由此看来，虽有人提出疑问，但总体不违古制。孟子引用时人"君子不以天下俭其亲"来辩护，也是可以理解的。

今天，物质层面的厚葬仍然应予反对，老人的赡养问题更值得人们的重视。省钱不能在父母身上打主意的观点，可以在更宽泛的意义上得到理解和贯彻。

【原文】

[4.8] 沈同①以其私问曰："燕可伐与？"

孟子曰："可；子哙②不得与人燕，子之③不得受燕于子哙。有仕④于此，而子悦之，不告于王而私与之吾子之禄爵，夫士也，亦无王命而私受之于子，则可乎？何以异于是？"

齐人伐燕。或问曰："劝齐伐燕，有诸？"

曰："未也。沈同问'燕可伐与？'吾应之曰：'可。'彼然而伐之也。彼如曰：'孰可以伐之？'则将应之曰：'为天吏，则可以伐之'。今有杀人者，或问之曰：'人可杀与？'则将应之曰：'可'。彼如曰：'孰可以杀之？'则将应之曰：'为士师，则可以杀之。'今以燕伐燕，何为劝之哉？"

【注释】

① 沈同：齐国大臣。
② 子哙（kuài）：燕国国君。
③ 子之：燕国国君子哙的相。
④ 仕：通"士"，指以道艺、武勇谋求仕进的人。

【译文】

沈同以个人身份问道："燕国该讨伐吗？"

孟子说："该。国君子哙不能把燕国给了别人，相国子之也不能从子哙那里接受燕国。如果这里有个士人，您喜欢他，不请示王就私自把您的俸禄和爵位给了他；那个士人呢，也没有王的任命就私自从您这里接受了，那样做行吗？燕国国君与相国将燕国私相授受的事和这又有什么不同呢？"

齐国讨伐燕国。有人问孟子："是您劝齐国去讨伐燕国，有这回事吗？"

孟子说："没有的事。沈同问'燕国该讨伐吗？'我回答他说'该'。他认为我说得对，就去打燕国了。他如果再问：'谁能去讨伐？'我就会回答说：'作为天吏，就能去讨伐它。'譬如现在这里有个杀人犯，有人问道：'这个杀人犯该杀吗？'我就会回答他：'该。'他如果问：'谁能杀他？'我就会答道：'作为狱官，就能杀他。'如今好比一个燕国去讨伐另一个燕国，我为什么要劝他去呢？"

【原文】

[4.9] 燕人畔①。王曰："吾甚惭于孟子。"

陈贾②曰："王无患焉。王自以为与周公孰仁且智？"

王曰："恶！是何言也！"

曰："周公使管叔监殷③，管叔以殷畔④。知而使之，是不仁也；不知而使之，是不智也。仁、智，周公未之尽也，而况于王乎？贾请见而解之。"

见孟子，问曰"周公何人也？"

曰："古圣人也。"

曰："使管叔监殷，管叔以殷畔也，有诸？"

曰："然。"

曰："周公知其将畔而使之与？"

曰："不知也。"

"然则圣人且有过与？"

曰:"周公,弟也;管叔,兄也。周公之过,不亦宜乎?且古之君子,过则改之;今之君子,过则顺之。古之君子,其过也,如日月之食,民皆见之;及其更也,民皆仰之。今之君子,岂徒顺之,又从为之辞。"

【注释】

① 畔:通"叛",反叛。齐国吞并燕国后,诸侯和燕人另立燕王,反抗齐国。
② 陈贾:齐国的大夫。
③ 周公使管叔监殷:管叔,名鲜,周武王的弟弟,周公的哥哥,封地在管。武王克商后,立纣的儿子武庚治理商地,派管叔、蔡叔等监督。
④ 管叔以殷畔:武王死后,成王年幼,周公摄政,管叔不服,与武庚一起叛乱,被周公平定,武庚、管叔被杀。

【译文】

燕国人反抗齐国的占领。齐宣王说:"对孟子我感到很惭愧。"
陈贾说:"王不必忧虑。和周公相比,王您认为谁更加仁爱而且明智?"
王说:"哎呀!这是什么话!"
陈贾说:"周公派管叔去监督殷人,管叔却凭借殷人来发动叛乱。如果知道管叔要叛乱而派他去,这就是不仁;如果不知道他要叛乱而派他去,那就是不智。仁爱和明智,周公尚且没有完全做到,何况王呢?我恳请见孟子并向他解释。"
陈贾见到了孟子,问道:"周公是什么样的人?"
孟子说:"是古代的圣人。"

陈贾说："他派管叔去监督殷人，管叔却凭借殷人来发动叛乱，有这回事吗？"

孟子说："有。"

陈贾说："周公是知道管叔要叛乱而派他去的吗？"

孟子说："管叔不知道。"

陈贾说："这么说来圣人也会有过错吗？"

孟子说："周公是弟弟，管叔是哥哥。周公犯这个错误，不也是应当的吗？况且古时候的君子，有过错就改正；现在的君子，有过错却将错就错。古时候的君子，他的过错，就像日食和月食，别人都看得见；等他改正了，别人都企盼他。现在的君子，哪里只是将错就错，还要接着编辞来文过饰非。"

【品鉴】

古之君子，其过也，如日月之食，民皆见之；及其更也，民皆仰之。

群众的眼睛是雪亮的，犯了错误瞒不住，改正错误看得到。知错就改还能重新赢得群众。

错误总是难免的，人非圣贤，孰能无过？关键在于要勇于改正错误。"过而能改，善莫大焉""过而不改，是谓过也"。孟子此言，来源于《论语·子张》："子贡曰：'君子之过也，如日月之食焉：过也，人皆见之；更也，人皆仰之。'"意思是说：君子的过错，好比日食、月食。他犯的错，人们都看得见；他改正过错，人们都敬慕他。

孟子这段对话，起因于齐国伐燕。燕国发生内乱，齐国乘机攻入，燕国百姓甚至出门迎接齐国军队，战争很快就结束了。但齐国占领燕国后，无恶不作，等于是以暴易暴，燕国百姓不满，其他诸侯国也商议出兵救燕。齐宣王请孟子指点，孟子建议他赶快发布命令撤军，并归还掠夺之物，选立燕国国君。这些建议未被采纳。两年后，燕人拥立燕昭王，群起反抗，把齐国军队最终赶出了燕国。

此时正值齐宣王渐悟到自己犯错，愧对孟子。齐大夫陈贾试图借用周公分封其兄管叔而致管叔叛乱的事，为齐宣王文过饰非，以期获得孟子的理解。孟子并不否认文王犯错，但认为相信哥哥，情有可原。更重要的是，犯了错误勇于改正，而不是将错就错，坚持到底。

【原文】

[4.10] 孟子致为臣而归。

王就见孟子，曰："前日愿见而不可得，得侍同朝，甚喜。今又弃寡人而归，不识可以继此而得见乎？"

对曰："不敢请耳，固所愿也。"

他日，王谓时子①曰："我欲中国②而授孟子室，养弟子以万钟③，使诸大夫国人皆有所矜式④，子盍为我言之？"

时子因陈子⑤而以告孟子。陈子以时子之言告孟子。

孟子曰："然。夫时子恶知其不可也？如使予欲富，辞十万而受万，是为欲富乎？季孙曰：'异哉！子叔疑！使己为政，不用，则亦已矣，又使其子弟为卿。人亦孰不欲富贵？而独于富贵之中，有私龙断⑥焉。'古之为市也，以其所有，易其所无者，有司者治之耳。有贱丈夫焉，必求龙断而登之，以左右望而罔⑦市利。人皆以为贱，故从而征之。征商自此贱丈夫始矣。"

【注释】

① 时子：齐国的臣。

② 中国：国都之中。

③ 万钟：指万钟的粮食。一钟为六石四斗，万钟则为六万四千石，约合今天的一万三千石。

④ 矜式：矜，尊重。式，效法。

⑤ 陈子：即孟子的学生陈臻。

⑥ 龙断：即垄断，本意是断而高的冈垄，后引申为把持和独占。

⑦ 罔：搜罗，收取。

【译文】

孟子辞去客卿一职准备回乡。

齐王前来会见孟子，说："从前想见到您而做不到，后来能同在朝廷共事，我感到很高兴。现在您又要舍弃我而回乡，不知道从今以后还能见到您吗？"

孟子回答说："我只是不敢请求罢了，这本来也是我所希望的。"

过了几天，齐宣王对时子说："我想在国都里给孟子一栋房子，用万钟粮食来供养他的门徒，使各位大夫和平民百姓都有个学习的楷模。你何不替我向孟子说说！"

时子托陈子把齐宣王的想法转达给孟子，陈子把时子的话告诉了孟子。

孟子说："是这样啊。时子哪里知道那是行不通的？要是我想发财，辞去十万钟的俸禄来接受一万钟的赏赐，这是想发财吗？季孙说过：'奇怪呀子叔疑！自己要做官，人家不用他，那也就算了，却又让自己的子弟来做卿相。人啊，谁不想富贵？而他却独自垄断富贵。'古时候做生意的，是拿自己所有的去交换自己所没有的，有专门的部门管理就是了。有个卑鄙汉子，一定要找个断垄高冈登上去，东张西望来网罗整个集市的利益。人人都认为他的做法卑鄙，于是就抽他的税。向商人抽税就是从这个卑鄙汉子开始的。"

【原文】

[4.11] 孟子去齐，宿于昼①。有欲为王留行者，坐②而言。不应，隐几而卧③。

客不悦，曰："弟子齐宿④而后敢言，夫子卧而不听，请勿复敢见矣。"

曰："坐⑤。我明语子。昔者鲁缪公⑥无人乎子思之侧，则不能安子思。泄柳、申详⑦无人乎缪公之侧，则不能安其身。子为长者虑，而不及子思。子绝长者乎？长者绝子乎？"

【注释】

① 昼：齐国国都临淄西南的邑名，是孟子从齐国回邹国的必经之地。

② 坐：指危坐，即跪。古人"坐"有安坐与危坐之分。席地而坐，双膝着地，臀部靠在脚后跟上，这是安坐；双膝着地而臀部离开脚后跟，这是危坐，即跪。

③ 隐：倚靠。几，坐几，座椅旁边可倚靠的小桌子。

④ 齐（zhāi）宿：齐，通"斋"。前一日斋戒称齐宿。

⑤ 坐：这里指的是安坐。

⑥ 鲁缪公：即鲁穆公，名显。缪，通"穆"。子思：孔子之孙，名伋。

⑦ 泄柳、申详：鲁缪公时的贤人。泄柳即《告子下》第六章的子柳；申详是孔子学生子张之子，子游之婿。

【译文】

孟子离开齐国，在昼邑过夜。有个想替齐王留住孟子的人，恭敬地坐着劝孟子。孟子不予理会，靠着坐几打盹。

客人不高兴，说："我斋戒一天才敢来和您说话，您却打盹不听，以后再也不敢和您见面了。"

孟子说:"坐下来吧!我明白地告诉你。从前,鲁缪公要是没有人在子思身边伺候,及时表达尊贤的诚意,就不能使子思安心;泄柳、申详要是没有人在鲁缪公身边伺候,随时劝王礼贤下士,就不能使自己安心。你替我这个老者考虑,却考虑不到子思所受的礼遇。这算是你对老人绝情呢?还是老人对你绝情呢?"

【原文】

[4.12] 孟子去齐。尹士①语人曰:"不识王之不可以为汤、武,则是不明也。识其不可,然且至,则是干泽②也。千里而见王,不遇故去,三宿而后出昼,是何濡滞③也?士则兹不悦。"

高子④以告。

曰:"夫尹士恶知予哉?千里而见王,是予所欲也。不遇故去,岂予所欲哉?予不得已也。予三宿而出昼,于予心犹以为速,王庶几改之。王如改诸,则必反予。夫出昼而王不予追也,予然后浩然⑤有归志。予虽然,岂舍王哉?王由足用⑥为善。王如用予,则岂徒齐民安,天下之民举安。王庶几改之。予日望之。予岂若是小丈夫然哉?谏于其君而不受,则怒,悻悻然⑦见于其面,去则穷日之力而后宿哉?"

尹士闻之,曰:"士诚小人也。"

【注释】

① 尹士:齐国人。

② 干:求。泽:恩泽,这里指俸禄。

③ 濡滞:滞留。

④ 高子：齐国人，孟子的学生。

⑤ 浩然：水大的样子。

⑥ 由：同"犹"。足用：足以。

⑦ 悻悻然：气量狭小、愤愤不平的样子。

【译文】

　　孟子离开齐国。尹士对人说："不知道齐王不可能成为商汤、武王，那是不明智；知道他不可能，但还是到齐国来，那是求富贵。从千里之外来见齐王，不相投合于是离开，但住了三晚才出昼邑，怎么这样磨磨蹭蹭？我对此不高兴。"

　　高子把这番话告诉了孟子。

　　孟子说："那尹士怎能了解我呢？从千里之外来见齐王，是我所希望的。不相投合于是离开，难道是我所希望的？我是不得已啊。我住了三晚才出昼邑，在我心里还认为太快了：齐王也许会改变态度的！齐王如果改变了态度，就一定会召我回去。我出了昼邑，齐王还不派人追我回去，我这才决然有了回乡的念头。我尽管这样做，难道舍得齐王吗！齐王还是有能力做正事的，王假如用我，那么何止是齐国的百姓得到安定？天下的百姓都能得到安定。齐王也许会改变态度的！我天天盼望啊！我难道像那种器量狭小的人吗？向君王进言而不被采纳，就大发脾气，满脸愤愤不平，一旦离开，非得走上一整天、力气没了才歇下？"

　　尹士听人说到这些话，说："我真是个小人啊！"

【品鉴】

　　王如用予，则岂徒齐民安，天下之民举安。

　　让天下百姓都得太平，才是孟子真正的抱负。

"如欲平治天下，当今之世，舍我其谁也？"齐王假如用我，又何止是齐国的百姓得到太平呢？雄心壮志，令人起敬。

【原文】

[4.13] 孟子去齐，充虞路问曰："夫子若不豫①色然。前日虞闻诸夫子曰：'君子不怨天，不尤人②。'"

曰："彼一时，此一时也。五百年必有王者兴，其间必有名世者③。由周而来，七百有余岁矣，以其数，则过矣；以其时考之，则可矣。夫天未欲平治天下也，如欲平治天下，当今之世，舍我其谁也？吾何为不豫哉？"

【注释】

① 不豫：不快。豫，高兴。
② 不怨天，不尤人：见《论语·宪问》，原是孔子的话。
③ 名世：闻名于当世。这里指能辅佐君王实现王道的人。

【译文】

孟子离开齐国，在路上，充虞问道："先生样子好像有些不高兴。从前我听先生说过：'君子不抱怨天，不责怪人。'"

孟子说："那是一个时候，现在又是一个时候。每过五百年一定有圣君兴起，那时也一定有闻名于世的贤人。从周代以来，已经七百多年了。按年数算，已经超过了；从时势看，也该出现了。看来天还不想让天下太平啊，如果想使天下太平，在当今世上，除了我，还有谁呢？我为什么不高兴呢？"

【品鉴】

彼一时，此一时也。

因时制宜、因地制宜。条件发生了变化，侧重点自然不同。

如欲平治天下，当今之世，舍我其谁也？

"舍我其谁"蕴含的是崇高使命，体现的是充分自信。为百姓当仁不让，平天下舍我其谁？

【原文】

[4.14] 孟子去齐，居休①。公孙丑问曰："仕而不受禄，古之道乎？"

曰："非也。于崇②，吾得见王。退而有去志，不欲变③，故不受也。继而有师命④，不可以请。久于齐，非我志也。"

【注释】

① 休：地名。

② 崇：地名。

③ 变：指改变志向。

④ 师命：师旅之命，军令。

【译文】

孟子离开齐国，在休地短暂停留。公孙丑问道："做官却不接受俸禄，是古人的通则吗？"

孟子说："当然不是。在崇地，我有机会见到了齐王，回来后就有离开的意思，不想改变，所以不接受俸禄。接着齐国有战事，不可以申请离开。长久待在齐国，不是我的心愿啊。"

卷五

滕文公[上]

　　本卷只有5章，但篇幅与下卷10章相仿。前面3章与滕文公有关；第4、5章分别是孟子与农家学派以及墨家后学的论辩。具体来说，第1章是孟子与时为太子的滕文公的对话，孟子勉励他志存高远，学习圣人之道，将来把滕国治理为善国。第2章说的是滕定公去世、滕文公即位后如何办丧礼的事。孟子推介三年丧制，但滕文公推行时遇到阻力，于是孟子讨论了君子德行的影响力和以身作则的重要性问题；同时强调尊礼而行，孝在哀恸。第3章孟子回答滕文公问政，主要阐述了孟子的仁政思想，如恒产恒心、恭俭礼下、取民有制、学校教育、井田经界等。第4章是孟子与农家学派进行的一场论辩，孟子反对"贤者与民并耕而食"的观点，阐明了社会分工的必要性和重要性。第5章孟子批判墨家治丧以薄的思想，并阐述了孝子厚葬其亲的合理性。

【原文】

　　[5.1] 滕文公为世子①，将之楚，过宋而见孟子。孟子道性善，言必称尧、舜。

　　世子自楚反，复见孟子。孟子曰："世子疑吾言乎？夫道一而已矣。成覸②谓齐景公曰：'彼，丈夫也；我，丈夫也；吾何畏彼哉？'颜渊曰：'舜，何人也？予，何人也？有为者亦若是。'公明仪③曰：'文王，我师也；周公岂欺我哉？'今滕，绝长补短，将五十里也，犹可以为善国。书曰：'若药不瞑眩④，厥疾不瘳⑤。'"

【注释】

　　① 世子：即太子。古代君王正妻所生长子。"世"和"太"古音相同，常通用。

　　② 成覸（jiàn）：齐之勇臣。

　　③ 公明仪：孔子学生曾参的学生。姓公明，是鲁国的贤人。

　　④ 瞑眩（mián xuàn）：头昏。

　　⑤ 瘳（chōu）：病痊愈。此句见今本《尚书·说命上》。

【译文】

　　滕文公（弘）做太子时，出使楚国，经过宋国的时候特意去拜见了孟子。孟子给他讲人性本善的道理，言语之间都是尧、舜治国所行之事。

　　滕弘从楚国回来，又来见孟子。孟子说："太子是猜疑我还有没说完的话吗？治国的正途实在都是一样的呀。成覸曾对齐景公说：'他（尊贵者）是个男子汉；我也是个男子汉；我怕他什么呢？'颜渊说：'舜是什么样的人？我是什么样的人？有所作为的人也要像他那样。公明仪说：'文王是我学习效法的人（这是周公说过的话），周公难道欺骗我吗？'如今，滕国的土地如果截长补短，也接近五十里见方了，还是可以治理成一个好国家的。（良药苦口，忠言逆耳，正像）《尚书》说：'如果药不能吃得人头昏脑涨，那是治不好病的。'"

【品鉴】

孟子道性善，言必称尧舜。

性善论构成了孟子思想体系的基石；尧舜后来成了儒家道统的轴心。

性善论在孟子思想体系中的地位自不待言，它既是内圣之学的前提，又是外王之学的基础。

"言必称尧舜"需要重点做些考察。杨伯峻先生在《孟子译注》附录《孟子词典》中，对各类字词使用频率做了统计。根据这些材料来分析，可以清楚地看到，《孟子》全书里反复提到某个历史人物超过10次的并不多见，但书中提到"尧舜"的次数明显很多。我们将关注范围稍微扩展一些，将书中直接提到的重要历史人物频度罗列如下：尧58次、舜99次（含大舜2次）、禹30次、汤34次、文王35次、武王15次（含指武王的"武"5次）、周公18次。这里还不包括没有直接提到上述名称，但却与他们紧密相关的人和事。此外还有"孔子"和"仲尼"，分别出现了81次和6次。后来，儒学在发展过程中提出的各种所谓"道统"说，其源头都没有超出这些重要人物。因此，从这一侧面我们也可以说，《孟子》体现了原始儒家的基本精神，蕴含着儒学后来的发展趋向。

以史为鉴，是中国传统文化中的重要方法论原则。珍视优秀文化传统，是中华民族生生不息的重要保证。彰往察来，也可以让我们的洞察力更为敏锐而深邃。历史往往有惊人相似的一幕，重视历史的经验，一定程度上可以避免重蹈覆辙。但历史中也有包袱，在世界变化日新月异的今天，防止被历史捆住手脚也值得人们关注。

舜，何人也？予，何人也？有为者亦若是。

树雄心，立壮志，向圣贤看齐。

颜渊说："舜是什么样的人？我是什么样的人？有所作为的人也要像他那样。"这就是个立志的问题。每个人都应该树雄心，立大志，年轻人尤其如此。中国有句古话，叫作："取法乎上，仅得其中。"如果所立的志向原本不高，结果就更是可想而知了。

圣贤虽然不同于凡人，但自凡而圣并不是没有可能。孟子说："圣人，与我同类者。"既然如此，那么，"人皆可以为尧舜"。荀子也说："涂之人可以为禹。""人皆可以为尧舜""涂之人可以为禹"，这是何等豪迈的气概！这对于潜心向善的人们无疑具有极大的鼓舞作用。而问题在于："舜，人也；我，亦人也。舜为法于天下，可传于后世，我由未免为乡人也，是则可忧也。"这是说：舜，是个人；我，也是个人。舜成为天下人的楷模，可以流传到后代，我还不免于只是个普通人，这就是可忧虑的。忧虑了怎么办？努力像舜一样罢了。这是孟子的思想。孔子非常强调从日常点滴做起，做到"见贤思齐焉，见不贤而内自省也。"也就是说，见到贤人要向他学习，见到不贤的人要反省自身有没有像他那样不贤的地方。

【原文】

[5.2] 滕定公薨①。世子谓然友②曰："昔者孟子尝与我言于宋，于心终不忘。今也不幸至于大故③，吾欲使子问于孟子，然后行事。"

然友之邹，问于孟子。

孟子曰："不亦善乎！亲丧，固所自尽④也。曾子曰：'生，事之以礼；死，葬之以礼，祭之以礼，可谓孝矣。'⑤诸侯之礼，吾未之学也。虽然，吾尝闻之矣。三年之丧，齐疏⑥之服，饘粥⑦之食，自天子达于庶人，三代共之。"

然友反命，定为三年之丧。父兄百官皆不欲也，曰："吾宗国⑧鲁先君莫之行，吾先君亦莫之行也，至于子之身而反之，不可。且《志》曰：'丧祭从先祖。'曰：'吾有所受之也。'"

谓然友曰："吾他日未尝学问，好驰马试剑。今也父兄百官不我足也，恐其⑨不能尽于大事，子为我问孟子！"

然友复之邹问孟子。

孟子曰："然，不可以他求者也。孔子曰：'君薨，听于冢宰⑩，歠⑪粥，面深墨，即位而哭，百官有司莫敢不哀，先之也。'上有好者，下必有甚焉者矣。君子之德，风也；小人之德，草也。草尚⑫之风，必偃。是在世子。"

然友反命。

世子曰："然。是诚在我。"

五月居庐⑬，未有命戒。百官族人可，谓曰知。及至葬，四方来观之，颜色之戚，哭泣之哀，吊者大悦。

【注释】

① 滕定公：滕文公的父亲。薨（hōng）：古代称侯王之死叫"薨"。

② 然友：滕文公的老师。

③ 大故：意外的或不幸的事变。这里指父丧。

④ 尽：极尽孝心。

⑤"曾子曰"等语：见《论语·为政》，为孔子对学生樊迟说的话，大概曾子也曾以此教导学生。

⑥齐（zī）疏之服：缝了衣边的粗布孝服。齐：将丧服下部的边折转缝起来。疏：粗，指粗布。

⑦饘（zhān）：同"馕"，稠粥。粥：稀粥。

⑧宗国：宗主国。滕国和鲁国的始封祖都是文王之子，而周公为长，所以滕国称鲁国为宗国。

⑨其：指自己。古时可借第三人称代词指自己。

⑩冢宰：百官之长，即后代所称宰相。

⑪歠（chuò）：饮，喝。

⑫尚：加。

⑬庐：居丧时所住的临时搭建的简陋房子。

【译文】

滕定公死了。太子对然友说："以前孟子曾在宋国和我交谈过，在我心里始终没有忘记。现在不幸遭遇丧父这样的事，我想请先生去请教孟子，然后再办丧事。"

然友到邹国，去问孟子。

孟子说："也还是遵'善'而行啊！父母的丧事应该尽心竭力地去办。曾子说：'父母生前，按照礼来侍奉他们；死后，按照礼来安葬他们，按照礼来祭祀他们，能做到这些可以称得上尽孝了。'诸侯所应行的礼，我没学习过；尽管如此，我还是曾经听说过的。守孝三年，只穿粗布缝边的丧服，只吃简单的粥饭。从天子到平民百姓（为父母居丧），夏、商、周三代都是一样的。"

然友回去复命，太子决定行守孝三年的丧礼。宗室和百官都不愿意，说:"我们的宗国鲁国的历代君主都没这么做,我国历代的君主也没这么做,到您这里却违反规矩,这样做是不行的。况且《志》上说:'丧礼、祭礼遵循祖宗的老规矩。'"太子说:"我是有所根据的。"

太子对然友说:"我以前没有学习请教礼,只喜欢跑马舞剑这类的事。现在宗室百官都不认同我,我担心不能尽心竭力办好丧事,先生再替我去问问孟子!"

然友又到邹国去求教孟子。

孟子说:"是这样。如此就更不能要求别人。孔子说:'君王去世,太子将一切政务都交由冢宰处置,自己饭只食粥,面色深黑悲戚,就孝子之位哀哀痛哭,大小官吏没人敢不悲哀,这是因为太子带了头。'居高位的人爱好什么,下属一定爱好得更厉害。君子的德行就像风;百姓的德行就像草。风吹在草上,草就一定会顺着风的方向倒下。这件事全在太子怎么做。"

然友回去向太子报告。

太子说:"对呀。这事确实全在我怎么做。"太子在丧庐住了五个月,没有发布任何政令。百官和族人都赞成,称道太子懂礼。到了举行葬礼的时候,四方宾客都来观礼,太子容色凄惨,哭泣悲哀,吊丧的人都对他的孝行满意。

【品鉴】

上有好者,下必有甚焉者矣。君子之德,风也;小人之德,草也。草尚之风,必偃。

上行下效,蝴蝶效应会放大;邪不压正,君子之德胜小人。

"上之好者,下必甚焉。"居高位的人爱好什么,下属一定爱好的更厉害。那么就会有两种可能:一种可能是正面的。《论语》中记载:季康子向孔子请教施政之道，孔子回答说："政者，正也。子帅以正，孰敢不正？"也就是说，政的意思就是端正。您自己带头端正，谁敢不正？孔子还说过："其身正，不令而行。"为政者自身端正了，就是不下命令老百姓也服从。正如《大学》中所说，"尧、舜帅天下以仁而民从之。"另一种可能是负面的。"上行下效""上梁不正下梁歪"，人们往往这样描述。如《大学》中所说的，"桀、纣帅天下以暴而天下从之"。正反两方面的情况都可能出现。因此，《大学》里说：如果在自己的家里实行仁爱，那么一国的人都会纷纷仿效，兴起仁爱之风；如果在自己的家里推行礼让，那么一国的人也会兴起礼让之风；如果国君贪婪暴戾，那么一国的人就可能会起来犯上作乱。国家治乱的关键，正在于此。这就是所谓的一句话就能败坏国家大事、一个贤明的人也能使一个国家安定下来的意思。

值得注意的是，与此相关的"蝴蝶效应"。"蝴蝶效应"在1963年由美国气象学家爱德华·罗伦兹（Edward Lorenz）提出。其大意为：一只南美洲亚马逊河流域热带雨林中的蝴蝶，偶尔扇动几下翅膀，可能在两周后美国得克萨斯就引起一场龙卷风。其原因在于：蝴蝶翅膀的运动，导致其身边的空气系统发生变化，并引起微弱气流的产生，而微弱气流的产生又会引起它四周空气或其他系统产生相应的变化，由此引起连锁反应，最终导致其他系统的极大变化。此效应说明，事物发展的结果，对初始条件具有极为敏感的依赖性，初始条件的极小偏差，将会引起结果的极大差异。"蝴蝶效应"从社会学的角度来看：一个坏的微小的机制，如果不加以及时地引导、调节，会给社会带来非常大的危害，戏称为"龙卷风"或"风暴"；一个好的微小的机制，只要正确指引，经过一段时间的努力，将会产生轰动效应，或称为"革命"。

这样看来，既然存在"上之好者，下必甚焉"的机制，那么，上位者就该"战战兢兢，如履薄冰"，谨慎对待了。孟子进一步提到：君子的德行就像风，小人的德行就像草。风吹在草上，草就会顺风而倒。邪不压正，君子之德终将战胜小人之德。

社会发展到今天，社会层次日益扁平化，但信息不完全对称却始终存在，不同形式的上、下关系仍会对社会发展产生重要影响，值得有关人士认真对待。

【原文】

[5.3] 滕文公问为国。

孟子曰："民事不可缓也。《诗》云：'昼尔于茅①，宵尔索绹②；亟其乘屋③，其始播百谷④。'民之为道也，有恒产者有恒心，无恒产者无恒心。苟无恒心，放僻邪侈，无不为已。及陷乎罪，然后从而刑之，是罔民也。焉有仁人在位，罔民而可为也？是故贤君必恭俭礼下，取于民有制。阳虎⑤曰：'为富不仁矣，为仁不富矣。'

"夏后氏五十而贡⑥，殷人七十而助⑦，周人百亩而彻⑧，其实皆什一也。彻者，彻⑨也；助者，藉⑩也。龙子⑪曰：'治地莫善于助，莫不善于贡。'贡者，挍⑫数岁之中以为常。乐岁，粒米狼戾⑬，多取之而不为虐，则寡取之；凶年，粪其田而不足，则必取盈焉。为民父母，使民盻盻然⑭，将终岁勤动，不得以养其父母，又称贷而益之，使老稚转乎沟壑，恶在其为民父母也！夫世禄，滕固行之矣。《诗》云：'雨⑮我公田，遂及我私。'惟助为有公田。由此观之，虽周亦助也。

"设为庠序学校⑯以教之。庠者，养也；校者，教也；序者，射⑰也。夏曰校，殷曰序，周曰庠；学则三代共之，皆所以明人伦也。人伦明于上，小民亲于下。有王者起，必来取法，是为王者师也。"《诗》云：'周虽旧邦，其命惟新。'文王之谓也。子力行之，亦以新子之国！"

使毕战⑱问井地。

孟子曰："子之君将行仁政，选择而使子，子必勉之！夫仁政必自经界始。经界不正，井地不钧⑲，谷禄不平，是故暴君污吏必慢其经界。经界既正，分田制禄可坐而定也。

"夫滕，壤地褊小，将为君子焉，将为野人焉。无君子，莫治野人；无野人，莫养君子。请野九一而助，国中什一使自赋⑳。卿以下必有圭田㉑，圭田五十亩；余夫二十五亩㉒。死徙无出乡，乡田同井，出入相友，守望相助，疾病相扶持，则百姓亲睦。方里而井，井九百亩，其中为公田。八家皆私百亩，同养公田。公事毕，然后敢治私事，所以别野人也。此其大略也；若夫润泽之，则在君与子矣。"

【注释】

① 尔：语助词。于：往。茅：取茅，作动词用。

② 索：绞，搓。绹（táo）：绳子。

③ 亟（jí）：急，赶快。乘：治，指修理草房。

④ 始：岁始，年初。以上引诗见《诗经·豳风·七月》。

⑤ 阳虎：即阳货，与孔子同时人，鲁国正卿季氏的家臣。一度挟持季氏，专断国政，后失败逃亡。

⑥ 五十而贡：传说夏代每户授田五十亩，上缴几年收成平均数的十分之一作为地租。

⑦ 七十而助：传说中商代的井田制，把六百三十亩地划分为井字形的九个区，每区七十亩，八户各受私田一区。中间一区为公田，由八户共同耕种，收成归公，不另收地租。

⑧ 百亩而彻：传说周代的井田制，把九百亩地分为井字形的九区，每区一百亩，八户各有私田一区。中间一百亩为公田，再分八区，仍由八户各耕种一区。每户以总收成的十分之一作为地租上缴。

⑨ 彻：通，指通盘计算私田、公田的总收成，作为征税的依据。

⑩ 藉：借，指借力相助。

⑪ 龙子：古代的一位贤人。

⑫ 挍（jiào）：同"校"，比较。

⑬ 狼戾：狼藉。

⑭ 盻盻（xì）然：勤苦不能休息的样子。

⑮ 雨（yù）：下雨。

⑯ 庠（xiáng）序学校：庠、序、校：乡、里学校之称；学，国立学校。

⑰ 射（yì）：通"绎"，陈述，指陈述人伦秩序以教化。

⑱ 毕战：滕国之臣。

⑲ 钧：通"均"。

⑳ 什一使自赋：田地的收成中用十分之一作为赋税上缴。

㉑ 圭田：俸禄以外授予官吏的田，可供祭祀费用。无此田表示罚其不洁。圭：洁。

㉒ 余夫二十五亩：指私田之外，另授给每个剩余劳力的田。

【译文】

滕文公向孟子请教治国之道。

孟子说："农业生产是最为急迫的任务。《诗经·豳风·七月》上说：'白天打茅草，夜晚搓绳子。赶紧盖茅屋，开春播五谷。'百姓做事的准则是，有可以长久维持生计的产业才有稳定不变的善心，没有可以长久维持生计的产业就没有稳定不变的善心。假如没有稳定不变的善心，就会为非作歹，无所不为。等他们犯了罪，然后处罚他们，这就是布下罗网陷害百姓。哪有仁德的君主在位治国却做出陷害百姓的事呢？所以英明的君主一定行为检点、节省用度，礼下大臣，向百姓征税有制度。阳虎说：'要聚敛钱财就不会讲仁义，要讲仁义就无法聚敛钱财。'

"夏代每户分田五十亩，田税实行贡法；商代每家分田七十亩，田税实行助法；周代每户分田百亩，田税实行彻法。其实税率都是十分之一。彻，是'通'的意思；助，是'借'的意思。龙子说：'田税最好的是助法，最不好的是贡法。'贡法，是比较几年中的收成来确定一个平均数，作为每年收税的税额。年成好的时候，粮食多得满地狼藉，多收一些地租也不算暴虐，却只按平均数上缴并不多收；到了凶年饥岁，老百姓竭尽全力来耕种，收成还不够温饱，地租却一定要收到满额。身为老百姓的父母官的君主，却使老百姓累死累活得不到休息，终年辛苦劳作还不够养活父母，还得靠借高利贷来凑足地租，使老的小的辗转死在山沟里，这哪里是为民父母呢？诸侯、士大夫这些做官的人可以由公田的收入来养活，滕国早就实行了；（可是与之相表里的助法却没有实行。）《诗经·小雅·大田》曾说：'愿天下雨先润我公田，然后再灌溉我的私田。'只有实行助法才谈得上'公田'。由此看来，即使周代的制度实质上也还是助法。

"还设立庠、序、学、校来教导百姓。庠，是教养的意思；校，是教导的意思；序，是习射的意思。乡学在夏代被称作'校'、商代被称作'序'、周代被称作'庠'；国学则三代都被称作'学'，都是使人明白尊卑长幼关系的。如果诸侯卿大夫都明白了人伦道德的法则并做出表率，下面的百姓自然能够相亲相爱。如果有圣王出现，一定要来取法，这就成了圣王之师，泽布天下了。

"《诗经·大雅·文王》说：'周虽是古老的邦国，秉受天命而拥有天下却又是新的开始。'这说的是文王。您努力实行吧，也来使您的国家气象一新！"

滕文公让毕战来问井田制。

孟子说："你的君主想实行仁政，选派你来问我，你一定要好好努力。行仁政一定要从划分田界做起。划分田界如果不公正，井田就分得不均匀，作为俸禄的田租也就收得不公平了，所以暴君污吏一定要打乱正确的田间限界。田界如果划得公正，分派田地、订立俸禄制度，就可以轻易办好了。

"滕国虽然土地狭小，但也有当官的，也有种田的。没有当官的，就没人管理种田的；没有种田的，就没人养活当官的。我建议在乡野实行九分抽一的助法，在城内及城郊实行十分抽一的贡法。卿以下官吏都授给祭祀用田，田的大小是五十亩。家里还有剩余劳力的，每个劳动力另授田二十五亩。丧葬或搬家，也不离开本乡，乡里同一井田的人家，出入互相伴随，防盗互相帮助，有病互相照料，这样老百姓就会彼此亲爱，相处和睦了。每一里见方的土地为一个井田，每个井田九百亩，当中一百亩是公田。八家各授予私田一百亩，同时共同耕种公田。公田里的活干完了，然后才敢去干私田里的活，这样来区别当官的和种田的。这就是井田制的大概情况。至于因时制宜调整润饰，那就靠君王和先生你了。"

【品鉴】

民之为道也，有恒产者有恒心，无恒产者无恒心。

经济生活是社会生活的基础。不能解决好这个问题，最终也不可能得到百姓的真诚拥护。

在孟子看来，百姓生活有其基本的准则，那就是有可以长久维持生计的产业才有稳定不变的善心，没有可以长久维持生计的产业就没有稳定不变的善心。孟子多次设想过百姓的田园生活："五亩之宅，树之以桑，五十者可以衣帛矣。鸡豚狗彘之畜，无失其时，七十者可以食肉矣。百亩之田，勿夺其时，数口之家可以无饥矣。谨庠序之教，申之以孝悌之义，颁白者不负戴于道路矣。"这里最基本的就是保证"黎民不饥不寒"，解决百姓生存问题曾经是传统农业社会的重大问题。今天，"黎民不饥不寒"应该赋予它更丰富的内涵，不断提高广大人民群众的物质生活水平将是一项永无止境的工作，也是不断努力的方向。

为富不仁矣，为仁不富矣。

聚财行善有冲突，正确处理需智慧。

"为富不仁，为仁不富"，是孟子引用阳虎的话。阳虎即阳货，是春秋后期鲁国季氏的家臣，一度掌握鲁国国政，声名很差。《史记·孔子世家》记载，孔子离开卫国，准备去陈国，途经宋之匡地时，因给孔子赶车的学生长相与阳虎相似，遭匡人围禁五天。原来，匡人遭受过鲁国阳虎的暴虐和屠杀。《论语·阳货》还记载有阳货请孔子出仕的事。孟子认为，仁德的国君不能陷害民众，取民应有节制。此时引用此言，当属不因人废言，强调的仍是为仁与为富两者之间存在矛盾，国君应该致力于为仁。

为仁与为富、聚财与行善之间的矛盾不是不可调和的，就看如何运用智慧了。

设为庠序学校以教之。

温饱问题要解决，教育问题很重要。

《论语·子路》篇记载：孔子到了卫国，感叹那里人丁兴旺。随行驾车的冉有问：人口多了，下一步该怎么发展呢？孔子说"富之"，让他们都丰衣足食、富足起来。冉有继续追问，孔子回答说"教之"，即教育他们，提高他们的素质。孟子继承了孔子先富后教的思想，每次讨论完土地制度后，接着就谈教育问题，主题主要是明人伦，调节复杂的人际关系。

根据《礼记·王制》，虞舜时代就有学校叫庠，夏代学校称序。庠、序、校都是基层学校。商代学校已有考古发现。西周学校更完备，贵族子弟根据是否成年分别入小学和大学。大学建在城郊环境非常优美的地方，天子建的称辟雍，诸侯建的叫泮宫。平民无权进入比基层学校正规的小学和大学。春秋后期，贵族对教育的垄断被孔子打破，孟子这里也特别建议加强平民教育。

《诗》云："周虽旧邦，其命惟新。"文王之谓也。子力行之，亦以新子之国！

旧邦新命，古老文化可以焕发时代青春，就看如何发挥优势了。

孟子对滕文公说，《诗经》上讲：周虽是古老的邦国，秉受天命而拥有天下，却又是新的开始。这说的是文王。您努力实行吧，也来使您的国家气象一新！

在全球化日益加剧的今天，有着悠久历史和灿烂文明的中国如何再领风骚，是我们必须认真面对的新课题。

夫仁政必自经界始。

划定地界，体现公正；明确责权，促进生产。

传统农业社会最主要的生产资料是土地。因此，土地划分是体现公正的最重要一环。孟子这里讨论的是井田制。每一里见方的土地为一井，每井有田九百亩，当中一百亩是公田，八家各授予私田一百亩。公田由八家共同耕种，公田里的活干完了，然后才能去干私田的活。考虑到土地肥沃和贫瘠的状况不同，还要对各家私田定期进行更换。在山东临沂银雀山出土的竹简中，就有"三年一更赋田"等文字的田法，说的就是每三年更换一次授田。井田制也往往被看作理想的土地制度，但实际上因为土地兼并严重，容易招致官僚和大的土地拥有者的反对而难以实行。划定地界也是明确责权、促进生产的重要手段。

【原文】

[5.4] 有为神农之言者①许行，自楚之滕，踵②门而告文公曰："远方之人闻君行仁政，愿受一廛而为氓③。"文公与之处。其徒数十人，皆衣褐④、捆屦⑤、织席以为食。

陈良之徒陈相与其弟辛，负耒耜⑥而自宋之滕，曰："闻君行圣人之政，是亦圣人也，愿为圣人氓。"

陈相见许行而大悦，尽弃其学而学焉。

陈相见孟子，道许行之言曰："滕君则诚贤君也，虽然，未闻道也。贤者与民并耕而食，饔飧⑦而治。今也滕有仓廪府库，则是厉⑧民而以自养也，恶得贤？"

孟子曰："许子必种粟而后食乎？"曰："然。""许子必织布而后衣乎？"曰："否。许子衣褐。""许子冠乎？"曰："冠。"曰："奚冠？"曰："冠素。"曰："自织之与？"曰："否，以粟易之。"曰："许子奚为不自织？"曰："害于耕。"曰："许子以釜甑爨⑨，以铁耕乎？"曰："然。""自为之与？"曰："否。以粟易之。"

"以粟易械器者，不为厉陶冶；陶冶亦以其械器易粟者，岂为厉农夫哉？且许子何不为陶冶，舍皆取诸其宫⑩中而用之？何为纷纷然与百工交易？何许子之不惮烦？"曰："百工之事固不可耕且为也。"

"然则治天下独可耕且为与？有大人之事，有小人之事。且一人之身，而百工之所为备，如必自为而后用之，是率天下而路也。

故曰：或劳心，或劳力，劳心者治人，劳力者治于人；治于人者食人，治人者食于人，天下之通义也。

"当尧之时，天下犹未平，洪水横流，泛滥于天下，草木畅茂，禽兽繁殖，五谷不登⑪，禽兽偪人⑫，兽蹄鸟迹之道交于中国。尧独忧之，举舜而敷⑬治焉。舜使益掌火，益烈山泽而焚之，禽兽逃匿。禹疏九河，瀹济、漯⑭而注诸海，决汝、汉，排淮、泗而注之江⑮，然后中国可得而食也。当是时也，禹八年于外，三过其门而不入，虽欲耕，得乎？

"后稷⑯教民稼穑，树艺⑰五谷。五谷熟而民人育。人之有道也，饱食、暖衣、逸居而无教，则近于禽兽。圣人有忧之，使契为司徒⑱，教以人伦，父子有亲，君臣有义，夫妇有别，长幼有叙，朋友有信。放勋曰⑲：'劳之来之⑳，匡之直之，辅之翼之，使自得之，又从而振德之。'圣人之忧民如此，而暇耕乎？

"尧以不得舜为己忧，舜以不得禹、皋陶㉑为己忧。夫以百亩之不易㉒为己忧者，农夫也。分人以财谓之惠，教人以善谓之忠，为天下得人者谓之仁。是故以天下与人易，为天下得人难，孔子曰：'大哉尧之为君！惟天为大，惟尧则之，荡荡㉓乎民无能名焉！君哉舜也！巍巍㉔乎有天下而不与焉！'尧、舜之治天下，岂无所用其心哉？亦不用于耕耳。

"吾闻用夏变夷者，未闻变于夷者也。陈良，楚产也，悦周公、仲尼之道，北学于中国。北方之学者，未能或之先也。彼所谓豪杰之士也。子之兄弟事之数十年，师死而遂倍之㉕！昔者孔子没，三年之外，门人治任㉖将归，入揖于子贡，相向而哭，皆失声，然后归。子贡反，筑室于场，独居三年，然后归。他日，子夏、子张、子游以有若似圣人，欲以所事孔子事之，强曾子。曾子曰：'不可；江汉以濯之，秋阳以暴之㉗，皜皜㉘乎不可尚已。'今也南蛮鴃舌之人㉙，非先王之道，子倍子之师而学之，亦异于曾子矣。吾闻出于幽谷迁于乔木者㉚，未闻下乔木而入于幽谷者。《鲁颂》曰：'戎狄是膺㉛，荆舒是惩㉜。'周公方且膺之，子是之学，亦为不善变矣。

"从许子之道，则市贾不贰，国中无伪，虽使五尺㉝之童适市，莫之或欺。布帛长短同，则贾相若；麻缕丝絮轻重同，则贾相若；五谷多寡同，则贾相若；屦大小同，则贾相若。"

曰："夫物之不齐，物之情也：或相倍蓰㉞，或相什百，或相千万。子比而同之，是乱天下也。巨屦小屦同贾㉟，人岂为之哉？从许子之道，相率而为伪者也，恶能治国家？"

【注释】

① 神农之言：指农家的学说。神农，上古传说中发明耒耜、教民稼穑的人物，农家以他为宗师。

② 踵：至，到。

③ 廛（chán）：民居。氓：民，从别处迁来的百姓。

④ 褐：麻制的短衣。

⑤ 屦（jù）：用葛、麻打的鞋。

⑥ 陈良：楚国的儒家人物。耒耜（lěi sì）：一种像犁的农具。耜是起土的部分，耒为手柄。

⑦ 饔飧（yōng sūn）：熟食。这里指做饭。饔，早餐。飧，晚餐。

⑧ 厉：虐害，残害。

⑨ 釜：一种较大的锅，上面可放甑蒸煮。甑（zèng）：陶制烹饪器。爨（cuàn）：做饭。

⑩ 舍:"什么"的切音。宫:室,房,秦汉以后才专指王宫。

⑪ 五谷:指稻、黍、稷、麦、菽。稻即水稻,黍即黄米,稷即小米,麦即小麦,菽是豆类的总名。登:庄稼成熟。

⑫ 偪(bī):同"逼"。

⑬ 敷:遍,全部。

⑭ 瀹(yuè):疏导。济、漯(tà):二水名。

⑮ 决、排:都是去除障碍使水畅通的意思。

⑯ 后稷:名弃,周人的始祖,尧时的农师。

⑰ 艺:种植。

⑱ 契(xiè):相传殷人的始祖帝喾的儿子,舜的臣,助禹治水有功而任司徒。司徒:官名。

⑲ 放勋:尧的名。

⑳ 劳之来之:使他们勤劳。劳、来,都是勤劳的意思,用作动词。

㉑ 皋陶(gāo yáo):舜时的司法官。

㉒ 易:治。

㉓ 荡荡:广大,广远。

㉔ 巍巍:高大的样子。所引孔子语见《论语·泰伯》。

㉕ 倍:通"背"。

㉖ 任:担、负,指行李。

㉗ 秋:指周历七、八月,相当于夏历五、六月,正当盛暑。暴(pù):晒。

㉘ 皜皜(hào):洁白的样子。

㉙ 鴃(jué)舌:形容说话难懂,腔调像鸟叫一样。鴃:伯劳鸟。"南蛮鴃舌之人",这里指许行。

㉚ 出于幽谷迁于乔木:见《诗经·小雅·伐木》:"伐木丁丁,鸟鸣

嘤嘤。出自幽谷，迁于乔木。"

㉛ 膺：抵抗，抗击。

㉜ 荆：楚国的别名。舒：临近楚国的小国。引诗出自《诗经·鲁颂·閟宫》。

㉝ 五尺：约为今天的三尺半。

㉞ 蓰（xǐ）：五倍。

㉟ 贾：同"价"。

【译文】

有个信奉神农氏学说的人叫许行，从楚国来到滕国，登门拜见文公说："我从大老远来，听说您正在实行仁政，希望得到一个住所，做您的百姓。"文公将房屋给了他。他的弟子有几十个，都穿着麻衣，以编草鞋、织席子为生。

陈良的弟子陈相和他的弟弟陈辛，背着农具从宋国来到滕国，对文公说："听说您正在实行圣人的政治，这也就是圣人了，我希望做圣人的百姓。"

陈相见了许行，非常高兴，完全抛弃了以前的学问而向许行学习。

陈相见了孟子，转述许行的话说："滕君确实是个贤明的君主；尽管这样，他还算不上懂得了至高的真理。真正贤明的君主应该是和老百姓同耕共作养活自己，一边劳动一边治国理政。现在滕国有粮仓，有库房，这是靠残害百姓来养活自己，这又怎能称得上贤明？"

孟子说："许子一定自己种庄稼才吃饭吗？"

陈相说："对。"

"许子一定自己织布才穿衣吗？"

陈相说："不是。许子穿麻衣。"

"许子戴帽子吗？"

陈相说："戴。"

孟子说："戴什么帽子？"

陈相说："戴没有染色的帽子。"

孟子说："是自己织的吗？"

陈相说："不是。是用粮食换来的。"

孟子说："许子为什么不自己织呢？"

陈相说："那会耽误耕种。"

孟子说："许子是用釜甑做饭，用铁器耕田吗？"

陈相说："对。"

"是自己造的吗？"

陈相说："不是。是用粮食换来的。"

"农夫用粮食交换农具和器皿，不算残害陶匠和铁匠。陶匠和铁匠也用他们的农具和器皿交换粮食，难道就是在残害农夫吗？而且许子为什么不自己烧陶、打铁，做到什么东西都是从自己家里取用？为什么要这样那样一件件地和各种工匠做买卖？为什么许子这么不怕麻烦呢？"陈相说："工匠们根本没法一边耕种一边生产。"

"那么，难道治理天下的人就可以一边耕种一边做这些事情吗？一国之中，总会有要官吏做的事，也会有要百姓做的事。况且从一个人的生活来说，就需要各行各业的产品。如果认为凡事一定都要自己亲手制造出来才能用，这就是带领天下人走上了一条疲于奔命的道路呀。所以说有人用脑力，有人用体力；用脑力的人管理人，用体力的人接受管理；被人管理的养活人，管理人的靠人养活。这是天下通行的道理。

"在尧的时候，天下还不太平。洪水泛滥，草木丛生；禽兽众多，五谷不丰。猛兽出没于国中，伤人的事情经常发生。只有尧对这样的事情感到忧虑，选拔舜来加以治理。舜命令伯益主掌火政，益在山泽草木过于茂盛的地方放火烧荒，野兽跑的跑，藏的藏。禹又疏通了九条河道，治理济水和漯水，将其引入大海；清挖汝水和汉水，疏浚淮水和泗水，让它们流入长江，这样中原大地才可以种庄稼了。在那时候，禹在外八年，三次从家门口路过都没进门，即使他想亲自耕种，可能吗？

"后稷教老百姓种庄稼，栽培五谷，五谷成熟，人民得到了养育。人之所以为人，如果仅仅是吃饱了、穿暖了、住安逸了却不加教育，就和禽兽差不多。圣人又为此忧虑，让契做司徒，用伦理道德来教导百姓：父子之间有慈爱，君臣之间有礼义，夫妇之间有区别，老少之间有尊卑，朋友之间有诚信。尧说：'要使百姓劳有所得，归有所属，正直得到扶助，邪弊得到纠正，帮助他们安居乐业，然后加以提携和教诲。'圣人为老百姓考虑得如此周全，还有闲工夫来种庄稼吗？

"尧把得不到舜作为自己的忧虑，舜把得不到禹和皋陶作为自己的忧虑。把耕种不好百亩田地作为自己的忧虑，那是农夫。把钱财送给别人叫作惠，把善行教给别人叫作忠，为百姓找到可以治理天下的人才叫作仁。所以把天下传给别人是容易的，为天下找到人才是困难的。孔子说：'伟大的君主啊，尧！天昊大无私，只有尧能效法，恩泽广布，百姓无法用言语来形容！了不起的君主啊，舜！功高德厚拥有天下自己却不独占它！'尧、舜治理天下，难道没有劳其心智吗？只不过不用在亲自种庄稼上罢了。

"我听说过用中原文化去改变落后蛮夷的，却没听说过被蛮夷改变的。陈良，是楚国人，因为喜爱周公、孔子的学说，北上到中原来求学。北方的读书人也没人能超过他。他真是所谓见识过人的豪杰之士啊。你们兄弟向他学习了几十年，老师死后就背叛他。从前，孔子去世，弟子们守丧三年以后，收拾行李准备回家，去子贡住的地方相互揖别，大家相对而哭，泣不成声，然后才离开。子贡因此更加思念孔子，再次回到孔子的墓前，筑室而居独自又过了三年。过些时候，子夏、子张、子游认为有若言行举止像孔子，就想用往日尊重孔子的礼节来侍奉有子，他们强求曾子同意。曾子说：'不行。老师就像在长江、汉水洗涤过，洁白得没有一个污点；就像在夏天的烈日下暴晒过，光辉得无以复加，没有什么人能比得上他。'如今许行这样一个南方蛮族里的人，也来操着怪腔怪调非难我们祖先圣王的学说，而你们竟背叛了你们的老师向他学习，这与曾子大不一样啊。我只听说过飞出幽暗山谷而迁到高大树木上的，却没听说过飞下高大树木而进到幽暗山谷里去的。《诗经·鲁颂·閟宫》里说：'戎狄要打击，荆舒要严惩。'周公尚且要打击他们，你却向他们学，这不是好的改变呀。"

陈相说："如果听从许子的主张，就能做到市场上物价一致，国内没有欺诈行为。即使打发小孩子到市场去，也没人欺骗他。布帛的长短如果一样，价格就相同；麻线丝绵的轻重如果一样，价格就相同；谷物的多少如果一样，价格就相同；鞋的大小如果一样，价格就相同。"

孟子说："货物的品种质量各不相同，这是实际存在的；有的相差一倍五倍，有的相差十倍百倍，有的相差千倍万倍。你非要以大小轻重相比而使它们价格相同，这只能是扰乱天下罢了。粗糙的鞋和精细的鞋价格一样，谁还肯干呢？听从许子的主张，就是带着大家做假，怎么能够治理好国家？"

【品鉴】

劳心者治人，劳力者治于人。

社会分工必不可少，脑力体力各司其职。

农家学派的许行，是一个绝对平均主义者，他甚至希望国君与老百姓"并耕而食"。实际上这里隐含着一个问题，即脑力劳动者"不耕而食"的合法性问题。在《滕文公下》中，彭更也说："士无事而食。"可以想见，在战国时代"士"的大量涌现，其生活来源的合法性在一定程度上受到质疑。孟子在这一章节里，正好利用许行作为案例，明确阐述社会分工的必要性。许行虽然从事农业生产，但他穿的衣、戴的帽、用的炊具农具却都是用粮食换来的。他们虽然已经认识到"百工之事固不可耕且为也"，工匠们根本没法一边耕种一边生产，但他们并没有将这种认识进一步加以扩展。因此，孟子反问："然则治天下独可耕且为与？"难道治理天下的人就可以一边耕种一边做这些事情吗？实际上，从一个人的生活来说，就需要各行各业的产品。一个国家，也就有官吏和百姓分别要做的事。

接下来，孟子提出了他有名的几句话："劳心者治人，劳力者治于人；治于人者食人，治人者食于人，天下之通义也。"这几句话，曾经受到批判。那么，到底应该如何理解呢？实际上，孟子这里还是在讨论社会分工的必要性、相互依存性，以及脑力劳动者生活来源的特殊性问题。用脑力的人管理人，用体力的人接受管理；被人管理的养活人，管理人的靠人养活。

靠人养活不等于不劳而获。靠人养活说的是他们不再直接从事农业生产。就像孟子下文提到的尧、舜、禹、皋陶等，即使他们想亲自耕种也不可能。"尧舜之治天下，岂无所用其心哉？亦不用于耕耳"。尧、舜治理天下，难道没有劳其心智吗？只不过不是用在亲自种庄稼上罢了。

吾闻用夏变夷者，未闻变于夷者也。

文化传播，是从发达地区向欠发达地区渗透，而不是相反。

"用夏变夷"的基本含义，是用发达地区的文化改变落后地区的文化。孟子所说的"夏"，是指华夏文化，狭义地说，是由尧、舜、禹、汤、文、武、周公、孔子所传承的中原文化。孟子所说的"夷",主要中原以东的地区,也可以泛指中原文化以外的文化。由于中原地区开发较早,文化形态相对早熟,因此,对周边文化产生了辐射作用,"用夏变夷"自然在情理之中。孟子也注意到,出生东夷的舜和出生西夷的文王(见《离娄下》),后来成了中原文化的代表。但孟子对于许行的学说和"并耕而食"的观点却不以为然,认为是用夷变夏,不是"出于幽谷迁于乔木",而是"下乔木而入于幽谷",不是进步,而是倒退。

后来,"以夏变夷"逐渐成为华夏文化优越论这一思维模式的基本表达。严夷夏之辨、重夷夏之防成了保守的文化主张和政治主张。社会发展并不是匀速的、各地区文化发展也不可能完全同步,到了近代,当发达的现代西方文化与传统的中国文化遭遇时,这种观点成了拒斥学习任何先进文化的借口。此一时也,彼一时也,这当然是后话了。

【原文】

[5.5] 墨者夷之因徐辟①而求见孟子。孟子曰:"吾固愿见,今吾尚病,病愈,我且往见,夷子不来!"

他日,又求见孟子。孟子曰:"吾今则可以见矣。不直,则道不见②;我且直之。吾闻夷子墨者,墨之治丧也,以薄为其道也。夷子思以易天下,岂以为非是而不贵也?然而夷子葬其亲厚,则是以所贱事亲也。"

徐子以告夷子。

夷子曰:"儒者之道,古之人'若保赤子'③,此言何谓也?之则以为爱无差等,施由亲始。"

徐子以告孟子。

孟子曰:"夫夷子信以为人之亲其兄之子为若亲其邻之赤子

乎?彼有取尔也。赤子匍匐将入井,非赤子之罪也。且天之生物也,使之一本,而夷子二本故也④。盖上世尝有不葬其亲者,其亲死,则举而委之于壑。他日过之,狐狸食之,蝇蚋姑嘬之⑤。其颡有泚⑥,睨而不视⑦。夫泚也,非为人泚,中心达于面目,盖归反虆梩⑧而掩之。掩之诚是也,则孝子仁人之掩其亲,亦必有道矣。"

徐子以告夷子。夷子怃然⑨为间,曰:"命之矣。"

【注释】

① 墨者:信奉墨学的人。夷之:无可考。徐辟:孟子学生。

② 见(xiàn):同"现"。

③ 若保赤子:语见《尚书·康诰》:"若保赤子,惟民其康乂(yì)。"乂:安定。

④ 一本、二本:意思是,人都是父母所生,这便是唯一根源,是"一本";而墨家主张爱无等差,反而在说不同的"本",所以说是"二本"。

⑤ 蚋(ruì):蚊虫。姑(gǔ):通"盬",吸饮。嘬(chuài):叮、咬。

⑥ 颡(sǎng):额。泚(cǐ):汗水流出的样子。

⑦ 睨(nì):斜视。视:正视。

⑧ 虆(léi):盛土的用具。梩(lí):挖土的工具。

⑨ 怃(wǔ)然:茫然自失的样子。

【译文】

墨家的信徒夷之通过徐辟介绍求见孟子。孟子说:"我本来打算见他,但我现在还在害病,等我病好了,我就去见他,夷子就不必来了。"

过了些日子,夷子又求见孟子。孟子对徐子说:"我现在可以见他了。可是见了他如果不直言，先王的正道就不能显现；我姑且直截了当地说吧。我听说夷子是墨家的信徒，墨家办丧事，以薄葬为原则；夷子想拿这个来改变天下的风俗，是不是认为不薄葬就不值得崇尚呢；但夷子却厚葬他的父母，那么他这样做是以自己所鄙薄的来服侍父母了。"

徐子把这些话转告夷子。

夷子说："儒家的学说认为，古时候的君主'爱护百姓就像爱护婴儿'，这话是什么意思呢？我认为意思就是爱没有亲疏厚薄的差别，只不过实行起来是从对父母开始的。"

徐子把这些话转告孟子。

孟子说："夷子真的认为一个人爱自己的侄子同他爱邻居家的婴儿是一样的吗？他只是抓住了一点：婴儿在地上爬，快要掉到井里去了，那不是婴儿的罪过，因此，每个人都会去救，似乎爱无差等。况且天生养万物，使万物只有一个本源（父母），而夷子却在探讨两个本源的缘故。大概上古曾有不安葬父母的人。父母死了，就抬着丢到山沟里。过些时候路过，狐狸正啃食着尸体，苍蝇蚊子也在叮咬。他额上渗汗，斜眼看着，不敢正视。这汗不是给别人看的，是心中悲痛表露在脸上。大概他会回去取来籢箕、铁锹把尸体掩埋了。掩埋尸体的确是对的，那么，孝子、仁人掩埋父母亲的尸体，也一定有讲究方式的道理啊。"

徐子把这些话转告给夷子。夷子茫然若失，过了一会儿，说："领教了。"

卷六

滕文公［下］

本卷共10章。主要包括三方面内容：一是围绕"士"阶层存在的合法性、士人的使命、士的人格、士人出仕标准等进行的讨论；二是关于推行王道仁政的相关问题；三是与杨朱学说、墨翟学说、纵横家思想的分歧以及对段木干、泄柳、陈仲子等廉士的看法。具体来说：第1章讲君子修礼守正，非招不往，出仕不能仅从功利角度考虑。第2章讲真正的大丈夫富贵不淫、贫贱不移、威武不屈，不同于纵横家，也不同于"以顺为正"的妾妇之道。第3章讲出仕是士人的要务，但必须反对不由正道。第4章阐述士人存在的价值、从事精神生产的合法性与重要性，并非"无事而食"。第5章阐明推行王道的意义，小国也可实行王道政治。第6章讲推行王道要有好的文化环境，举贤任能、排除干扰很重要。第7章讲出仕的中庸之道，要积极入世，不能故作清高，但也不能放弃原则。第8章讲推行仁政要坚决，知错必改。第9章讲士人的重要使命，包含对杨朱、墨翟学说的批判，是孟子"正人心，息邪说"之必然。第10章讲高洁之士并不是"（蚓）蚓而后充其操"。

【原文】

　　[6.1]陈代曰①："不见诸侯，宜若小然②；今一见之，大则以王，小则以霸。且《志》曰：'枉尺而直寻'，宜若可为也。"

　　孟子曰："昔齐景公田，招虞人以旌③，不至，将杀之。'志士不忘在沟壑，勇士不忘丧其元。'孔子奚取焉？取非其招不往也。如不待其招而往，何哉？且夫枉尺而直寻者，以利言也。如以利，则枉寻直尺而利，亦可为与？昔者赵简子使王良与嬖奚乘④，终日而不获一禽。嬖奚反命曰：'天下之贱工也。'或以告王良。良曰：'请复之。'强而后可，一朝而获十禽。嬖奚反命曰：'天下之良工也。'简子曰：'我使掌与女乘。'谓王良。良不可，曰：'吾为之范我驰驱，终日不获一；为之诡遇⑤，一朝而获十。《诗》云："不失其驰，舍矢如破⑥。"我不贯与小人乘，请辞。'御者且羞与射者比；比而得禽兽，虽若丘陵，弗为也。如枉道而从彼，何也？且子过矣！枉己者，未有能直人者也。"

【注释】

　　①陈代：孟子的学生。

　　②小：小节。

　　③招虞人以旌（jīng）：按照礼节，古代君王召唤身份地位不同的人要用不同信物：召唤大夫用旌，召唤士用弓，召唤虞人用皮冠。虞人，守苑囿的小官。

④赵简子：晋国正卿赵鞅。王良：春秋末年善驾的人。奚：人名。

⑤诡遇：指不按章法驾御。遇：对待。

⑥舍：中，正着目标。矢：箭。破的：射中箭靶。

【译文】

孟子的弟子陈代对他说："您不愿主动去谒见诸侯，似乎拘泥于小节了吧；如果现在去见一见，大可以借助诸侯的力量推行仁政王道，小可以辅佐他们改革局面成霸业。况且《志》上说：'委曲一尺却能伸张八尺'，好像也是可行的。"

孟子说："从前齐景公打猎，用旌旗召唤猎场小吏，那人不来，齐景公要杀他。'有志之士不怕弃尸沟壑，勇敢的人不怕丢掉脑袋'。孔子赞许他什么呢？就是赞许他：不以自己应该接受的召唤之礼就坚决不去。假如我不等待诸侯的召唤就登门拜见他们，那算什么呢？况且所谓委曲一尺却能伸张八尺，这完全是从功利的角度来考虑的。如果以功利为根据，那么，即使委曲八尺只能伸张一尺也可以做吗？从前赵简子命令王良为他的宠臣奚驾车，一整天都没有猎获一只鸟。奚回去禀告说：'王良是天底下最拙劣的驾车人。'有人把这话告诉王良。王良说：'请让我再来一次。'奚勉强同意了，结果一个上午就猎获了十只鸟。奚回去禀告说：'王良是个了不起的驾车人。'赵简子说：'我让他专门为你驾车。'并跟王良说了。王良不同意，说：'我为他按规矩驾车，一整天打不着一只猎物；不按规矩驾车，一个上午就打到了十只猎物。《诗经·小雅·车攻》说："跑车中规矩，发箭必破的。"我不习惯为小人驾车，请允许我辞掉这份差事。'车夫尚且耻于跟不守规矩的射手合作，即使这样的合作猎获的禽兽堆积如山，也不愿去干。假如我们背离先王的正道而屈从于诸侯，那又算什么？况且你所说的也错了。委屈自己的人，从没有能使别人伸张的。"

【品鉴】

志士不忘在沟壑，勇士不忘丧其元。

抛头颅，洒热血，葬身沟壑；为理想、为原则，在所不惜。

孔子说：有志之士不怕弃尸沟壑，勇敢的人不怕丢掉脑袋。

志向伟大的勇士就像诗中所写的那样："她把带血的头颅，放在生命的天平上，让所有的苟活者，都失去了——重量。"

【原文】

[6.2] 景春曰①："公孙衍、张仪岂不诚大丈夫哉②？一怒而诸侯惧，安居而天下熄。"

孟子曰："是焉得为大丈夫乎？子未学礼乎？丈夫之冠也③，父命之；女子之嫁也，母命之，往送之门，戒之曰：'往之女家，必敬必戒，无违夫子！'以顺为正者，妾妇之道也。居天下之广居④，立天下之正位⑤，行天下之大道⑥；得志，与民由之；不得志，独行其道。富贵不能淫⑦，贫贱不能移，威武不能屈，此之谓大丈夫。"

【注释】

① 景春：孟子时人，纵横家。
② 公孙衍、张仪：魏人，著名的纵横家。公孙衍曾佩五国相印，合纵抗秦；张仪游说各国服从秦国。
③ 冠：古时男子二十岁时所行表示已成人的加冠礼。
④ 广居：指"仁"。

⑤ 正位：指"礼"。

⑥ 大道：指"义"。

⑦ 淫：过分，无节制。这里指态度傲慢骄狂。

【译文】

景春说："公孙衍、张仪难道不是真正的大丈夫吗？他们一动怒，诸侯就害怕；他们安定下来，天下才平安无事。"

孟子说："这哪里称得上大丈夫呢？你没有学过礼吗？男子举行冠礼的时候，父亲会训导他成人之道；女子出嫁的时候，母亲会训导她为妇之德，送她到门口，告诫她说：'到了夫家，一定要恭敬，一定要谨慎小心洁身自好，不要违背丈夫！'以顺从为最大原则，这是女子之道。大丈夫应该住天底下最宽敞的房子（仁），站在天底下最正确的位置（礼），走在天底下最光明的大路（义）；能行其志，和百姓一起依循大道；不能行志，独自坚持走自己的路。富贵不能乱我之心，贫贱不能变我之志，威武不能屈我之节，这样才叫作大丈夫。"

【品鉴】

富贵不能淫，贫贱不能移，威武不能屈，此之谓大丈夫。

伟大人格的养成，不是靠财富和权势；恰恰是直面诱惑、困境与压力时，不卑不亢、不离不弃、不屈不挠。

在孟子的心中，"大丈夫"不是那种一动怒就能让诸侯害怕，能使战火连天、血流成河的纵横之士；也不是那种以顺从为第一原则，恭恭敬敬小心谨慎的妾妇。而应该是居仁由义、守礼爱民，穷则独善其身、达则兼善天下的伟大人格。这一伟大人格，不会因富贵、贫贱、威武等外在因素而产生丝毫动摇与改变。富贵不能乱我之心，贫贱不能变我之志，威武不能屈我之节。

"富贵不能淫，贫贱不能移，威武不能屈"。这是多么崇高的人格精神、多么巨大的信念力量、多么震撼人心的英雄气概！字字句句，掷地有声。李泽厚先生在其《中国古代思想史论》中说："这是两千多年来始终激励人心、传诵不绝的伟辞名句。它似乎是中华民族特别是知识分子的人格理想。"

【原文】

[6.3] 周霄问曰①："古之君子仕乎？"

孟子曰："仕。《传》曰：'孔子三月无君，则皇皇如也，出疆必载质②。'公明仪曰：'古之人三月无君，则吊。'"

"三月无君则吊，不以急乎？"

曰："士之失位也，犹诸侯之失国家也。《礼》曰：'诸侯耕助③，以供粢盛④；夫人蚕缫⑤，以为衣服。牺牲⑥不成，粢盛不絜⑦，衣服不备，不敢以祭。惟士无田，则亦不祭。'牲杀、器皿、衣服不备，不敢以祭，则不敢以宴，亦不足吊乎？"

"出疆必载质，何也？"

曰："士之仕也，犹农夫之耕也；农夫岂为出疆舍其耒耜哉？"

曰："晋国亦仕国也⑧，未尝闻仕如此其急。仕如此其急也，君子之难仕，何也？"

曰："丈夫生而愿为之有室，女子生而愿为之有家。父母之心，人皆有之。不待父母之命、媒妁之言，钻穴隙相窥，逾墙相从，则父母国人皆贱之。古之人未尝不欲仕也，又恶不由其道。不由其道而往者，与钻穴隙之类也。"

【注释】

① 周霄：魏国人。

② 质：通"贽"，见面礼。

③ 耕助：助即"藉"，指耕种藉田，借民力耕公田。

④ 粢（zī）盛（chéng）：祭品，黍稷等可祭祀的六谷称粢，盛在祭器里称盛。

⑤ 夫人：这里专指诸侯的正妻。缫（sāo）：抽茧出丝。

⑥ 牺牲：为祭祀所杀的猪牛羊等牲畜。

⑦ 絜：通"洁"。

⑧ 晋国：指魏国。战国时从晋国分出。

【译文】

周霄问道："古代的君子做官吗？"

孟子说："做官。《传》上说：'如果有三个月没有君主任用，孔子就怅然若失，离开一个国家也一定带着拜见另一国君主的见面礼。'公明仪说：'古时候的人，三个月没有君主任用，就有人去安慰他。'"

"三个月没有君主任用，就去安慰，这不是太着急了吗？"

孟子说："士人失去官位，就好比诸侯失去国家。《礼经》说：'诸侯亲自耕种藉田，用来做祭品；夫人亲自养蚕缫丝，用来做祭服。牲畜不肥壮，谷物不干净，祭服不齐备，就不敢用来祭祀。士人没有官位，没有了田地俸禄，也就不能祭祀。'牲畜、祭器、祭服不具备，不敢祭祀，也不能办宴会，这还不该去安慰他吗？"

"离开一个国家也一定带着拜见另一国君主的见面礼，这又是为什么？"

孟子说："士人做官，就好比农夫耕田；农夫难道因为离开一个国家就扔掉他的耒和耜吗？"

周霄说："魏国也是士人可以做官的国家，我却从没听说做官要这么着急的。既然做官是这么急迫的事，君子却不轻易做官，又是为什么呢？"

孟子说："男子天生就希望有妻有子，女子天生就希望有夫有家；想为人父母的这种心情，人人都有。但是，如果不等父母的吩咐、媒人的介绍，就钻洞、扒缝互相偷看，翻墙相会，那么，父母和大众都会看不起他。古时候的君子不是不想做官，而是厌恶不从正道找官做。不从正道去做官的人，跟那些通过钻洞、扒缝的方法得到家室的人是一样的。"

【品鉴】

父母之命、媒妁之言，钻穴隙相窥，逾墙相从，则父母国人皆贱之。古之人未尝不欲仕也，又恶不由其道。不由其道而往者，与钻穴隙之类也。

男婚女嫁有礼仪，钻洞爬墙不适宜。君子不仕虽惶惶，不由其道自当鄙。

父母之命，媒妁之言的婚姻缔结程式，在孟子时代之前业已形成。实际上，男不亲求、女不亲许，至少在周朝渐成风俗。有诗为证：《诗经·齐风·南山》中说："取妻如之何？必告父母""取妻如之何？匪媒不得。"这是讲，娶妻必须让父母知道，一定要有媒人牵线。《诗经·卫风·氓》也说："匪我愆期，子无良媒。"不是我错过了约定的时间，而是你没有好的媒人。看来，对做媒人的还有要求呢。如果没有父母的认可、没有媒人牵线和证婚，那就有违礼节，不符合约定俗成的婚姻法了。后来《礼记·婚义》对婚姻从议婚、订婚、请期到迎娶，都做出了明确的规定，这些传统一直延续了很长时间。那种私订终身当然被看作犹如钻洞、扒缝、翻墙的勾当，为世人所不齿。

古时候的士人盼望出去当官。首先当然与他们的基本生计有关，正如上文所言："士之仕也，犹农夫之耕也。"士人做官，就好比农夫耕田。但更重要的是施展自己的抱负，实现其历史使命。因此，在《告子下》中，孟子回答他的学生陈臻"君子如何则仕"时，分三种情况来阐述可以就职：一种是毕恭毕敬地以礼相迎，对他所说的话，表示打算去施行；第二种情况是虽然没有将他的言论付诸实践，但能毕恭毕敬地以礼相迎；第三种情况是从早到晚都吃不上饭，饿得走不出屋门，君主知道了，说："我从大的方面说不能推行他的主张，又不能听从他的进言，但他在我的国土上饿肚子，我为此感到耻辱。"于是赈济他，如果是这样，也可以接受，但只是为了免于一死罢了。由此可见，"迎之致敬以有礼"是孟子愿意出仕的基本原则。否则，在他看来，就像缔结婚姻未按社会公认的礼仪，应该予以唾弃。其实，更深入一点看，孟子认为，连基本礼仪都做不到，那样的国君是不能指望他能实现自己的政治主张，展现自己的宏大抱负的。

【原文】

[6.4] 彭更①问曰："后车数十乘，从者数百人，以传食于诸侯②，不以泰乎③？"

孟子曰："非其道，则一箪食不可受于人；如其道，则舜受尧之天下，不以为泰。子以为泰乎？"

曰："否。士无事而食，不可也。"

曰："子不通功易事，以羡补不足④，则农有余粟，女有余布。子如通之，则梓匠轮舆皆得食于子⑤。于此有人焉，入则孝，出则悌，守先王之道，以待后之学者，而不得食于子。子何尊梓匠轮舆而轻为仁义者哉？"

曰："梓匠轮舆，其志将以求食也。君子之为道也，其志亦将以求食与？"

曰："子何以其志为哉？其有功于子，可食而食之矣。且子食志乎？食功乎？"

曰："食志。"

曰："有人于此，毁瓦画墁⑥，其志将以求食也，则子食之乎？"

曰："否。"

曰："然则子非食志也，食功也。"

【注释】

① 彭更：孟子的学生。

② 传食：辗转受人供养。

③ 泰：过分。

④ 羡：剩余，有余。

⑤ 梓匠：木匠。轮：轮人，制车轮的人。舆：舆人，造车厢的人。

⑥ 墁（màn）：墙壁的涂饰。

【译文】

孟子的弟子彭更问："跟随先生后面的车有几十辆，跟从的门徒有几百人，这些人跟着先生由这一国吃到那一国，这不是太过分了吗？"

孟子说："如果不合正道，就连别人的一筐饭也不能接受；如果合乎正道，那么，即使像舜接受尧的天下那样，也不算过分。你认为舜过分吗？"

彭更说:"不!我只是认为士人不干活就有饭吃,是不合适的。"

孟子说:"你如果不让各种行当互通有无,交换产品,用多余的来补充不足的,农民就有多余的粮食,妇女就有多余的布匹;你如果让他们互通有无,那么,木匠和车工就都可以从你那里得到吃的。这里假设有个人,在家孝敬父母,在外尊敬长辈,恪守古代圣王的道义,让后世学者有所遵循,那么,他在你那里是得不到饭吃的;你为什么只看重木匠和车工而轻视讲求仁义之士呢?"

彭更说:"木匠和车工,他们的动机就是找口饭吃;君子讲求学术、推行王道,他们的动机也是找口饭吃吗?"

孟子说:"你为什么只论动机呢?如果他们对你有功劳,该给饭吃就给他们吃好了。况且你是根据动机给饭吃?还是根据功劳给饭吃?"

彭更说:"根据动机。"

孟子说:"那么假如这里有个人,毁坏屋瓦,在墙上乱画,他的动机是找口饭吃,你给他饭吃吗?"

彭更说:"不给。"

孟子说:"那么,你就不是根据动机,而是根据功劳给人饭吃了。"

【品鉴】

非其道,则一箪食不可受于人;如其道,则舜受尧之天下,不以为泰。

如何应对"无事而食"之疑,是士人站稳脚跟的首要问题。有了合法性,其他一切问题都迎刃而解。

孟子时代,不直接从事生产劳动的士阶层人数激增。以孟子的学生为例:"后车数十乘,从者数百人",这么庞大的一个团队,就像一所流动的学校,跟随老师在诸侯国之间不断迁徙。像这样的新兴知识阶层有没有存在的合理性？他们有没有社会价值？他们是不是"无事而食"？当时并没有什么明确的定论，连孟子的学生都觉得没有底气。孟子从社会分工的角度对诸如此类的问题给予了明确的回答。

孟子认为，士阶层的重要性就在于，他们"入则孝，出则悌，守先王之道，以待后之学者"。具体来说，一方面，从士阶层本身来看，他们"入则孝，出则悌"，既具有内在道德价值，又对社会产生了示范效应，为社会确立了行为准则。社会也正是这样看待的。例如，在《梁惠王下》中，记载了这样一件事：鲁平公将要出门去见孟子，他所宠信的侍臣臧仓加以阻止，理由就是国君降低身份主动去见一个普通人，一定是认为他很贤明，因为礼义是经由贤明的人推广的。但孟轲后来葬母的排场超出了先前葬父的礼仪，因此，要求鲁平公不要去见孟子。尽管臧仓所说的情况与事实未必相符（乐正子当即指出了只一点），但鲁平公最终也没有成行。这从另一侧面说明，士担负着引领社会道德风尚的使命。另一方面，从文化传承的角度看，他们"守先王之道，以待后之学者"。这就是说，士是道的担当者，他们继承了先王之道，并传之于后世，让后世学者有所遵循。

在后面的章节（《尽心上》）中，孟子还回答了他的学生关于"君子之不耕而食"的类似问题。孟子说：一方面，君子"其君用之，则安富贵尊荣"，使国家安定、富足，君上尊贵、荣耀；另一方面，"其弟子从之，则孝悌忠信"。年轻人信从他，就会孝敬父母，敬重长上，忠于职守，诚实守信。也就是说，一是在政治方面、一是在教育方面，都能产生看得见的功效。

综上所述，士阶层存在的意义主要有三个方面：政治价值——安富尊荣；道德价值——入孝出悌；文化价值——传承文化精神，守先王之道，以待后世学者。

"非其道，则一箪食不可受于人；如其道，则舜受尧之天下，不以为泰"。这是孟子提出的原则：如果不合正道，就连别人的一筐饭也不能接受；如果合乎正道，那么，就是像舜接受尧的天下那样，也不算过分。有了上述合法性证明，士阶层的正当活动，有什么值得怀疑的呢？

【原文】

[6.5] 万章问曰①："宋，小国也。今将行王政，齐楚恶而伐之，则如之何？"

孟子曰："汤居亳②，与葛为邻③，葛伯放而不祀④。汤使人问之曰：'何为不祀？'曰：'无以供牺牲也。'汤使遗之牛羊。葛伯食之，又不以祀。汤又使人问之曰：'何为不祀？'曰：'无以供粢盛也。'汤使亳众往为之耕，老弱馈食。葛伯率其民，要其有酒食黍稻者夺之⑤，不授者杀之。有童子以黍肉饷，杀而夺之。《书》曰：'葛伯仇饷⑥。'此之谓也。为其杀是童子而征之，四海之内皆曰：'非富天下也，为匹夫匹妇复仇也。'汤始征，自葛载⑦，十一征而无敌于天下。东面而征，西夷怨；南面而征，北狄怨，曰'奚为后我？'民之望之，若大旱之望雨也。归市者弗止，芸者不变，诛其君，吊其民，如时雨降。民大悦。《书》曰：'徯我后，后来其无罚！''有攸不惟臣，东征，绥厥士女，篚厥玄黄，绍我周王见休，惟臣附于大邑周⑧。'其君子实玄黄于篚以迎其君子，其小人箪食壶浆以迎其小人。救民于水火之中，取其残而已矣。《太誓》曰⑨：'我武惟扬，侵于之疆⑩，则取于残，杀伐用张，于汤有光。'不行王政云尔；苟行王政，四海之内皆举首而望之，欲以为君；齐楚虽大，何畏焉？"

【注释】

① 万章：孟子学生，齐国人。

② 亳（bó）：古地名，在今河南商丘。

③ 葛：古国名，故城在今河南宁陵。

④ 放：放纵，放肆。

⑤ 要（yāo）：拦截。

⑥ 葛伯仇饷：见今本《尚书·仲虺之诰》。

⑦ 载：开始。

⑧ "有攸不惟臣"等数句：见今本《尚书·武成》。攸：古国名。惟：为。篚（fěi）：盛放物品的竹器，这里作动词。玄黄：本指束帛之色，这里指代布帛。休：美。

⑨《太誓》：即"泰誓"，《尚书》篇名。

⑩ 于：即"邘"，古国名。

【译文】

万章问道："宋是个小国，现在想要实行王道政治，齐国、楚国因此厌恶它并想攻打它，该怎么办？"

孟子说："汤住在亳时，和葛国是邻国，葛伯放纵无道，不祭祀先祖。汤差人去问他：'为什么不祭祖先？'他说：'没有祭祀用的牲畜。'汤派人送他牛羊。葛伯把牛羊吃了，却不用来祭祀。汤又差人去问他：'为什么不祭先祖？'他说：'没有祭祀用的谷米。'汤派亳的老百姓去为他耕种，年老体弱的给种田的人送饭。葛伯却带着他的百姓，拦住那些送饭的人，抢夺他们带的酒肉饭菜，不肯给的就杀掉。有个孩子去送饭和肉，葛伯竟把他杀了，抢走饭和肉。《尚书》上说：'葛伯仇视送饭者。'说的就是这个。汤因为葛伯杀掉这个小孩子而讨伐他，四海之内的人都说：'他不是为了贪图天下的财富，而是为百姓报仇。'汤的征伐，从葛国开始，前后十一次，无敌于天下。他向东边出征，西边各族的百姓就埋怨他；他向南边出征，北边各族的百姓就不高兴，说，'怎么把我们放在后面？'老百姓盼望他，就像大旱时节盼望下雨。做生意的不用停止买卖，种田的照样下地干活。汤一面杀掉他们的暴君，一面安抚当地的人民，像及时雨从天而降，老百姓非常高兴。《尚书》说：'等待我们的王，王来了我们就不再受罪！'又说：'攸国不肯臣服，周王就向东征伐，安抚那里的男男女女，他们把黑色、黄色的布帛盛满了竹筐，请求介绍和周王相见，得到光荣，希望作大周的臣民。'当地的官员，把黑色、黄色的布帛盛满了竹筐，来迎接周王的官员，当地的百姓用筐盛饭，用壶盛酒来迎接周王的士兵。这就是因为周王出师把老百姓从水火之中解救出来，除掉了那残暴的君主。《尚书·太誓》说：'我们的威武要发扬，攻到邢国的疆土上，收拾邢国残暴君王，讨伐要把正义伸张，比起商汤来更辉煌。'不实行王道政治就罢了；如果实行王政，四海之内人们都会翘首盼望，要拥护他来做君王；齐国和楚国纵然强大，又有什么可怕的呢？"

【原文】

[6.6] 孟子谓戴不胜曰①："子欲子之王之善与？我明告子。有楚大夫于此，欲其子之齐语也，则使齐人傅诸。使楚人傅诸？"

曰："使齐人傅之。"

曰："一齐人傅之，众楚人咻之②，虽日挞而求其齐也，不可得矣；引而置之庄岳之间数年③，虽日挞而求其楚，亦不可得矣。子谓薛居州善士也④，使之居于王所。在于王所者，长幼卑尊皆薛居州也，王谁与为不善？在王所者，长幼卑尊皆非薛居州也，王谁与为善？一薛居州，独如宋王何？"

【注释】

① 戴不胜：宋国的臣。

② 咻（xiū）：喧哗，吵闹。

③ 庄：齐国的街名。岳：齐国的里名。

④ 薛居州：宋国的臣。

【译文】

孟子对戴不胜说："你想要你的君王走上善道吗？我来清楚地告诉你吧。假如这里有个楚国的大夫，想让他的儿子学会齐国话，那么，是请齐国人教他呢？还是请楚国人教他？"

戴不胜说："请齐国人教他。"

孟子说："一个齐国人教他说齐语，许多楚国人用楚语嚷嚷干扰他，那么即使天天鞭打他，逼他说齐国话，他也办不到；反之，带着他到齐国闹市的街巷里住上几年，即使天天鞭打他，逼他说楚国话，同样也办不到了。你常说薛居州是个好人，想让他住在王宫里。如果住在王宫里的人，不论年龄大小，地位高低都是薛居州那样的人，君王能和谁去做不好的事情呢？如果住在王宫里的人，不论年龄大小、地位高低都不是薛居州那样的人，君王又和谁一起去做好事呢？一个薛居州，能对宋王起什么作用呢？"

【品鉴】

一齐人傅之，众楚人咻之，虽日挞而求其齐也，不可得矣。

一傅众咻，难收预期之效；近朱者赤，贵在日积月累。

宋国大夫戴不胜，想推举大善人薛居州辅佐宋王行善，并对此寄予很高的期望。谁知孟子的一个比喻就让他大跌眼镜。

比喻很简单：楚国大夫想让儿子学会齐国语，让齐国老师在楚国教，结果一个齐人教，众多楚人闹，小孩子被用鞭子抽也学不会齐国话。把孩子送到齐国，住在闹市区，几年以后，就是用鞭子抽，也说不出楚国话了。

环境对于人的影响是很重要的。在西方，甚至有的哲学家认为"人是环境的产物"。"一傅众咻"这个成语，表达的是正面教导敌不过负面干扰。在这种情况下，难免孟子要对延请一个薛居州对宋王的作用表示怀疑了。

与此非常相似的就是人们经常提到的"近朱者赤，近墨者黑"了。其本意是：靠近朱砂的，会染上红色；靠近墨的，会染上黑色。但人的良好习性的养成，并不会这样立竿见影。要想"近朱者赤"，还需要有日积月累之功。

【原文】

[6.7] 公孙丑问曰："不见诸侯何义？"

孟子曰："古者不为臣不见。段干木逾垣而避之①，泄柳闭门而不纳②，是皆已甚；迫，斯可以见矣。阳货欲见孔子而恶无礼，大夫有赐于士，不得受于其家，则往拜其门。阳货瞰孔子之亡也③，而馈孔子蒸豚；孔子亦瞰其亡也，而往拜之。当是时，阳货先，岂得不见？曾子曰：'胁肩谄笑，病于夏畦④。'子路曰：'未同而言，观其色赧赧然⑤，非由之所知也。'由是观之，则君子之所养，可知已矣。"

【注释】

① 段干木：魏文侯时的贤者，曾师事孔子的学生子夏。逾（yú）：越过。

② 泄柳：春秋时鲁国人，曾为鲁穆公臣。

③ 瞰（kàn）：看，窥视。

④ 畦（qí 旧读 xī）：田园。

⑤ 赧赧（nǎn）：因羞愧而面红耳赤的样子。

【译文】

公孙丑问道："您不主动去谒见诸侯，是什么道理呢？"

孟子说："古时候，不是诸侯的臣属的话，就不去谒见。段干木翻墙以躲避魏文侯的来访，泄柳关起门来不接见鲁穆公，这都太过分了。如果对方执意要见，也是可以见的。阳货想召孔子来见，又怕孔子觉得自己无礼。按礼节规定，大夫对士有所赏赐，士如果没能在家里亲自接受，就该前往大夫家里去拜谢。于是阳货就等孔子不在家时，送蒸小猪给孔子。孔子也等阳货不在家时，前往拜谢。那时，如果阳货先来见孔子，孔子哪会不见他？曾子说：'耸着肩膀，做出媚笑去巴结人，比夏天在菜园里干活还累。'子路说：'跟别人明明合不来还要去搭话，面红耳赤一脸羞惭，这我就不能理解了。'从这些来看，君子怎样修养自己，就可以懂得了。"

【品鉴】

胁肩谄笑，病于夏畦。

未同而言，观其色赧赧然，非由之所知也。

曲意逢迎、降心相从，非君子修养之道。时间久了，不是人格分裂，就是同流合污。

曾子说:"耸着肩膀,做出媚笑去巴结人,比夏天在菜园里干活还累。"子路说:"跟别人明明合不来还要去搭话,面红耳赤一脸羞惭,这我就不能理解了。"前者很有道理,后者有些绝对。

【原文】

[6.8] 戴盈之曰①:"什一②,去关市之征,今兹未能③,请轻之,以待来年,然后已,何如?"

孟子曰:"今有人日攘其邻之鸡者,或告之曰:'是非君子之道。'曰:'请损之,月攘一鸡④,以待来年,然后已。'如知其非义,斯速已矣,何待来年?"

【注释】

① 戴盈之:宋国的大夫。
② 什一:十中抽一的田赋。
③ 兹:年。
④ 攘(rǎng):偷,盗窃。

【译文】

戴盈之说:"地租按十分抽一,免除关卡和集市的赋税,今年还办不到,愿意减轻一些,等到明年,然后完全实行,怎么样?"

孟子说:"譬如现在有个人,每天偷邻居家的鸡,有人告诉他说:'这不是君子的做法。'他说:'愿意少偷一些,每个月偷一只鸡,等到明年,然后完全改正。'如果知道做法不合道义,就应该赶快停止,为什么要等到明年?"

【品鉴】

如知其非义，斯速已矣，何待来年？

人非圣贤，孰能无过？过而能改，善莫大焉。朝过夕改，君子与之；知错必改，何待来时？

孟子是一个才思泉涌的人，看起来不经意打的比喻或信手拈来的故事，往往贴切而生动，极具感染力、说服力。

偷鸡贼每天偷鸡，被人指责还振振有词：改为每月偷鸡，执行一年后再说。既让人可笑，更觉得可气。

明知不合理、不合适、不合法、不合时宜，却久拖不议，议而不决，决而不办，办而不彻底，这种事情总是多见不怪的，值得关注。

【原文】

[6.9] 公都子曰①："外人皆称夫子好辩，敢问何也？"

孟子曰："予岂好辩哉？予不得已也。天下之生久矣，一治一乱。当尧之时，水逆行，泛滥于中国，蛇龙居之，民无所定。下者为巢，上者为营窟②。《书》曰：'洚水警余③。'洚水者，洪水也。使禹治之。禹掘地而注之海，驱蛇龙而放之菹④。水由地中行，江、淮、河、汉是也。险阻既远，鸟兽之害人者消，然后人得平土而居之。

"尧舜既没，圣人之道衰，暴君代作，坏宫室以为污池，民无所安息；弃田以为园囿，使民不得衣食。邪说暴行又作，园囿、污池、沛泽多而禽兽至。及纣之身，天下又大乱。周公相武王诛纣、伐奄，三年讨其君⑤，驱飞廉于海隅而戮之⑥，灭国者五十，驱虎、豹、犀、象而远之，天下大悦。《书》曰⑦：'丕显哉⑧，文王谟！丕承者，武王烈！佑启我后人，咸以正无缺。'

"世衰道微，邪说暴行有作⁹，臣弑其君者有之，子弑其父者有之。孔子惧，作《春秋》。《春秋》，天子之事也。是故孔子曰：'知我者其惟《春秋》乎！罪我者其惟《春秋》乎！'

"圣王不作，诸侯放恣，处士横议⑩，杨朱、墨翟之言盈天下⑪。天下之言不归杨，则归墨。杨氏为我，是无君也；墨氏兼爱，是无父也。无父无君，是禽兽也。公明仪曰：'庖有肥肉，厩有肥马；民有饥色，野有饿莩⑫，此率兽而食人也。'杨墨之道不息，孔子之道不著，是邪说诬民，充塞仁义也。仁义充塞，则率兽食人，人将相食。吾为此惧，闲先圣之道⑬，距杨墨，放淫辞，邪说者不得作。作于其心，害于其事；作于其事，害于其政。圣人复起，不易吾言矣。

"昔者禹抑洪水而天下平，周公兼夷狄，驱猛兽而百姓宁，孔子成《春秋》而乱臣贼子惧。《诗》云：'戎狄是膺，荆舒是惩，则莫我敢承⑭。'无父无君，是周公所膺也。我亦欲正人心，息邪说，距诐行，放淫辞，以承三圣者。岂好辩哉？予不得已也。能言距杨墨者，圣人之徒也。"

【注释】

① 公都子：孟子的学生。

② 营窟：土屋，相连为窟穴。

③ 洚（jiàng）：大水泛滥。"洚水警余"，语见《尚书·虞书·大禹谟》。

④ 菹（jù）：多水草的沼泽地带。

⑤ 伐奄三年讨其君：这是讲周成王时的事。

⑥ 飞廉：纣王时善于奔跑的人。这里与《史记·秦本纪》所载故事

有所不同。

⑦《书》曰：以下所引，见今本《尚书·君牙》。

⑧丕：宏大。

⑨有：同"又"。

⑩处士：没做官或不做官的士人。

⑪杨朱：战国时魏国人，晚于墨翟，早于孟子，属道家学派。墨翟：墨家学派创始人，春秋战国之际的鲁人，也有说宋人，学说见于《墨子》。

⑫莩（piǎo）：通"殍"，饿死的人。

⑬闲：捍卫。

⑭承：抵御。引诗见《诗经·鲁颂·閟宫》。

【译文】

公都子说："别人都说先生喜欢辩论，请问，这是为什么呢？"

孟子说："我难道喜欢辩论吗？我是出于不得已啊。天下自有人以来已经很久了，太平一时，动乱一时。在尧的时候，大水横流，到处泛滥，陆地成为蛇和龙的居所，百姓无处安身；低地的人在树上做巢，高地的人挖洞穴而居。《尚书》说：'洚水警告我们。'洚水就是洪水。尧让禹来治水。禹疏通河道，导流入海，把蛇和龙赶到荒草丛生的沼泽；使水顺着河床流泄，这就是长江、淮河、黄河和汉水。险阻消除了，害人的鸟兽也就消失了，从此以后人才能在平地上居住。

"尧、舜死后，圣人之道就衰落了，暴君相继出现，他们毁坏民房开挖深池，使老百姓无处安身；废弃农田建造园林，使老百姓得不到吃穿。荒谬的学说、暴虐的行为纷纷出现。园林、深池、沼泽一多，禽兽也跟着来了。到了纣的时候，天下又大乱。周公辅佐武王杀掉纣，又用三年的时间讨伐奄国，除掉奄国的国君，把飞廉赶到海边杀掉。消灭的国家达到五十个，把老虎、豹子、犀牛、大象赶到远方。天下人都很高兴。《尚书》说：'多么辉煌啊，文王的谋略！后继有人啊，武王的功业！扶助、启迪我们后人，都那么正确、完美无缺。'

"太平盛世和圣人之道又一次衰微了，荒谬的学说和残暴的行为再次出现，有臣子杀掉君主的，有儿子杀掉父亲的。孔子为此忧虑，写了《春秋》。《春秋》褒贬历史人物，这原是天子的职权。所以孔子说：'了解我的，只有通过《春秋》这部著作吧！责骂我的，也只是因为《春秋》这部著作吧！'"

"如今圣王不再兴起，诸侯无所顾忌，士人也乱发议论，杨朱、墨翟的学说满天飞。于是天下所有的主张，不是归附杨朱，就是归附墨翟。杨朱主张一切为己，这是目无君上；墨翟主张爱无差等，这是目无父母。目中无父，目中无君，这是禽兽啊。公明仪说：'厨房里有肥肉，马厩里有肥马，可是老百姓面露饥色，野外还有人饿死，这就等于率领野兽来吃人啊。'杨、墨的学说不消灭，孔子的学说不发扬，这会使百姓受到荒谬学说的欺骗，堵塞住仁义的道路。仁义的道路被堵塞，就等同带领禽兽吃人，人与人之间也将互相残杀。我为此忧虑，所以要捍卫古代圣人的学说，反对杨、墨，驳斥他们错误的言论，使荒谬言论不能产生。种种谬论从心里产生，就会妨害行动；妨害了行动，也就危害了政治。如果再有圣人兴起，也会同意我这番话的。

"从前禹制伏了洪水而天下太平，周公驱除了夷狄，赶跑了猛兽而百姓安宁，孔子编写了《春秋》而叛乱之臣不孝之子感到害怕。《诗经·鲁颂·閟宫》说：'打击戎狄，惩戒荆舒，就没有人敢和我作对。'目中无父、目中无君的人，正是周公所要惩罚的。我也想端正人心，消灭邪说，反对偏激的行为，驳斥荒唐的言论，来继承这三位圣人。这难道是喜欢辩论吗？我是出于不得已啊。能够用言论来反对杨、墨的，才是圣人的门徒啊。"

【品鉴】

孔子成《春秋》而乱臣贼子惧。

整理《春秋》，知我罪我；彰善瘅恶，树之风声。

孔子晚年回到鲁国以后，致力于教育事业，作成人材。同时，花大力气整理古代文献，成绩斐然。他潜心研究《诗》《书》《礼》《乐》《易》《春秋》等，如研究《易》时，韦编三绝，连贯穿简牍的牛皮绳都换过三次。孔子整理《春秋》时，发扬史书教化传统，虽然总体简略，但有褒有贬，包含微言大义，以至于叛乱之臣不孝之子都感到害怕。大概《春秋》算是孔子得意的文献整理成果，因此，他发出"知我"在此书的感叹；又由于在当时的历史条件下，多少有些越出常规，他认为"罪我"也在所难免。正因为有了孔子的努力，才使我们今天得以看到整个《春秋》中记载鲁国部分历史的这部书。

后来，孔子门徒对《春秋》研究不断深入，形成了《左氏传》《公羊传》和《穀梁传》，都列入了后来著名的《十三经》中。

圣人复起，不易吾言矣。

此间有真意，个中含自信。

孟子说：如果再有圣人兴起，也会同意我这番话的。

我亦欲正人心，息邪说，距诐行，放淫辞，以承三圣者；岂好辩哉？予不得已也。

孟子善辩，有破有立。其文气势磅礴，但批判过于严苛。

孟子说：我也想端正人心，消灭邪说，反对偏激的行为，驳斥荒唐的言论，来继承先圣。这难道是喜欢辩论吗？我是不得以啊。

孟子所处的时代，私人讲学流行、文化较为普及，士阶层已形成气候。这时，既有那些"一怒而诸侯惧，安居而天下熄"的纵横之士，也有希望所有人"并耕而食"的绝对平均主义者，还有自命清高、离群索居的所谓廉洁之士等。孟子在形容那个时代的状况时，用了"诸侯放恣，处士横议""仁义充塞""人将相食"这样的词汇，也就是说，那个时代诸侯无所忌惮，一般士人也乱发议论；仁义的道路被堵塞，人们之间互相残杀。因此，他觉得自己有责任、有义务来继承先圣，端正人心，消灭邪说，反对偏激的行为，驳斥荒唐的言论。孟子提出："善战者服上刑，连诸侯者次之"，反对不行仁政、鼓励征战的纵横家；他批判农家的绝对平均主义是南蛮𫄨舌之人用夷变夏，是"下乔木而入于幽谷"的倒退；他嘲笑离群索居的廉洁之士"（蚯）蚓而后充其操"；批判杨朱墨翟之学"杨氏为我，是无君也；墨氏兼爱，是无父也。无父无君，是禽兽也"。实际上，杨朱学说强调将一切建立在不侵犯别人，也不被别人侵犯的基础上；墨家强调无差别的兼爱，都有其合理之处。应该说，孟子的批判，往往言辞过于激烈，深入分析不够。

【原文】

[6.10] 匡章曰①："陈仲子岂不诚廉士哉②？居於陵③，三日不食，耳无闻，目无见也。井上有李，螬食实者过半矣④，匍匐往，将食之⑤；三咽，然后耳有闻，目有见。"

孟子曰："于齐国之士，吾必以仲子为巨擘焉⑥。虽然，仲子恶能廉？充仲子之操⑦，则蚓而后可者也。夫蚓，上食槁壤，下饮黄泉⑧。仲子所居之室，伯夷之所筑与，抑亦盗跖之所筑与？⑨所食之粟，伯夷之所树与，抑亦盗跖之所树与？是未可知也。"

曰："是何伤哉？彼身织屦，妻辟纑⑩，以易之也。"

曰："仲子，齐之世家也，兄戴，盖禄万钟⑪，以兄之禄为不义之禄而不食也，以兄之室为不义之室而不居也，辟兄离母⑫，处于於陵。他日归，则有馈其兄生鹅者，己频顣曰⑬：'恶用是鶂鶂者为哉？⑭'他日，其母杀是鹅也，与之食之。其兄自外至，曰：'是鶂鶂之肉也。'出而哇之。以母则不食，以妻则食之；以兄之室则弗居，以於陵则居之，是尚为能充其类也乎？若仲子者，蚓而后充其操者也。"

【注释】

① 匡章：齐国著名将军，齐威王时率兵御秦、宣王时率兵取燕。

② 陈仲子：又作於陵仲子，战国时齐国人。

③ 於（wū）陵：地名，在今山东长山县南。

④ 螬（cáo）：蛴螬，本指金龟子的幼虫。

⑤ 将：取。

⑥ 巨擘（bò）：大拇指。比喻杰出的人物。

⑦ 充：尽量展开，发挥。

⑧ 黄泉：指地下的泉水。

⑨ 盗跖（zhí）：春秋时有名的大盗，柳下惠的兄弟。

⑩ 辟：绩麻。纑（lú）：练麻。

⑪ 盖（gě）：地名，陈戴的采邑。

⑫ 辟：同"避"。

⑬ 频顣（cù）：又作"颦（pín）蹙（cù）"，皱缩眉鼻，表示不高兴。

⑭ 鶂鶂（yì）：鹅叫声，也借指鹅。

【译文】

匡章说:"陈仲子难道不是个真正的廉洁之士吗?他住在于陵时,三天没吃东西,饿得耳朵听不见,眼睛看不到。井边上有个李子,被金龟子吃了一大半,他爬了过去,拿来吃,咽了三口,耳朵才听得见了,眼睛才看得到了。"

孟子说:"在齐国的士人中,我一定把陈仲子当作首屈一指的。尽管这样,仲子就可以算作廉洁之士吗?要推广仲子的所作所为,那只有把人变成蚯蚓之后才能办到。蚯蚓,在地上就吃干土,在地下就饮黄泉。可是仲子所住的房子,是伯夷那样廉洁的人所建的呢?还是盗跖那样的强盗所建的呢?所吃的谷米,是伯夷那样廉洁的人所种的呢?还是盗跖那样的强盗所种的呢?这些都还不知道呢。"

匡章说:"这有什么关系呢?他自己编织草鞋,他的妻子绩麻练麻,用这些来换取生活用品。"

孟子说:"仲子生在齐国的大家族,他的哥哥陈戴,每年从盖邑得的俸禄有两万钟。他把哥哥的俸禄看作是不义之禄而不吃,把哥哥的房屋看作是不义之室而不住。避开哥哥,离开母亲,住在于陵。有一天回家,恰巧有个人送给他哥哥一只活鹅,仲子就皱着眉头说:'哪里用得着这个呃呃叫的东西?'过些时候,他的母亲杀了这只鹅,给了他吃。他的哥哥从外面回来,说:'这就是那呃呃叫的东西的肉呀。'仲子跑出去吐掉了。因为是母亲给的东西不吃,是妻子做的东西就吃;是哥哥的房子不住,是于陵的房子就住,这还能算扩充他的那种廉洁吗?假如像仲子那样,那就只有变成蚯蚓之后才能扩充那种操守了。"

卷七

离 娄 [上]

本卷共28章。大多比较简短，主要是孟子语录。

第1章讲成事须有法度，为政要因先王之道。第2章讲以尧舜为法，以桀纣为鉴。第3章讲仁为社会之本。第4章讲"反求诸己"之道。第5章讲立身的重要意义。第6章讲发挥巨室的带头作用。第7章讲天下有道，靠道德而不是靠强力。第8章讲一切得失荣辱皆由自取。第9章讲得民心者得天下，注重积累。第10章讲居仁由义，不自暴自弃。第11章讲求道不舍近求远，从亲亲敬长做起。第12章讲明善、诚身、悦亲、信友、获上、民治之道。第13章讲养老尊贤对治国的重要性。第14章讲因争地求富会导致战争，要予以惩处。第15章讲知人之道，看眼睛知德性。第16章论恭敬节俭。第17章讲男女授受不亲的原则性与灵活性。第18章讲父子之间不责善，交换孩子进行教育。第19章讲赡养老人养心志甚于养口体。第20章讲君正国定，要格君心之非。第21章讲赞美和非议都有意想不到的。第22章讲轻易说话不负责任。第23章讲人的毛病在好为人师。第24章讲尊师重道。第25章讲君子求道不为吃喝。第26章讲舜娶妻不告父母的权变。第27章讲仁义礼智之本在孝悌。第28章讲拥有天下之富贵，不如得意于父母。

【原文】

[7.1]孟子曰："离娄之明①，公输子之巧②，不以规矩③，不能成方圆；师旷之聪④，不以六律⑤，不能正五音⑥；尧舜之道，不以仁政，不能平治天下。今有仁心仁闻而民不被其泽⑦，不可法于后世者，不行先王之道也。故曰：徒善不足以为政，徒法不能以自行。《诗》云：'不愆不忘⑧，率由旧章⑨。'遵先王之法而过者，未之有也。圣人既竭目力焉，继之以规矩准绳⑩，以为方员平直，不可胜用也。既竭耳力焉，继之以六律正五音，不可胜用也；既竭心思焉，继之以不忍人之政，而仁覆天下矣。故曰：为高必因丘陵，为下必因川泽。为政不因先王之道，可谓智乎？是以惟仁者宜在高位。不仁而在高位，是播其恶于众也。上无道揆也⑪，下无法守也，朝不信道，工不信度，君子犯义，小人犯刑，国之所存者幸也。故曰：城郭不完⑫，兵甲不多，非国之灾也；田野不辟，货财不聚，非国之害也。上无礼，下无学，贼民兴，丧无日矣。《诗》曰：'天之方蹶⑬。无然泄泄⑭。'泄泄犹沓沓也。事君无义，进退无礼，言则非先王之道者，犹沓沓也⑮。故曰，责难于君谓之恭，陈善闭邪谓之敬，吾君不能谓之贼。"

【注释】

①离娄：又作离朱，相传是黄帝时人，百步之外能看到秋毫之末。

②公输子：名般（或作"班"），又叫"鲁班"，春秋时鲁国人，著名

的巧匠，建筑和木业工匠尊为"祖师"。

③ 规矩：圆规和角尺。

④ 师旷：字子野，春秋时著名音乐家，晋平公的太师，生而目盲，后来音乐造诣极高。

⑤ 六律：古代定音的标准。相传黄帝时伶伦截竹为管，以管长来分别声音，乐器的音调均以之为准，此即标示绝对音高的乐律。乐律共十二，阴阳各六。六律指六个阳律，即黄钟、太蔟、姑洗、蕤宾、夷则、无射。

⑥ 五音：指宫、商、角、徵、羽五个音阶。

⑦ 闻（wèn）：声誉。

⑧ 愆（qiān）：过错；差失。

⑨ 率：遵循。旧章：旧典文章，指先王的法度规章。引诗见《诗经·大雅·假乐》。

⑩ 准：测定平面的水平仪。绳：量直线的墨线。

⑪ 揆（kuí）：测度。

⑫ 完：牢固。

⑬ 蹶（guì）：动。

⑭ 泄泄（yì）：言语多的样子。以上引诗见《诗经·大雅·板》。

⑮ 沓沓：同"泄泄"，言语多的样子。

【译文】

孟子说："即便有离娄的目力，有鲁班的技巧，如果不靠圆规和曲尺，也无法画好方形和圆形；即便有师旷的耳力，如果不依据六律，也无法校准五音；即便有尧、舜的德行，如果不凭借仁政，也无法使天下太平。现在有些君王尽管有仁爱之心、有仁爱名声，但百姓却没有受到他们的恩泽，他的作为也不能被后世效法，就是因为没有实行先王之道的缘故。所以说，只有仁爱之心，不足以治理国家；只有规矩法度，也不会自动发挥作用。《诗经·大雅·假乐》说：'别出差错别遗漏，一切遵循旧典章。'遵循先王的法度而犯错误，是从来没有的。圣人运用目力达到极限，就用规、矩、准、绳来补充，度量制作方、圆、平、直的东西，用之不竭；圣人运用耳力达到极限，就用六律来补充校正五音，同样用之不竭；圣人为百姓用尽了心思，接着又制定法度推行仁政，于是，他们的仁爱也就泽被天下了。所以说，建高台一定要凭依丘陵，挖深池一定要凭依沼泽。治理国家不凭依先王之道，能说是明智吗？因此，只有仁人可以处在统治的地位。没有仁爱之心的人如果处在统治的地位，就会在民众中散布他的罪恶。一个国家在上的无道可循，在下的无法可守，朝廷不信道义，工匠不信尺度，官员违犯义理，百姓触犯刑法，而国家还能存在的，那是侥幸。所以说，内外城墙不坚固，兵器甲胄不够多，不是国家的灾难；田野没开辟，财物不集中，不是国家的祸害。在上的不知礼义，在下的不学法度，作乱的纷纷兴起，那么，国家的灭亡也就快了。《诗经·大雅·板》上说：'上天正在震动，群臣还在嚷嚷。'嚷嚷，就是喋喋不休。服事君主不讲义，进退出入不守礼，说起话来就非难先王之道，这就是喋喋不休。所以说，用仁政来要求君主，这叫'恭'；陈述善德、抑制邪说，这叫'敬'；认为君主不能行善，这叫'贼'。"

【品鉴】

不以规矩，不能成方圆。

没有法则，不得要领；没有标准，难成大事。规矩，有法则的意思。没有曲尺，画不好方形；没有圆规，画不好正圆。万事都有一定的法则，得其要领，轻而易举，问题迎刃而解；不得要领，事倍功半，结果也可想而知。

规矩，也有标准的意思。多人协同办大事，也须按照一定的标准和规范，这里涉及两个方面：用于调整物的规范和用来协调人的规范。调整物的规范，比如行业标准，没有它，产品之间、半成品之间难以对接，非得有个标准不可。既然是多人协同，那就还得规范、协调人的行为，这就需要有一定之规，以便人们有所遵循，也有奋斗目标。

规矩还有习惯的意思。社会共同体中人群的共同生活也会形成一定的习惯，待人处事要符合社会规范、人群习惯，这就是人们常说的守规矩。

战国时期，我国工艺和音乐已相当发达。那时已经发明了指南仪和计时器。孟子这里提到的公输子就是公输般，也作公输班，鲁国建筑师，故又称鲁班，是当时赫赫有名的能工巧匠，据说他发明了硙，即石磨；还发明了许多木制工具。后来建筑工匠和木业工匠尊为"祖师"。音乐方面，孟子提到的师旷，是春秋时晋平公的乐师，是当时最为著名的音乐家和音乐理论家，周秦的多部典籍如《左传》《国语》《礼记》等都记载有他的音乐理论。湖北随州曾侯乙墓出土的编钟等大批精美乐器，更是从一个侧面让人们看到了当时令人惊叹的音乐水平。这64件编钟，每钟两音，总音域跨五个八度，能演奏用和声、复调和转调等手法的多种乐曲。而曾国只是一个南方的偏远小国，钟上还有与周、楚、齐、晋等国律名和阶明对应的铭文。

徒善不足以为政，徒法不能以自行。

人治排斥法治，不能治理好国家；只重法不重人，法也不能发挥作用。

只有仁爱之心，不足以治理国家；只有规矩法度，也不会自动发挥作用。孟子在这里指出，只有治理好国家的善良愿望和仁义之心是不够的，还需要借助一定的法度。离娄传说是黄帝时人，以目力超人著称，《庄子·骈拇》中也提到他，称为离朱。据说能在百步之外看清秋天兽类绒毛的末梢、能在千步之外看清针尖。离娄固然有很好的眼力，还有技巧超群的鲁班，但如果没有圆规和曲尺，他们也无法画出极其标准的方形和圆形；师旷精通音律，有非凡的听力，但他还得靠六律来校准五音。孟子这时回到核心论题：尧、舜靠什么使天下太平？是仁政。在孟子看来，最好的法度就是圣王之道。

但是有了好的法度，最终还要人来贯彻。其实，在那个时代，孟子虽说要重视法度，但讲的依然是人治。孟子特别重视治国者的道德素质，认为只有仁人可以处在统治的地位。如果相反，只会在民众中散布他的罪恶。荀子在其书的《君道篇》中也讲："有治人，无治法。"荀子认为：有把国家搞乱的君主，而没有自行混乱的国家；有把国家治理好的人才，而没有让国家自行安定的法制。后羿的箭法没有失传，但后世的人并非都能百发百中；夏禹治国的法制依然存在，但夏朝并没有世代为王。可见，法制本身并不能有所建树，律令本身也不会自行实施；有用其法的人，法就起作用；没有用其法的人，法也就无用了。法制只是治国的开端，君子却是治国的根本。有了君子，即使法制不完善，也足以用于各个方面；没有君子，即使法制再完善，也不会根据情况灵活使用，依然会造成混乱。不懂立法含义而制定法律条文者，条文再完备，遇到实际问题时还是会手足无措。所以，英明的君主孜孜以求的是人才，而昏庸的君主孜孜以求的是权势。应该说，荀子上述对人才重要性的看法是很有道理的。问题是：在封建"家天下"的时代，少数的"治人"不可能实现真正的公平公正。

明清之际的著名思想家、史学家黄宗羲在其《明夷待访录》中说：

"论者谓有治人无治法,吾以为有治法而后有治人。"黄宗羲是在深入剖析了中国人治的积弊后,在新的历史时期提出的新看法,具有十分重要的启蒙意义。

今天,依法治国的理念可以说是深入人心了。但是,法如何体现社会进步的必然要求、体现广大民众的根本利益,法的精神如何得以贯彻、实现,仍然需要全社会做出不懈努力。

责难于君谓之恭,陈善闭邪谓之敬。

恭敬不是俯首帖耳,而应该激励向上,陈善闭邪。

恭敬一般是指严肃而有礼貌。根据宋儒的解释:恭和敬是统一的,恭是敬之见于外,敬是恭存之于中。一个是外在的,一个是内心的。

但在孟子那里,就不是这种意思了。他说:应该以难事责于君。而让他成为尧舜那样的君,就是尊君之大,因此要用仁政来要求君主,这叫"恭";开陈善道,陈述善法美政,借以禁闭君主之邪心、堵住君主的妄念,这叫"敬"。

韩愈在其《应科目时与人书》中说:"若俯首帖耳,摇尾而乞怜者,非我之志也。"仅仅是俯首帖耳的那种所谓恭敬,是有志之士所不齿的。

【原文】

[7.2]孟子曰:"规矩,方员之至也;圣人,人伦之至也。欲为君,尽君道;欲为臣,尽臣道。二者皆法尧、舜而已矣。不以舜之所以事尧事君,不敬其君者也;不以尧之所以治民治民,贼其民者也。孔子曰:'道二,仁与不仁而已矣。'暴其民甚,则身弑国亡;不甚,则身危国削,名之曰'幽'、'厉'①,虽孝子慈孙,百世不能改也。《诗》云:'殷鉴不远②,在夏后之世③。'此之谓也。"

【注释】

① 幽、厉：都是含贬义的谥号，周朝有幽王、厉王。

② 鉴：铜镜。意指借鉴。

③ 后：君主、帝王。夏后：夏王，指桀。引诗见《诗经·大雅·荡》。

【译文】

孟子说："规和矩，是衡量方和圆的极致；圣人，是处理人伦关系的楷模。要做君王，就应该尽君之道；要做臣子，就应该尽臣之道。二者都只要效法尧、舜就足够了。不用舜服事尧的态度和方式来服事君主，就是对君主不恭敬；不用尧治理百姓的态度和方式来治理百姓，就是残害百姓。孔子说：'路只有两条，仁和不仁，如此而已。'暴虐百姓严重的，不但自己会被杀，国家也会灭亡；不严重的，也会使自己遭遇危险，国家受到削弱，死后加上'幽''厉'这样的谥号，即使有孝子贤孙，经历一百代也改变不了这个坏名声。《诗经·大雅·荡》上说：'殷商的借鉴并不遥远，就在夏王桀的时代。'说的就是这个意思。"

【品鉴】

欲为君，尽君道；欲为臣，尽臣道。

上下有序，各司其职。有序无疑是社会繁荣发展的基础。但秩序是否合理更值得人们思考。

《论语》记载：齐景公曾经问孔子如何治理国家。孔子回答说："做君主的要像君主的样子，做臣子的要像臣子的样子，做父亲的要像父亲的样子，做儿子的要像儿子的样子。"齐景公说："讲得好呀！的确如你所说，君不像君，臣不像臣，父不像父，子不像子，虽然有粮食，我能吃得上吗？"这就是人们熟悉的"君君，臣臣，父父，子子"的出处。在儒家看来，按照尧舜这些"人伦之至"流传下来的典范，调整君臣乃至整个社会关系，是重建国家秩序的重要工作。

【原文】

[7.3] 孟子曰："三代之得天下也以仁，其失天下也以不仁。国之所以废兴存亡者亦然。天子不仁，不保四海；诸侯不仁，不保社稷①；卿大夫不仁，不保宗庙②；士庶人不仁，不保四体③。今恶死亡而乐不仁，是犹恶醉而强酒④。"

【注释】

① 社稷：土神和谷神，指代国家。

② 宗庙：祭祀祖先的处所。卿大夫有采邑然后有宗庙，这里指代卿大夫的采邑。

③ 四体：四肢。

④ 恶（wù）：讨厌；强（qiǎng）：勉强。

【译文】

孟子说："夏商周三代取得天下是因为仁，失去天下则是因为不仁。国家之所以衰落、兴盛、生存、灭亡也都是这个道理。天子如果不行仁，就不能保有自己的天下；诸侯如果不行仁，就无法保有自己的国家；卿大夫如果不行仁，就不能保有自己的祖庙；士人和普通老百姓如果不行仁，就无法保全自己的身体。现在人们厌恶死亡而又以不仁为乐，这好比厌恶醉酒却又使劲灌酒一样。"

【品鉴】

今恶死亡而乐不仁，是犹恶醉而强酒。

恶醉强酒，明知故犯；得失以仁，弃恶行善。

"恶醉强酒"这个成语就是出自《孟子》，说的是怕醉却偏要喝酒。比喻明知故犯。孟子从夏商周的历史变迁总结的经验就是：得天下是因为仁，失天下则是因为不仁。就像孔子说的：路只有两条，仁和不仁，如此而已。但诸侯国的君王们往往怕亡国又喜欢行不仁之事，因此，孟子用这个比喻来加以讽刺。

【原文】

[7.4] 孟子曰："爱人不亲，反其仁；治人不治，反其智；礼人不答，反其敬。行有不得者皆反求诸己，其身正而天下归之。《诗》云：'永言配命①，自求多福。'"

【注释】

① 言：语助词。引诗见《诗经·大雅·文王》。

【译文】

孟子说："爱护别人，别人却不亲近自己，那就回过头来检讨自己是否够仁；管理别人，却管理不善，那就回过头来检讨自己是否够智；礼貌待人，别人却不回应，那就回过头来检讨自己是否够敬。凡是行为没有达到预期效果的，都要回过头来在自己身上找原因，自己端正了，天下的人自然归附他。《诗经·大雅·文王》上说：'永远配合天的命令，自己寻求更多福祉。'"

【品鉴】

行有不得者皆反求诸己。

行为没有取得预期效果，都要从自己方面找原因。

"反求诸己"，是孟子思想的重要原则之一，也是儒学的基本思想。

据《论语·卫灵公》记载，孔子讲过："君子求诸己，小人求诸人。"意思是说，君子要求自己，小人要求别人。君子遇到事情总是先从自身找原因，而不是一味把责任推给他人，掩盖自己的错误。曾子也说："吾日三省吾身。"即每天多次反省自己。

反求诸己是通过自我检查，向自身内在追求真理的方法。譬如说，我们在《公孙丑上》讨论过的：射手先端正自己的姿势，然后把箭射出；箭射了出去但没有射中，怨不得胜过自己的人，只能回过头来，在自己那里找原因。再如《离娄下》：假如这里有个人，他对我粗暴无理，那么，君子一定自我反省：我一定不够仁德，一定无礼，否则这种事怎么会落到我头上？自我反省之后认为自己合乎仁德和礼仪，那人还是这样粗暴无理，就再次自我反省，是不是不够尽心？反省的结果自己确实没问题，那只能说：这只是个狂妄之人。既然这样，他就和禽兽没区别，也就没什么可责备的了。因此，君子只有如何成就为圣人这种终身的忧虑，而没有朝夕的痛苦。还有，像这段文字提到的：爱人不亲、治人不治、礼人不答等，凡事都要从自我找原因，从内心深处探求行为为什么没有取得预期效果。孟子认为，只要诚心诚意地进行自我反省，就可以由自身内在的道德法则推广到宇宙万事万物，体会到最高道德境界所赋予的最大快乐。"万物皆备于我矣。反身而诚，乐莫大焉"。

【原文】

[7.5] 孟子曰："人有恒言，皆曰'天下国家'。天下之本在国，

国之本在家,家之本在身。"

【译文】

孟子说:"人们常说的一句老话是'天下国家'。天下的基础是国,国的基础是家,家的基础是个人。"

【品鉴】

天下之本在国,国之本在家,家之本在身。

天下由个人逐层整合而成,因此,应该对个人予以高度关注。

天下的基础在国,国的基础在家,家的基础在个人。因此,个人值得高度关注。每个人的完满发展,实际上就是对天下的重大贡献。

当今社会对个人的关注应该是全方位的,但在传统儒家学者那里,关注更多的还是个人的修身问题。在儒家文献《大学》中,也有类似的表述:"古之欲明明德于天下者,先治其国;欲治其国者,先齐其家;欲齐其家者,先修其身。"倒过来说,就是"身修而后家齐,家齐而后国治,国治而后天下平"。这就是所谓的修、齐、治、平,概括地说,就是"内圣外王",这正是儒家的生命理想。

这里,"天下"是一个最大的共同体。春秋时代,周室天子仍然存在,与各国公室诸侯尚保持着制度性的君臣关系。到了战国时代,它只是一种理想、一个象征。"国"也不同于现在的国家概念,主要指周天子分封天下以后形成的各个"诸侯国"。"家"的意思也不同于现在的家庭,而是指卿大夫的家,其构成与规模,仅次于诸侯国,是诸侯国的重要组成部分。

明清之际的著名思想家、史学家黄宗羲在其《明夷待访录·原君》中说:"天下之治乱,不在一姓之兴衰,而在万民之忧乐。"孟子就曾说:

"民为贵，社稷次之，君为轻。"这些思想都是极有见地的。

【原文】

[7.6] 孟子曰："为政不难，不得罪于巨室①。巨室之所慕，一国慕之；一国之所慕，天下慕之；故沛然德教溢乎四海②。"

【注释】

①巨室：指有声誉的卿大夫家。这里指有声誉的卿大夫。
②沛：丰盛，广阔，充足。

【译文】

孟子说："治国理政不难，只要不招致那些在国中有声誉的卿大夫们怨怒就可以了。因为那些贤明的卿大夫们所思慕的，一国人都会思慕；一国的人所思慕的，天下的人都会思慕。所以道德教化就浩浩荡荡地遍及天下了。"

【品鉴】

为政不难，不得罪于巨室。

注重示范作用，是古今通则。

在国家里，有声誉的卿大夫们的态度，实际上是其他世家望族的风向标，能够不招致这些卿大夫们怨怒，就意味着能够逐步使道德教化推广开来。这就是卿大夫的示范作用。

孟子非常注重示范作用这一方法论原则。在其他地方，孟子也谈到他的这些观点。譬如，在本节后面的文字中，孟子分析文王兴起的重要原因时，就注意到"西伯善养老者"，是一个有仁德的人，因此吸引来了当时天下最德高望重的两位老人：伯夷和姜太公。他们当时一个在北海岸边，一个在东海之滨。这样富有示范性作用的老者不约而同归附了西伯，这就好比天下人的父亲都归附了西伯。他们的儿子还会到哪儿去呢？结果可以想见。这就是孟子的分析。

【原文】

[7.7] 孟子曰："天下有道，小德役大德①，小贤役大贤；天下无道，小役大，弱役强。斯二者，天也。顺天者存，逆天者亡。齐景公曰：'既不能令，又不受命，是绝物也。'涕出而女于吴②。今也小国师大国而耻受命焉，是犹弟子而耻受命于先师也。如耻之，莫若师文王。师文王，大国五年，小国七年，必为政于天下矣。《诗》云：'商之孙子，其丽不亿③。上帝既命，侯于周服④。侯服于周，天命靡常⑤。殷士肤敏⑥，祼将于京⑦。'孔子曰：'仁不可为众也。夫国君好仁，天下无敌。'今也欲无敌于天下而不以仁，是犹执热而不以濯也⑧。《诗》云：'谁能执热，逝不以濯？'⑨"

【注释】

① 小德役大德：即"小德役于大德"。役：役使。

② 女（nù）：嫁女。史载齐景公把女儿嫁给吴王阖庐，送行到郊外，哭着说："我死也见不到你了。"虽以为耻，但迫于吴国的强力而无可奈何。

③ 丽：数目。亿：古数量单位，周代称十万为亿。这里形容众多。

④ 侯于周服：乃臣服于周。侯，语助词，乃，于是。

⑤ 靡常：无常。

⑥ 肤：美。

⑦祼（guàn）将：助祭。祼，也作"灌"，古代一种祭礼，称"灌鬯（chàng）礼"。祭祀时，将酒洒在白茅上，以迎神接鬼。将，扶助。京：指周的京师镐京。

⑧执热：酷热，热得难以解脱。濯（zhuó）：洗涤。

⑨逝：发语词。

【译文】

孟子说："天下有道的时候，道德较低的人乐于服从道德较高的人安排，不太贤明的人乐于接受贤明的人安排；天下无道的时候，力量小的被力量大的奴役，力量弱的被力量强的控制。这两种情况的出现，都是天意的体现。顺从天意的就能生存，违逆天意的只有灭亡。齐景公说：'对邻国既不能发号施令，又不愿听从他们的命令，这是绝路一条啊。'于是他流着泪把女儿嫁到吴国。如今小国以大国为师而又耻于听从别人命令，这就像弟子耻于听命于老师一样。如果真的感到耻辱，不如向文王学习。如果效法文王，大国只需五年，小国只需七年，一定能统治天下。《诗经·大雅·文王》上说：'殷商的子孙，数目哪止十万。上天已有命令，于是向周归顺。之所以向周归顺，是因为天命并不固定，商臣尽管漂亮聪明，也一样助祭于镐京。'孔子说：'仁德不在于人多势众。国君如果爱仁，就可以无敌于天下。'现在有人想要无敌于天下却不行仁政，这就像热得难受却不愿洗澡一样。《诗经·大雅·桑柔》说：'谁能热得难受，却不前去洗澡？'"

【品鉴】

顺天者存，逆天者亡。

自然和历史的法则，只能遵循、不能违背。

早期思想家往往把自然和历史的法则称为"天命",仿佛有外在的命令者,但却是贯穿于内在过程的。这些法则要表达出来,自然要靠人、靠思想者。因此,北宋著名思想家张载提出,思想家的使命就是:"为天地立心,为生民立命,为往圣继绝学,为万世开太平。"当然,思想者总结的关于自然和历史法则属于一种主观的逻辑,自然和历史的法则本身则是一种客观的逻辑。他们二者之间有同有异、有分有合。前者正是在历史发展的起起伏伏中贴近后者。

天下有道的时候,道德在评价体系中占据重要位置;天下无道的时候,强力替代道德在评价体系中占据重要位置。这就是孟子总结的法则之一。

【原文】

[7.8] 孟子曰:"不仁者可与言哉?安其危而利其菑①,乐其所以亡者。不仁而可与言,则何亡国败家之有?有孺子歌曰:'沧浪之水清兮②,可以濯我缨③;沧浪之水浊兮,可以濯我足。'孔子曰:'小子听之!清斯濯缨,浊斯濯足矣。自取之也。'夫人必自侮,然后人侮之;家必自毁,而后人毁之;国必自伐,而后人伐之。《太甲》曰④:'天作孽,犹可违;自作孽,不可活。'此之谓也。"

【注释】

① 菑(zāi):同"灾"。

② 沧浪:水名。

③ 缨:系在脖子上的帽带。

④ 太甲:《尚书》的篇名。

【译文】

孟子说:"失去仁之本性的人,还能同他商议吗?这种人把危险当安全,把灾难当有利,把导致灭亡的事当快乐。这种人如果还可以同他商议的话,哪还会有亡国败家的事呢?小孩子的歌谣里唱道:'沧浪水、清又清,可以洗我的帽缨;沧浪水、浊又浊,可以洗我的双脚。'孔子说:'弟子们听着!水清就能洗帽缨,水浊只有洗双脚。这都取决于水本身啊。'人,一定是自取侮辱,然后才被别人侮辱;家,一定有自身被毁的原因,然后才被别人毁掉;国家,一定是自招攻伐,然后才被别人攻伐。《尚书·太甲》说:'天降灾祸还可避开,自己造孽不能活命。'说的就是这个意思。"

【品鉴】

清斯濯缨,浊斯濯足矣。自取之也。夫人必自侮,然后人侮之。

天作孽,犹可违;自作孽,不可活。

切己反观,自立自强。一切得失荣辱皆由自取,还是从仁开始吧。

同为沧浪之水,清的可以用来洗帽缨,浊的只能用来洗双脚。差别就在水本身。既然自身是基础,那就要自立自强。苦其心志,劳其筋骨在所应当。

修养要注重切己反观,遇事先从自身找原因。"苍蝇不叮无缝的蛋",受到侮辱,一定有招致侮辱的内在因素。家、国也是一样。天降灾难,还可躲避;自作罪恶,不能活命。孟子的万应药方是:首先从找回仁心、养成仁德开始吧。

【原文】

[7.9]孟子曰:"桀纣之失天下也,失其民也;失其民者,失其

心也。得天下有道，得其民，斯得天下矣。得其民有道，得其心，斯得民矣。得其心有道，所欲与之聚之，所恶勿施，尔也。民之归仁也，犹水之就下、兽之走圹也①。故为渊驱鱼者②，獭也；为丛驱爵者③，鹯也④；为汤武驱民者，桀与纣也。今天下之君有好仁者，则诸侯皆为之驱矣。虽欲无王，不可得已。今之欲王者，犹七年之病求三年之艾也⑤。苟为不畜，终身不得。苟不志于仁，终身忧辱，以陷于死亡。《诗》云：'其何能淑⑥，载胥及溺⑦。'此之谓也。"

【注释】

① 圹（kuàng）：野外，旷野。

② 为（wèi）：佑助；帮助。

③ 爵：同"雀"。

④ 鹯（zhān）：一种喜食雀的猛禽。

⑤ 艾：艾草。叶子制成艾绒可供针灸用。

⑥ 其：指朝内君臣。淑：好。

⑦ 载：则。胥：相互。及：至于。引诗见《诗经·大雅·桑柔》。

【译文】

孟子说："桀、纣失去天下，是因为失去了百姓的支持。失去百姓的支持，是因为失去了民心。得天下是有方法的：如果得到了百姓的支持，就能得到天下。得到百姓的支持也是有方法的：如果得民心，就能得到百姓的支持。得民心的方法是：百姓想要的，就为他们聚积；百姓厌恶的，不要强加给他们。老百姓归服仁政，就像水往下流一样自然，野兽往旷野跑一样欢喜。因此，帮助深池把鱼赶来的，是水獭；帮助森林把鸟雀赶来的，是猛鹰；为商汤、武王把老百姓赶来的，是桀和纣这样的暴君。现在天下如果有君王愿意行仁政，那么，别国的百姓就会像被他们的国君驱赶一样来投奔他。这样，他即使不想统一天下，也办不到了。现在（不行仁政却）想统一天下，就像病了七年，却突然想要得到干了三年的好艾草来治病。如果还不留意积累，那到死也是不可能得到的。如果不立志行仁政，那么即使一辈子历经忧患屈辱，最终还是会陷于死亡之地的。《诗经·大雅·桑柔》说：'他们哪能变好？只有一同溺水。'说的就是这个意思。"

【品鉴】

得天下有道：得其民，斯得天下矣。得其民有道：得其心，斯得民矣。得其心有道：所欲与之聚之，所恶勿施尔也。

得民心者得天下，不论利与害、忧与乐、好与恶，"与民同之"是根本。

七年之病求三年之艾。

平时不烧香，临时抱佛脚。

《庄子·逍遥游》里有："适百里者，宿舂粮；适千里者，三月聚粮。"意思是：到百里远的地方去，就要准备过夜的粮食；而到千里之外的地方去，就需要准备三个月的粮食了。病了七年，没有任何准备，却突然想要得到干了三年的好艾草来治病，恐怕有些困难了。

【原文】

[7.10] 孟子曰："自暴者①，不可与有言也。自弃者，不可与有为也。言非礼义②，谓之自暴也。吾身不能居仁由义，谓之自弃也。仁，人之安宅也；义，人之正路也。旷安宅而弗居，舍正路而不由，哀哉！"

【注释】

① 暴：糟蹋，损害。

② 非：毁、破坏。

【译文】

孟子说："自己残害自己的人，不可能同他有什么商议；自己抛弃自己的人，不可能和他有什么作为。说话诋毁礼义，这便叫作自己残害自己。自以为不能以仁居心，由义而行，这便叫作自己抛弃自己。仁，是人最安稳的住所；义，是人最中正的道路。空着安稳的住所而不住，舍弃中正的道路而不走，真可悲啊！"

【品鉴】

自暴者，不可与有言也。自弃者，不可与有为也。

自暴自弃，难有作为。

孟子说：自己残害自己的人，不可能同他有什么商议；自己抛弃自己的人，不可能和他有什么作为。南宋著名哲学家朱熹和吕祖谦在所编《近思录·为学》中提道："懒意一生，便是自暴自弃。"文天祥《何晞程名说》中有："苟有六尺之躯，皆道之体，不可以其不可能而遂自暴自弃也。"越是艰难困苦，越要自强自立。

【原文】

[7.11] 孟子曰："道在迩而求诸远①，事在易而求诸难：人人亲其亲，长其长，而天下平。"

【注释】

① 迩：近。

【译文】

孟子说："道路就在近边，却到远处去找；事情本来容易，却往难处去办——只要每个人爱自己的双亲，尊敬自己的上级，天下就太平了。"

【品鉴】

道在迩而求诸远，事在易而求诸难。

道不远人。不要舍近求远、舍易求难，还是从身边的事做起吧。

【原文】

[7.12] 孟子曰："居下位而不获于上，民不可得而治也。获于上有道，不信于友，弗获于上矣。信于友有道，事亲弗悦，弗信于友矣。悦亲有道，反身不诚，不悦于亲矣。诚身有道，不明乎善，不诚其身矣。是故：诚者，天之道也；思诚者，人之道也。至诚而不动者，未之有也；不诚，未有能动者也。"

【译文】

孟子说："身居下级的地位而不能得到上级的信任，是不能治理好百姓的。要得到上级的信任有方法，那就是得到朋友的信任。假如不能取信于朋友，就不能得到上级的信任。要取信于朋友有方法，那就是得到父母的欢心。侍奉双亲而不能让他们高兴，就不能取信于朋友。要让双亲高兴有方法，那就是诚心诚意。反躬自问而心意不诚，就不能让双亲高兴。要使自己诚心诚意有方法，那就是明白什么是善。不明白善的道理，就不能使自己诚心诚意。因此，诚，是天道；想做到诚，是人道。极其诚心而不能使别人动心，那是没有的事；不诚心，也就从来不会使人动心。"

【品鉴】

诚者，天之道也；思诚者，人之道也。

天人相关。真实不妄是天道，真诚无伪是人道。

自然是一种真实的存在，这种真实存在的天道之"诚"（实然），正是人道之"诚"（应然或当然）的根据。孟子认为，要做到"诚"，首先应该了解什么是善。在此基础上，孟子勾勒出了从"明善—诚身—悦亲—信友—获上—民治"这样一条逻辑主线，这条主线以"推己及人"为主要思维原则，逐层推展。这与《大学》中"格物—致知—诚意—正心—修身—齐家—治国—平天下"的基本思路既相一致，又有区别。

【原文】

[7.13] 孟子曰："伯夷辟纣①，居北海之滨，闻文王作，兴曰：'盍归乎来②！吾闻西伯善养老者③。'太公辟纣④，居东海之滨，闻文王作⑤，兴曰：'盍归乎来！吾闻西伯善养老者。'二老者，天下之大老也，而归之，是天下之父归之也。天下之父归之，其子焉往？诸侯有行文王之政者，七年之内，必为政于天下矣。"

【注释】

① 辟：同"避"，躲避。
② 盍：何不。来：语气助词。
③ 西伯：即周文王。

④ 太公：即姜太公吕尚，本姓姜，先人封地在吕。

⑤ 作：兴起。

【译文】

孟子说："伯夷避开商纣，住在北海岸边，听说文王奋发有为，便振作起来，说：'为什么不投奔他！我听说西伯是善于赡养老人的人。'姜太公避开商纣，住在东海岸边，听说文王奋发有为，便振作起来，说：'为什么不投奔他！我听说西伯是善于赡养老人的人。'这两位老人，是天下最德高望重的老人。他们归附了西伯，这就好比天下人的父亲都投奔了西伯。天下人的父亲都投奔西伯了，他们的儿子还会到哪儿去呢？现在国君如果有能实行文王之政的，不出七年，就一定能统治天下。"

【原文】

[7.14] 孟子曰："求也为季氏宰①，无能改于其德，而赋粟倍他日。孔子曰：'求非我徒也，小子鸣鼓而攻之可也。'②由此观之，君不行仁政而富之，皆弃于孔子者也，况于为之强战？争地以战，杀人盈野；争城以战，杀人盈城，此所谓率土地而食人肉，罪不容于死③。故善战者服上刑④，连诸侯者次之⑤，辟草莱、任土地者次之⑥。"

【注释】

① 求：孔子的学生冉求，字子有。季氏：鲁国大夫。宰：家臣。

②"孔子曰"句：《论语·先进》上说："季氏富于周公，而求也为之聚敛而附益之。子曰：'非吾徒也，小子鸣鼓而攻之，可也。'"

③ 容：宽容；原谅。

④ 善战者：善于带兵打仗的人。上刑：重刑。
⑤ 连诸侯：连接诸侯，指主张合纵或连横的纵横家。
⑥ 辟草莱、任土地者：辟草莱，开垦荒地。任土地，利用土地。孟子指的是这些主张并不是为百姓着想，而只是为了统治者的私利，为争夺土地和人民。

【译文】

孟子说："冉求任季氏的家臣，没能改善他的德行，反而使田租比以前增加了一倍。孔子说：'冉求不再算我的学生，你们可以敲响大鼓批判他。'由此看来，不帮助君主实行仁政，但却帮助他聚敛财富的人，都是被孔子鄙弃的，何况那些竭力为君主作战的人？为争夺土地去作战，杀死的人遍布原野；为争夺城池去作战，杀死的人遍布城池，这就叫作带领土地吃人肉，死刑都不足以惩罚他们的罪行。因此，善于作战的人应该受最重的刑罚；联合诸侯、挑起战事的人受次一等的刑罚；开垦荒地、利用土地备战的人受再次一等的刑罚。"

【品鉴】

故善战者服上刑，连诸侯者次之。

孟子一生，致力于推行仁政，反对战争。

面对"争地以战，杀人盈野；争城以战，杀人盈城"的现实惨状，孟子所做的不仅仅是寄予深切同情，他游走于诸侯国之间，力劝君王行仁政，企图从根本上遏止战争。他甚至主张让善战的人受到最重的刑罚，让鼓吹合纵连横的人受次一等的刑罚，倡导开荒备战的人也应受到惩处。这些都体现了他鲜明的反战思想。

【原文】

[7.15] 孟子曰："存乎人者①，莫良于眸子②。眸子不能掩其恶。胸中正，则眸子瞭焉③，胸中不正，则眸子眊焉④。听其言也，观其眸子，人焉廋哉⑤！"

【注释】

① 存：观察。

② 眸子：瞳仁。

③ 瞭（liǎo）：明亮。

④ 眊（mào）：眼睛失神，看不清楚。

⑤ 廋（sōu）：藏匿。

【译文】

孟子说："观察一个人，没有比观察他的眼睛更好的了。因为眼睛不能掩饰人的邪恶。内心正直，眼睛就显得明亮；心术不正，眼睛就显得昏暗。听人说着话，观察他的眼睛，这人的善恶哪能藏得住呢！"

【品鉴】

存乎人者，莫良于眸子。

听其言也，观其眸子，人焉廋哉！

眼睛是心灵的窗户。

《大学·诚意》中说："诚于中，形于外。"意思是说，人心中的所思所想一定会真实的、完完全全的表露出来，并反映在他的行为中。

孔子听人说话，不喜欢夸夸其谈，认为："巧言令色，鲜矣仁！"（《论语·学而》）如果有人说话花言巧语，即使表情再和善，要孔子判断的话,此人也是缺乏仁德的。

孟子说:观察一个人,没有比观察他的眼睛更好的了。孟子这话,说不定在心理学上还是一个重要的发现呢。

这说明,古人是非常强调言行一致、反对口是心非的。

当然,现实情况要复杂得多,孟子又语焉不详,这里所说的观察"眸子"的具体细节,如果加以放大,并做一刀切的处理,就未必准确了。

【原文】

[7.16] 孟子曰:"恭者不侮人,俭者不夺人。侮夺人之君,惟恐不顺焉,恶得为恭俭?恭俭岂可以声音笑貌为哉?"

【译文】

孟子说:"谦恭的人不会去侮辱别人,节俭的人不会去掠夺别人。侮辱、掠夺别人的那种国君,唯恐别人不顺从他,怎么能做得到谦恭和节俭?谦恭和节俭这两种品德,难道能用声音和笑貌就可以做到吗?"

【原文】

[7.17] 淳于髡曰①:"男女授受不亲,礼与?"

孟子曰:"礼也。"

曰:"嫂溺,则援之以手乎?"

曰:"嫂溺不援,是豺狼也。男女授受不亲,礼也。嫂溺,援之以手者,权也②。"

曰:"今天下溺矣,夫子之不援,何也?"

曰:"天下溺,援之以道。嫂溺,援之以手。子欲手援天下乎?"

【注释】

① 淳于髡：姓淳于，名髡，著名学者。曾在齐威王、齐宣王和梁惠王处做官。

② 权：变通。

【译文】

淳于髡说："男女之间不能亲手递接东西，这是礼制定的吗？"

孟子说："是礼制规定的。"

淳于髡说："要是嫂嫂掉到水里了，那要用手拉她吗？"

孟子说："嫂嫂掉到水里了不去拉她，那就是豺狼。男女之间不亲手递接，是礼制的规定。嫂嫂掉到水里用手拉她，是变通的办法。"

淳于髡说："现在天下都掉到水里了，先生却不拉一把，这是为什么呢？"

孟子说："天下掉到了水里，要靠道来援救。嫂嫂掉到了水里，可用手去援救。你难道就想靠手来援救天下吗？"

【品鉴】

男女授受不亲，礼也。嫂溺，援之以手者，权也。

通权达变。既保持原则性，又具有灵活性。

"经"和"权"是中国哲学中相对应的一对范畴。"经"是常道，"权"是变通，是济经之所不及。《礼记·曲礼》中，有"男女不杂坐。……不亲授。"《礼记·坊记》也记载有孔子的话："男女授受不亲。"男女之间不能直接传递、拿取东西，这是礼制的规定，也是常道。嫂嫂掉到水里用手拉她，是变通的办法，是"权"。否则，见嫂嫂掉到水里而不去拉她，那就是豺狼。

【原文】

[7.18] 公孙丑曰:"君子之不教子,何也?"

孟子曰:"势不行也。教者必以正。以正不行,继之以怒。继之以怒,则反夷矣①。'夫子教我以正,夫子未出于正也。'则是父子相夷也。父子相夷,则恶矣。古者易子而教之,父子之间不责善。责善则离,离则不祥莫大焉。"

【注释】

① 夷:伤害。

【译文】

公孙丑说:"君子不亲自教育自己的儿子,这是为什么?"

孟子说:"因为情势行不通。教育,一定是用正确的道理来教导。如果用正确的道理来教导行不通,接下来就会生气。一生气,反而伤了感情。儿子还会说:'您用正确的道理教导我,您的行为却不是出自正确的道理。'那么,父子就会互相伤感情。父子互相伤感情,就糟了。古时候的人互相交换儿子来教育,这样父子之间就不因行善而责备对方。如果因行善而责备对方,就会彼此疏远,父子彼此疏远,那就没有什么比这更不幸的了。"

【品鉴】

古者易子而教之,父子之间不责善。

手段如果与目的背道而驰,自然是调整手段。

互相交换儿子来教育,就是为了通过教育的过程真正实现教育的目的。"不责善"主要是道德教育,专业教育可能会有所不同,那就是所谓家学渊源。

【原文】

[7.19]孟子曰:"事,孰为大?事亲为大。守,孰为大?守身为大。不失其身而能事其亲者,吾闻之矣。失其身而能事其亲者,吾未之闻也。孰不为事?事亲,事之本也。孰不为守?守身,守之本也。曾子养曾皙①,必有酒肉。将彻②,必请所与。问有余,必曰'有'。曾皙死,曾元养曾子③,必有酒肉。将彻,不请所与。问有余,曰'亡矣④。'将以复进也。此所谓养口体者也。若曾子,则可谓养志也。事亲若曾子者,可也。"

【注释】

① 曾子:曾参,孔子的学生。曾皙:名点,曾参的父亲,也是孔子的学生。

② 彻:通"撤",撤除,撤去。这里指撤下。

③ 曾元:曾参之子。

④ 亡:通"无"。

【译文】

孟子说:"侍奉的事哪一种最要紧?侍奉双亲最要紧。守护的事哪一种最要紧?守护自身的节操最要紧。不丧失自己的节操而能侍奉好双亲的,我听说过。丧失了自己的节操而能侍奉好双亲的,我没听说过。哪一个人不用侍奉人呢?侍奉双亲,是一切侍奉的根本。哪一个人不用去守护呢?守护自己的节操,是一切守护的根本。从前曾子奉养父亲曾皙,每餐必定有酒有肉。将要撤下时,一定问父亲想将剩下的给谁。如果父亲问这东西是否还有,他一定答道:'有。'——唯恐父亲想让别人品尝而不能如愿。曾皙死后,曾元奉养父亲曾子,每餐必定有酒有肉。将要撤下时,不问父亲将剩下的给谁。如果父亲问这东西是否还有,他就答道:'没有了。'——其实他是想留着下餐再给父亲吃。这种就叫作奉养双亲的口腹。而像曾参那样,就可以叫作奉养双亲的心意。侍奉双亲像曾参那样的,就可以了。"

【品鉴】

事,孰为大?事亲为大。守,孰为大?守身为大。

从自己做起,从身边之事做起。

从自身修养和家庭亲情入手,逐步推开,是儒家增进共同体凝聚力的基本模式和方法。而身份是其重要的基础,父子、兄弟身份不同,要求也不一样。爱亲敬长在儒家看来都是人的天性,也是孟子性善论的组成部分。因此,从自己做起,从身边的事做起,也是最好的修养路径。

【原文】

[7.20]孟子曰:"人不足与适也①,政不足与间也②。惟大人为能格君心之非③。君仁,莫不仁;君义,莫不义;君正,莫不正。一正君而国定矣。"

【注释】

①适:通"谪",谴责。

②间(jiàn):非议。

③格:正,纠正。

【译文】

孟子说:"如果庸人辅政,那么,不足以谴责君王用人不当、非议政治不清明。只有大德之人才能纠正君王内心的错误。君王讲求仁了,天下就没有人不求仁;君王能行义了,天下就没有人不行义;君主端正了,天下就没有人不端正。一旦君王端正了,国家就安定了。"

【品鉴】

惟大人为能格君心之非。君仁莫不仁,君义莫不义,君正莫不正。一正君而国定矣。

格正君心之非,是对君临天下的理想化校正机制。愿望很好,收效甚微。

根据儒家的修齐治平的基本理想,内圣与外王应该统一起来,孟子也说:"惟仁者宜在高位。"但事实上并非如此,内圣与外王往往分离,内圣者未必能外王,而不仁之君所在多有。按照孟子的说法,要是没有仁爱之心的人处在统治的地位,就会在民众中散布他的罪恶。怎么办呢?那就只能对在位者提要求了。孟子的基本思路就是通过"格君心之非""引其君以当道",来达到"一正君而国定"的效果。

之所以敢于格君心之非,是基于臣对君在道德方面的心理诉求和现实反馈。在《离娄下》中,孟子说:如果君主把臣子当自己的手足看待,那么臣子就会把君主看作腹心;如果君主把臣子当犬马看待,那么臣子就会把君主看作路人;如果君主把臣子当泥土和草芥看待,那么臣子就会把君主当作仇敌。历史上总有像桀纣那样被称为独夫民贼而遭诛杀的君主,这在客观上使君主有所收敛。

格君心之非就是要"责难于君,陈善闭邪",以尧舜那样的高尚道德标准来要求君主,禁闭邪心。格君心之非的底线,就是要求君主"不嗜杀人"，否则臣就应该离职。士人没罪却被杀，那么大夫该因此离开他；百姓无罪却被杀，那么士人就该因此迁往别处。

"一正君而国定"的思想受到后世儒家的充分肯定。如二程、朱熹、陆九渊等明确把它看作是治国之本。朱熹在注解《孟子》时还列举了许多史证。最后他说："凡此皆是虽有格君之理，而终不可致格君之效者也。"虽有充分的理论依据，却难以取得格正君心之非的客观效果。这就是结论，也是思想家们不可改变的时代悲剧。

【原文】

[7.21] 孟子曰："有不虞之誉①，有求全之毁。"

【注释】

① 虞：意料，预料。

【译文】

孟子说："有预料不到的赞誉，也有过于苛求的非议。"

【原文】

[7.22] 孟子曰："人之易其言也①，无责耳矣。"

【注释】

① 易：轻易。

【译文】

孟子说："一个人轻易说出的话，是不值得要求的。"

【原文】

[7.23] 孟子曰:"人之患在好为人师。"

【译文】

孟子说:"人的毛病在于喜欢充当别人的老师。"

【品鉴】

人之患在好为人师。

好为人师:表面问题在过于喜好、形成习惯;内在根子在自以为是、摆错位置;害己之处在故步自封、追名逐利;害人之处在不获真理、生厌难耐;解决办法是知之为知、实事求是。唯愿此言,非好为人师之类,则幸甚。

【原文】

[7.24] 乐正子从于子敖之齐①。乐正子见孟子。孟子曰:"子亦来见我乎?"曰:"先生何为出此言也?"曰:"子来几日矣?"曰:"昔者②。"曰:"昔者,则我出此言也,不亦宜乎?"曰:"舍馆未定③。"曰:"子闻之也,舍馆定,然后求见长者乎?"曰:"克有罪④。"

【注释】

① 乐正子:孟子的学生,鲁人,名克。子敖:王驩的字,齐王宠臣。(参见《公孙丑下》第 6 章)

② 昔者:昨日。

③ 馆:宾馆,客舍。

④ 克：乐正子的名。

【译文】

乐正子跟随子敖到了齐国。乐正子去拜见孟子。孟子说："你也是来看我吗？"乐正子说："先生为什么这么说呢？"孟子说："你来几天了？"乐正子说："昨天来的。"孟子说："昨天来的，那么我这么说，不是很合适吗？"乐正子说："因为住处没有定下来。"孟子说："你听说过，要等住处安顿好了，然后再拜见长辈的吗？"乐正子说："我错了。"

【原文】

[7.25] 孟子谓乐正子曰："子之从于子敖来，徒餔啜也①。我不意子学古之道而以餔啜也。"

【注释】

① 餔（bū）：食，吃。啜（chuò）：饮，喝。

【译文】

孟子对乐正子说："你跟随子敖来到齐国，只是为了混口饭吃。我没想到像你这样学习古代先王之道的人，现在会仅仅因为吃喝而跟从他人。"

【原文】

[7.26] 孟子曰："不孝有三①，无后为大。舜不告而娶，为无后也。君子以为犹告也。"

【注释】

① 不孝有三：旧时称不孝的三种表现是：阿意曲从，陷亲不义；家贫亲老，不为禄仕；不娶无子，绝先祖祀。

【译文】

孟子说："不孝的事有三类，其中没有后代承续先祖的血脉是最严重的。舜没有禀告父母就娶妻，就因为担心没有后代。因此君子认为他如同禀告过一样。"

【原文】

[7.27] 孟子曰："仁之实，事亲是也。义之实，从兄是也。智之实，知斯二者弗去是也。礼之实，节文斯二者是也。乐之实，乐斯二者。乐则生矣，生则恶可已也。恶可已，则不知足之蹈之手之舞之。"

【译文】

孟子说："仁的实质，就是侍奉双亲；义的实质，就是顺从兄长；智的实质，就是明白这两者的重要而不舍弃。礼的实质，就是让人侍奉双亲顺从兄长时更加庄重恭敬；乐的实质，就是让人侍奉双亲顺从兄长时更加快乐。这种快乐一旦产生，那怎么能抑制得住？抑制不住，那么，不知不觉就手舞足蹈起来。"

【品鉴】

不知足之蹈之手之舞之。

不知不觉手舞足蹈，真是快乐之至。

子曰:"知之者不如好之者,好之者不如乐之者。"

孔子说:"懂得它的人不如喜欢它的人,喜欢它的人不如以它为乐的人。"不知不觉手舞足蹈,那是一种什么样的境界啊!

【原文】

[7.28] 孟子曰:"天下大悦而将归己,视天下悦而归己,犹草芥也,惟舜为然。不得乎亲,不可以为人。不顺乎亲,不可以为子。舜尽事亲之道而瞽瞍厎豫①,瞽瞍厎豫而天下化,瞽瞍厎豫而天下之为父子者定,此之谓大孝。"

【注释】

① 瞽(gǔ)瞍(sǒu):舜的父亲之别名。瞽,目盲。瞍,没有眼珠而看不见东西。厎(dǐ,旧读 zhǐ)豫:得以快乐。厎,致。豫,安乐,快乐。

【译文】

孟子说:"天下人都非常高兴,打算归附自己,把这样的事看得像草芥一样,只有舜能做到。不能赢得父母的欢心,没办法做人。不顺从父母的意愿,没办法做儿子。舜尽心尽力侍奉父亲,父亲瞽瞍终于高兴了。这样的事情一做,天下的风俗为之潜移默化,而天下做父亲、做儿子的伦常也由此确定,这就叫做大孝。"

卷八

离　娄 [下]

　　本卷共33章。大致可分为三组：一组是关于圣贤往事及分析，如：第1、10、19、20、29、31章；一组是关于治国理政、君臣关系等，如：第2、3、4、5章；一组是关于身心修养与社会关系的协调，涉及其他多章。具体说：第1章讲圣人之道的一致性。第2章讲重民之道应从政策上解决问题。第3章讲君臣的互动关系。第4章讲无罪杀人是最恶的统治。第5章讲上为下效。第6章讲大人不做非礼非义之事。第7章讲贤者有引领的责任。第8章讲有所不为才能有所作为。第9章讲好言人恶，殆非君子。第10章讲孔子不做过分的事。第11章讲合义是言行落实的准绳。第12章讲不失去赤子之心。第13章讲送终是比赡养还大的事。第14章讲学问穷根究底，追求自得。第15章讲博学详说，最终返回简约。第16章讲以善养人胜过以善服人。第17章讲言不符实的原因与后果。第18章讲无源之水与声闻过情。第19章讲圣人与人、人与动物的差别。第20章讲周公思三王之道。第21章讲关于《诗》《书》与《春秋》的问题。第22章讲私淑孔子。第23章讲关于廉、惠、勇。第24章讲交友有道，要看准人。第25章讲内心诚与外表美。第26章讲要顺应事物的本性，天道可知。第27章讲依循礼制，不迎合攀附。第28章讲君子常自省，有终身之忧，无一朝之患。第29章讨论禹、稷、颜回与救世。第30章讲匡章不属五不孝。第31章讲曾子子思遇敌入侵。第32章讲尧舜与常人同。第33章讲鞭挞求富贵显达而令妻妾羞愧者。

【原文】

　　[8.1] 孟子曰："舜生于诸冯，迁于负夏，卒于鸣条①，东夷之人也。文王生于岐周，卒于毕郢②，西夷之人也。地之相去也，千有余里；世之相后也，千有余岁。得志行乎中国，若合符节③，先圣后圣，其揆一也④。"

【注释】

　　① 诸冯、负夏、鸣条：都是地名，现在已难以确指。

　　② 毕郢（yǐng）：商的地名，在今陕西咸阳东。

　　③ 符节：古代朝廷的信物。用玉或铜、竹等原料制成虎、龙等形状，有的篆刻文字，一分为二，各执一半，使用时将二者相合，作为验证。

　　④ 揆（kuí）：道理，准则。

【译文】

　　孟子说："舜出生在诸冯，迁居到负夏，死在鸣条，是东方偏远地区的人。文王出生在周国的岐山，死在毕郢，是西方偏远地区的人。两个人活动的地域相距一千多里，时代先后相隔一千多年。但是他们得行其道时在中国的作为，却像符节相合那样一致，古代的圣人和后代的圣人，他们的准则是一致的。"

【原文】

[8.2] 子产听郑国之政①，以其乘舆济人于溱、洧②。孟子曰："惠而不知为政。岁十一月③徒杠成④；十二月舆梁成⑤，民未病涉也。君子平其政，行辟人可也⑥，焉得人人而济之？故为政者，每人而悦之，日亦不足矣。"

【注释】

① 子产：姓公孙，名侨，字子产。春秋时郑国贤相。
② 溱（zhēn）洧（wěi）：都是水名，在今河南省。
③ 十一月：指周历，相当于夏历九月。
④ 徒杠：可步行通过的木桥。
⑤ 舆梁：可以行车的桥。
⑥ 辟（bì）：开道。指让行人回避，有执鞭者开道，后世作鸣锣开道。

【译文】

子产在郑国主政的时候，曾经用他所乘坐的车帮人渡过溱水、洧水。孟子说："这是给人小恩惠但却不懂得施政啊。如果在十一月修成人行的桥，在十二月修成车行的桥，老百姓就不会为渡河发愁了。君子只要把治理的事情做好，即使出行时执鞭开道，让行人回避都可以，怎么能一个个地帮人过河呢？如果负有治理之责的人，挨个去讨人欢心，时间就太不够用了。"

【品鉴】

惠而不知为政。

为政不在小恩小惠、小打小闹；精心规划、从根本上解决问题才是良方。

【原文】

[8.3]孟子告齐宣王曰："君之视臣如手足，则臣视君如腹心；君之视臣如犬马，则臣视君如国人；君之视臣如土芥，则臣视君如寇雠①。"

王曰："礼，为旧君有服，何如斯可为服矣？"

曰："谏行言听，膏泽下于民；有故而去，则君使人导之出疆，又先于其所往；去三年不反，然后收其田里。此之谓三有礼焉。如此，则为之服矣。今也为臣，谏则不行，言则不听；膏泽不下于民；有故而去，则君搏执之②，又极之于其所往③；去之日，遂收其田里。此之谓寇雠。寇雠，何服之有？"

【注释】

① 寇雠仇：仇敌。
② 搏执：捉拿。
③ 极：疲困，困穷。

【译文】

孟子告诉齐宣王说："如果君主把臣子当自己的手足看待，那么臣子就会把君主看作腹心；如果君主把臣子当狗和马看待，那么臣子就会把君主看作路人；如果君主把臣子当泥土和草芥看待，那么臣子就会把君主当作仇敌。"

齐宣王说："礼制规定，前朝的臣子须为逝去的君王穿孝服，君王怎么样才能使臣子为他服孝呢？"

孟子说："臣子有劝谏能被落实，有建议能被采纳，让君王的恩泽遍及百姓；臣子如果有什么原因离职，就派人引导他离开国境，并安排人先到他要去的地方作好准备；臣子离开了三年不再回来，这才收回他的田地房屋。这就叫礼敬有三。这样，臣子就会为他服孝了。现在做臣子的，劝谏时君王不落实，建议时君王不采纳，以致君王的恩惠不能遍及百姓；臣子有什么原因要离职，君王就捉拿他，又设法让他在所去的地方陷于困顿；离开的当天，就收回他的田地房屋。这就叫臣子的仇敌。既是仇敌，还服什么孝？"

【品鉴】

君之视臣如手足，则臣视君如腹心；君之视臣如犬马，则臣视君如国人；君之视臣如土芥，则臣视君如寇雠。

人际关系是互动的。虽不总是对等，却也往往相应。

孟子要求君主"尊德贵士""尊贤使能"，而臣对君主应该"责难"，以高标准来要求，"非尧舜之道不敢以陈"，开陈善道、禁闭邪心，而不是一味地顺从，因为那是"妾妇之道"。致力于建立平等、互敬、互信的君臣关系。

"君之视臣如土芥，则臣视君如寇雠"，很有震撼性。孟子曾说："君有大过则谏；反复之而不听，则易位。"与王室同宗族的公卿对犯有重大错误的君王可以上谏，反复上谏仍不听从，就废弃他的王位改立他人。以致齐宣王听后"勃然变乎色"，紧张得脸色都突然变了。在"汤武革命"问题上，孟子更是把商纣称为"一夫"（独夫），"诛一夫"不是"弑君"，彰显其合法性。

【原文】

　　[8.4] 孟子曰："无罪而杀士，则大夫可以去；无罪而戮民，则士可以徙。"

【译文】

　　孟子说："士人没罪却被杀，那么大夫就会因此离开他；百姓没罪却被杀，那么士人就会因此迁往别处。"

【原文】

　　[8.5] 孟子曰："君仁，莫不仁；君义，莫不义。"

【译文】

　　孟子说："君主如果行仁，就没有人不行仁；君主如果讲求义，就没有人不讲求义。"

【品鉴】

君仁，莫不仁；君义，莫不义。

　　天下治乱取决于人君是否仁义。当更好的约束机制没有建立时，只能寄希望于人君之心术。上梁不正下梁歪；一正君而天下定。

【原文】

　　[8.6] 孟子曰："非礼之礼，非义之义，大人弗为。"

【译文】

　　孟子说："似是而非的礼，似是而非的义，德行完备的人是不会去施行的。"

【原文】

[8.7] 孟子曰:"中也养不中①,才也养不才,故人乐有贤父兄也。如中也弃不中,才也弃不才,则贤不肖之相去,其间不能以寸。"

【注释】

① 中:指奉行中道。不中:指过或者不及。

【译文】

孟子说:"品行好的人教导品行有偏差的人,有才能的人教导才能低下的人,所以人人都喜欢有贤能的父兄。如果品行好的人不理会言行有偏差的人,有才能的人不理会才能低下的人,那么品行好坏者之间的差距,也就不能用寸来计量了。"

【品鉴】

中也养不中,才也养不才。

先进分子应当担负更多的社会责任,不论这种先进表现在德行、才能,还是其他方面。

【原文】

[8.8] 孟子曰:"人有不为也,而后可以有为。"

【译文】

孟子说:"人只能有所不为,才能有所作为。"

【品鉴】

人有不为也，而后可以有为。

只有不做违背仁义等根本德性的事，才能真正有所作为。

老子法自然，强调处无为之事、行不言之教，要求顺自然、不强求、不妄为，通过无为之为，达到天下大治的效果。

孟子重仁义，反对非礼之礼、非义之义，通过有所不为，达到有所作为的目的。两者文字相近，旨趣有别。

【原文】

[8.9] 孟子曰："言人之不善，当如后患何？"

【译文】

孟子说："张扬别人的缺点，招来了后患怎么办呢？"

【原文】

[8.10] 孟子曰："仲尼不为已甚者。"

【译文】

孟子说："孔子不做过头的事。"

【品鉴】

仲尼不为已甚者。

过犹不及。

《论语·先进》记载：子贡问孔子："子张与子夏谁更贤？"孔子说："子张有些过了，子夏有些不及。"子贡又问："那么，是子张更好些吗？"

孔子说："过犹不及。"意思是，过了如同不及，都不好。

【原文】

[8.11] 孟子曰："大人者，言不必信，行不必果，惟义所在。"

【译文】

孟子说："有德行的人，说话不一定句句信守，行动不一定事事果敢，只看是否合乎道义。"

【品鉴】

言不必信，行不必果，惟义所在。

言行要落实，道义是准绳。

"言必信、行必果"，现在通常是称赞人说话信实、行动坚决。但这是后起之义。原意却是指固执己见、盲目相信自己的言行。

"言必信、行必果"语出《论语·子路》。子贡问孔子："怎样才能算个真正的士？"孔子回答说："做事时，要有羞耻之心；出国访问时，不辱使命，可算士了。"子贡又问："请问次一等的士呢？"孔子回答说："同宗族的人称赞他孝顺，同乡的人称赞他尊敬师长。"子贡又问："请问再次一等的士呢？"孔子回答说："言必信，行必果，硁硁然小人哉！抑亦可以为次矣。"说到做到，行事果决，浅薄固执，这些都是小人的秉性啊！或许可以算再次一等的士了。

孔子崇尚言而有信，但也要求有错就改。孔子说："人而无信，不知其可也。"（《论语·为政》）还说："德之不修，学之不讲，闻义不能徙，不善不能改，是吾忧也。"（《论语·述而》）就是说：人如果没有诚信，不知还可以做什么。不培养品德，不讲求学问，听到了正义的道理，却不能去追求和践履，身上的缺点不能改正，这些都是我所担忧的。很显然，人无信不立。但这种"信"是建立在理性的指导下、建立在符合道义的前提下。否则，即使兑现承诺，也只是固执己见的小人行径。

孟子正是继承了孔子的思想，并进一步强调了"过则改之"的重要性，明确了言行要落实、道义是准绳的原则。这也就是通权达变。

【原文】

[8.12] 孟子曰："大人者，不失其赤子之心者也①。"

【注释】

① 赤子：婴儿。引申意指纯洁。

【译文】

孟子说："有德行的人，是没有丧失婴儿般善良纯洁之心的人。"

【品鉴】

大人者，不失其赤子之心者也。

不失赤子之心，是在更高层次上对人性的复归与升华。

【原文】

[8.13] 孟子曰："养生者不足以当大事，惟送死可以当大事。"

【译文】

孟子说："赡养父母算不上什么大事，只有为他们送终才算是大事。"

【品鉴】

惟送死可以当大事。

"事死如事生",绝非容易之事,送终就是这类事的开始。

【原文】

[8.14] 孟子曰:"君子深造之以道,欲其自得之也。自得之,则居之安。居之安,则资之深①。资之深,则取之左右逢其原②,故君子欲其自得之也。"

【注释】

① 资:凭借。
② 原:同"源"。

【译文】

孟子说:"君子按照进学的方法不断地深入研究,就是希望能自己体认道理。自己体会认识到了,就能牢靠地把握它。牢靠地把握,就能依凭深厚。依凭深厚,就能用之不尽,处处可以回溯本源,所以君子希望能自己体认道理。"

【原文】

[8.15] 孟子曰:"博学而详说之,将以反说约也。"

【译文】

孟子说:"广博地学习,详细地解说,是要回复到能扼要阐述的境地。"

【品鉴】

博学而详说之，将以反说约也。

学问与修身并无二致。能由繁到简、由博反约，融会贯通，才算真正升堂入室。

【原文】

[8.16]孟子曰："以善服人者，未有能服人者也。以善养人，然后能服天下。天下不心服而王者，未之有也。"

【译文】

孟子说："要是用善行来使人服从，那么，还没有能让人服从的。要是用善行来涵养人，那么，之后却能使天下人信服。天下人不从心里归服，却能统一天下，那是没有的事。"

【品鉴】

以善服人者，未有能服人者也。以善养人，然后能服天下。

以善服人，意在高下；以善养人，气象博大。

"以善服人"与"以善养人"是两种不同的做法、两种不同的境界，也会有两种不同的结果。

拿原则或规范当大棒挥舞，即使当场没遭抵触，也往往不能心悦诚服；如沐春风、润物无声，虽然没有大张旗鼓，却自有善者存焉，气象也更为博大。

【原文】

[8.17]孟子曰："言无实不祥，不祥之实，蔽贤者当之。"

【译文】

孟子说:"说话没有真实内容,是不会有好结果的。这种不好的结果,要由那些阻碍任用贤者的人承担责任。"

【原文】

[8.18] 徐子曰①:"仲尼亟称于水②,曰:'水哉,水哉!'何取于水也?"

孟子曰:"原泉混混③,不舍昼夜,盈科而后进④,放乎四海。有本者如是,是之取尔。苟为无本,七八月之间雨。集,沟浍皆盈⑤;其涸也,可立而待也。故声闻过情⑥,君子耻之。"

【注释】

① 徐子:指孟子的学生徐辟。

② 亟(qì):屡次。

③ 混(hùn)混:水奔流的样子。

④ 科:同"坎"(kǎn),坑。

⑤ 浍(kuài):田间的排水渠。

⑥ 闻(wèn):名声。

【译文】

徐子说:"孔子多次称赞水,说:'水啊,水啊!'他赞同水的什么方面呢?"

孟子说:"有本源的泉水滚滚涌流,日夜不停,灌满了洼地以后又继续前进,一直流入大海。有本源的就像这样,孔子赞同的就是水的这一点。如果是没有本源的,像七、八月之间的雨水,聚集时,沟渠里都满了；但它干涸起来，站在那里等就可以看得到。所以声望超过了实情，君子认为是可耻的。"

【品鉴】

声闻过情，君子耻之。

声闻过实，不如实至名归；实至名归，不如超越名利。

【原文】

[8.19] 孟子曰："人之所以异于禽兽者几希①，庶民去之，君子存之。舜明于庶物②，察于人伦，由仁义行③，非行仁义也。"

【注释】

① 几希：无几，甚少。

② 庶（shù）：众。

③ 由：经由，遵循。

【译文】

孟子说："人不同于禽兽的，也就那么一点点，一般人丢弃了它，君子却保存了它。舜知晓了万物的法则，了解了人事的道理，于是遵循仁义之道行动，而不是勉强地去践行仁义。"

【品鉴】

人之所以异于禽兽者几希。

人之为人的不断追问，是文明发展的重要内容。

【原文】

[8.20] 孟子曰："禹恶旨酒而好善言。汤执中①，立贤无方②。文王视民如伤，望道而未之见③。武王不泄迩④，不忘远。周公思兼三王，以施四事。其有不合者，仰而思之，夜以继日。幸而得之，坐以待旦。"

【注释】

① 执中：执守中道。

② 方：常法，定规。

③ 而：如。

④ 泄：狎，轻侮。迩：近，指朝臣。

【译文】

孟子说："禹讨厌美酒而喜爱有价值的话。汤坚守中正之道，选拔贤人不拘泥于僵死的常规。文王对待老百姓就像对待受伤的人，望着正道却像没有看见，总是不断追求。武王不轻慢身边的臣子，也不遗忘远方的贤人。周公想要兼学夏、商、周三代的圣王，来实践上述四者的美德。与当前实情不相符合的，就仰头考虑，白天想不通，晚上接着想；有幸想出了结果，就坐等天亮去实行。"

【原文】

[8.21] 孟子曰："王者之迹熄而《诗》亡①，《诗》亡然后《春秋》作②。晋之《乘》，楚之《梼杌》，鲁之《春秋》③，一也。其事则齐桓、晋文，其文则史。孔子曰：'其义则丘窃取之矣。'"

【注释】

① 迹："辽"之误。辽，遒人，周代到民间求诗的采诗之官。

②《春秋》：这里指孔子在"鲁《春秋》"基础上整理而成的编年史，流传至今。

③《乘》《梼杌》(táo wù)、《春秋》："春秋"为春秋时各国史书的通名，《乘》《梼杌》分别是晋国和楚国史书的别名。鲁之《春秋》，也是鲁国当日的史书，是孔子编订《春秋》的依据。

【译文】

孟子说："周平王东迁以后，王道衰落，歌咏停止，《诗经》也就告终了，《诗经》告终之后，《春秋》作为史书便出现了。晋国的《乘》，楚国的《梼杌》，鲁国的《春秋》，都是这一类的。它们所记载的是齐桓公、晋文公等人的事迹，所用的笔法是一般史书的笔法。孔子说：'《诗经》中扬善抑恶的原则，我在《春秋》中私自借用了。'"

【原文】

[8.22] 孟子曰："君子之泽五世而斩①，小人之泽五世而斩。予未得为孔子徒也，予私淑诸人也②。"

【注释】

① 泽：恩泽，流风余韵。斩：断绝。

② 淑：借为"叔"，取，获得。

【译文】

孟子说："君子的流风余韵五代以后就消失了，百姓的影响也是五代以后便消失了。我没能成为孔子的弟子,我是私下从别人那里学习来的。"

【品鉴】

君子之泽,五世而斩。

时间老人是最无情的……

人常言:亲不过五服,富不过三代。前者说的是礼制规定,后者是因为财富生态。这只不过是泛泛而谈,但时间流逝所产生的变化,一直受到人们关注,古今的惜时诗和伤逝诗就是证明。

【原文】

[8.23] 孟子曰:"可以取,可以无取,取伤廉;可以与,可以无与,与伤惠;可以死,可以无死,死伤勇。"

【译文】

孟子说:"可以拿,可以不拿,拿了就有损于廉洁;可以给,可以不给,给了就有损于恩惠;可以死,可以不死,死了就有损于勇敢。"

【原文】

[8.24] 逄蒙学射于羿[①],尽羿之道,思天下惟羿为愈己,于是杀羿。孟子曰:"是亦羿有罪焉。"

公明仪曰:"宜若无罪焉。"

曰:"薄乎云尔,恶得无罪?郑人使子濯孺子侵卫,卫使庾公之斯追之。子濯孺子曰:'今日我疾作,不可以执弓,吾死矣夫!'问其仆曰:'追我者谁也?'其仆曰:'庾公之斯也。'曰:'吾生矣。'其仆曰：'庾公之斯，卫之善射者也，夫子曰吾生，何谓也？'曰：'庾公之斯学射于尹公之他，尹公之他学射于我。夫尹公之他，端人也，其取友必端矣。'庾公之斯至，曰：'夫子何为不执弓？'曰：'今日我疾作，不可以执弓。'曰：'小人学射于尹公之他，尹公之他学射于夫子。我不忍以夫子之道反害夫子。虽然，今日之事，君事也，我不敢废。'抽矢，扣轮，去其金②，发乘矢而后反③。"

【注释】

① 逢（páng）蒙：羿的家众、学生，擅长射箭，后叛变，帮助寒浞杀了羿。

② 金：指箭镞，箭头。

③ 乘：四的代称，因古战车一乘四马。

【译文】

逢蒙向羿学习射箭，完全掌握了羿的技艺，心想天下只有羿能够胜过自己，于是杀了羿。孟子说："这件事羿也有错呀。"

公明仪说："好像他没有过错吧。"

孟子说："错不大就是了，怎能说没有过错呢？郑国派子濯孺子侵犯卫国，卫国派庾公之斯追击他。子濯孺子说：'今天我旧病发作，不能拿弓，我死定了！'他问给他驾车的人：'追我的是谁呢？'驾车的人说：'是庾公之斯。'子濯孺子说：'我能活命了。'驾车的人问：'庾公之斯是卫国擅长射箭的人，先生却说能活命了，这是什么意思？'子濯孺子回答说：'庾公之斯是向尹公之他学的射箭，尹公之他是向我学的射箭。尹公之他是个正派人，他所交的朋友一定也是正派人。'庾公之斯追上了，说：'先生为什么不拿弓？'子濯孺子说：'今天我的旧病发作，拿不了弓。'庾公之斯便说：'我是向尹公之他学的射箭，尹公之他是向先生学的射箭。我不忍心用先生的技艺反过来伤害先生。尽管这样，今天的事，是君主的公事，我不敢违背。'于是抽出箭，敲击车轮，把箭头去掉，射了四箭后就返回了。"

【原文】

[8.25] 孟子曰："西子蒙不洁①，则人皆掩鼻而过之；虽有恶人②，齐戒沐浴③则可以祀上帝。"

【注释】

① 西子：古代美女西施。

② 恶：与"美"相对，相貌丑陋。

③ 齐（zhāi）：斋戒。

【译文】

孟子说："如果西施身上沾上了脏东西，别人也会捂着鼻子从她身边走过。即使是相貌丑陋的人，只要斋戒沐浴，也可以祭祀天帝。"

【品鉴】

虽有恶人，齐戒斋浴，则可以祀上帝。

先天的不足，可以靠后天来弥补。

得天独厚的东西，不注意保有也会失去；先天有所欠缺的，也可以靠后天来补充。美女西施沾了脏东西，有不好的气味人们照样能感觉到。但即使是相貌丑陋的人，只要斋戒沐浴，同样可以祭祀天帝。孟子认为，人先天具有仁义礼智等根本德性，但必须加以保全和不断扩充，这就是存心和养性。

【原文】

[8.26] 孟子曰："天下之言性也，则故而已矣[1]，故者以利为本[2]。所恶于智者为其凿也。如智者若禹之行水也，则无恶于智矣。禹之行水也，行其所无事也。如智者亦行其所无事，则智亦大矣。天之高也，星辰之远也，苟求其故，千岁之日至，可坐而致也。"

【注释】

① 故：指旧有的、过去的事物。
② 利：顺应。

【译文】

孟子说："天下人讨论本性，只要根据已有的事物就行了。已有的事物，以顺应自然为根本。聪明人让人讨厌的地方在于穿凿附会。如果聪明人像禹治水那样，聪明就不让人讨厌了。禹治水，因势利导而行事，如果聪明人也能这样因势利导而行事，那就是了不起的聪明了。天那么高，星那么远，如果根据它们已有的事实来研究，那么千年以后的冬至日，也可以坐着推算出来。"

【原文】

[8.27] 公行子有子之丧[1]，右师往吊[2]。入门，有进而与右师言者，有就右师之位而与右师言者。孟子不与右师言，右师不悦曰：

"诸君子皆与骥言,孟子独不与骥言,是简骥也③。"孟子闻之,曰:"礼,朝廷不历位而相与言④,不逾阶而相揖也。我欲行礼,子敖以我为简,不亦异乎?"

【注释】

① 公行子:齐国的大夫。
② 右师:官名。其人指王骥,字子敖。
③ 简:怠慢。
④ 历:越过。

【译文】

公行子给儿子办丧事,右师前去吊唁。他进了门,就有人上前和他说话;坐定后,又有人过来和他说话。孟子不和右师说话,右师不高兴,说:"各位大夫都和我说话,只有孟子不和我说话,这就是怠慢我。"

孟子听说了,说:"礼制规定,在朝廷上不越过位次相互交谈,不越过台阶相互作揖。我想要依礼而行,子敖却认为我怠慢他,不是有些奇怪吗?"

【原文】

[8.28] 孟子曰:"君子所以异于人者,以其存心也①。君子以仁存心,以礼存心。仁者爱人,有礼者敬人。爱人者,人恒爱之②。敬人者,人恒敬之。有人于此,其待我以横逆③,则君子必自反也:我必不仁也,必无礼也,此物奚宜至哉④?其自反而仁矣,自反而有礼矣,其横逆由是也⑤,君子必自反也:我必不忠。自反而忠矣,其横逆由是也,君子曰:'此亦妄人也已矣。如此,则与禽

兽奚择哉⑥？于禽兽又何难焉⑦？'"是故君子有终身之忧，无一朝之患也。乃若所忧则有之：舜，人也；我，亦人也。舜为法于天下，可传于后世，我由未免为乡人也，是则可忧也。忧之如何？如舜而已矣。若夫君子所患则亡矣。非仁无为也，非礼无行也。如有一朝之患，则君子不患矣。"

【注释】

① 存：保存；保全。

② 恒：常常。

③ 横（hèng）逆：强暴不顺理。

④ 物：事。

⑤ 由：通"犹"。

⑥ 择：区别。

⑦ 难：责难。

【译文】

孟子说："君子和一般人的不同，在于他保全善心的方式。君子用仁来保全善心，用礼来保全善心。仁德的人爱别人，守礼的人尊敬别人。爱别人的人，别人也总是爱他；尊敬别人的人，别人也总是尊敬他。假如这里有个人，他对我粗暴无理，那么，君子一定反省自己：我一定不够仁德，一定不够守礼，否则这种事怎么会找上我呢？自我反省之后认为自己是合乎仁德的，自我反省之后认为自己是合乎礼义的，那人还是这样粗暴无理，君子一定又反省自己，我一定不够尽心。自我反省之后认为自己是竭尽心力的，那人还是这样粗暴无理。君子就说：'这就是个狂妄的人罢了。像他这样，和禽兽有什么区别呢？对于禽兽还有什么好责备的呢?'"因此君子有终身的忧虑,而没有一时的烦恼。像这样的忧虑是有的:舜,是个人;我,也是个人。舜为天下人做出了榜样,影响流传到后代,我还免不了只是个普通人,这就是值得忧虑的。忧虑了怎么办?努力像舜一样罢了。至于君子的烦恼,那是没有的。不是仁德的事不做,不合于礼的事不干。假如有一时的烦恼,君子也不以为烦恼了。"

【品鉴】

君子有终身之忧,无一朝之患。

立大志,成大事。相对于精神生命的提升来说,眼前的细小挫折又算什么呢?

【原文】

[8.29] 禹、稷当平世,三过其门而不入,孔子贤之。颜子当乱世,居于陋巷,一箪食,一瓢饮,人不堪其忧,颜子不改其乐,孔子贤之。孟子曰:"禹、稷、颜回同道。禹思天下有溺者,由己溺之也;稷思天下有饥者,由己饥之也,是以如是其急也。禹、稷、颜子易地则皆然。今有同室之人斗者,救之,虽被发缨冠而救之①,可也;乡邻有斗者,被发缨冠而往救之,则惑也;虽闭户可也。"

【注释】

① 被(pī)发:披散着头发。被,同"披"。缨冠:帽带顶在头上。这里指因仓促戴帽,来不及整理好。

【译文】

禹、稷处在政治清明的时代,三次经过自己家门都不进去,孔子称赞他们。颜回处在政治昏乱的时代,住在狭小破旧的巷子里,就靠一筐饭、一瓢水活着,别的人都受不了那种艰难,颜回却没有改变他的快乐,孔子也称赞他。

孟子说:"禹、稷和颜回处世原则是一致的。禹想到天下有溺水的人,就如同自己使他们溺水一样;稷想到天下有挨饿的人,就如同自己使他们挨饿一样,所以他们才会那样急迫地去拯救。禹、稷和颜回如果相互交换环境,他们所做的事情也会一样。假如现在有同屋的人互相争斗,你去阻止他们,即使披散着头发,连帽带也来不及系,也是可以的。如果本乡有邻居互相争斗,你也披散着头发,连帽带也来不及系,那就是糊涂了。这时候,即使关上门不管都可以。"

【原文】

[8.30] 公都子曰:"匡章,通国皆称不孝焉,夫子与之游,又从而礼貌之,敢问何也?"

孟子曰:"世俗所谓不孝者五:惰其四支①,不顾父母之养,一不孝也;博弈好饮酒,不顾父母之养,二不孝也;好货财,私妻子,不顾父母之养,三不孝也;从耳目之欲②,以为父母戮③,四不孝也;好勇斗很④,以危父母,五不孝也。章子有一于是乎?夫章子,子父责善而不相遇也。责善,朋友之道也;父子责善,贼恩之大者。夫章子,岂不欲有夫妻子母之属哉⑤?为得罪于父,不得近,出妻屏子⑥,终身不养焉。其设心以为不若是,是则罪之大者,是则章子而已矣。"

【注释】

① 支：同"肢"。

② 从：同"纵"。

③ 戮：羞辱。

④ 很：今作"狠"。

⑤ 属（zhǔ）：聚集。

⑥ 屏（bǐng）：放逐，赶走。

【译文】

公都子说："齐国的匡章，全国都说他不孝，先生却和他交往，而且对他很尊敬，请问这是为什么？"

孟子说："一般所说的不孝有五种情况：手脚懒惰，不赡养父母，这是一不孝；好赌博、好喝酒，不赡养父母，这是二不孝；贪钱财，偏爱妻子儿女，不赡养父母，这是三不孝；放纵耳目的欲望，使父母蒙羞受辱，这是四不孝；逞勇斗狠，危及父母，这是五不孝。章子有其中的一种情况吗？章子，不过是父子之间以行善来要求对方，而不能好好相处。相互间以行善来要求，是朋友相处的原则。父子之间也这样，是最伤感情的。章子，难道不想夫妻团聚母子相伴？因为得罪了父亲，不能和他亲近，所以也把妻子儿女赶出门，终身不要他们来照顾。他心想如果不是这样，那罪过就更大了。这就是章子的为人呢。"

【品鉴】

世俗所谓不孝者五。

不好好孝敬父母的表现有多种：好吃懒做、赌博酗酒、吝啬贪财、偏爱妻儿、惹是生非等，孟子列举的种种情况，今天都消失了吗？值得深思。

【原文】

　　[8.31] 曾子居武城①，有越寇。或曰："寇至，盍去诸②？"曰："无寓人于我室，毁伤其薪木。"寇退，则曰："修我墙屋，我将反。"寇退，曾子反。左右曰："待先生如此其忠且敬也，寇至，则先去以为民望；寇退，则反，殆于不可。"沈犹行曰③："是非汝所知也。昔沈犹有负刍之祸④，从先生者七十人，未有与焉。"

　　子思居于卫⑤，有齐寇。或曰："寇至，盍去诸？"子思曰："如伋去，君谁与守？"

　　孟子曰："曾子、子思同道。曾子，师也，父兄也；子思，臣也，微也。曾子、子思易地则皆然。"

【注释】

　　① 武城：鲁邑名，故城在今山东费县西南。
　　② 盍：何不。
　　③ 沈犹行：姓沈犹，名行，曾子的学生。
　　④ 负刍：人名。
　　⑤ 子思：孔子之孙，名伋，字子思。

【译文】

　　曾子住在武城时，有越国军队来犯。有人说："敌人要来了，何不离开这里？"曾子说："不要让人住进我家，毁坏那些树木。"敌人撤退了，他又说："修好我的院墙房屋，我要回来了。"敌人撤退后，曾子回来了。他身边的人说："武城的人们对待先生这样忠诚、恭敬，敌人一来您先行离开，给老百姓树立了一个坏榜样；敌人一退您马上回来，恐怕不好吧。"沈犹行说："这不是你们懂得的。从前先生住在我那里，遇到一个叫负刍的人作乱，跟随先生的七十人，也都没有介入。"

子思住在卫国时，有齐国的军队来犯。有人说："敌人要来了，何不离开这里？"子思说："如果我也走了，君主和谁来守城呢？"

孟子说："曾子、子思遵守的原则是一样的。曾子，是老师，是长辈。子思，是臣子，是地位较低的人。曾子和子思如果交换位置，也会像对方一样做的。"

【原文】

[8.32] 储子曰①："王使人瞷夫子②，果有以异于人乎？"

孟子曰："何以异于人哉？尧、舜与人同耳。"

【注释】

① 储子：齐国人。

② 瞷（kàn）：窥视。

【译文】

储子说："齐王派人来窥探先生，先生真有跟别人不同之处吗？"

孟子说："和别人哪有什么不同的呢？连尧、舜和别人也都是一样的。"

【品鉴】

尧、舜与人同。

在孟子看来，就人的本性而言，任何人都是一样的，尧、舜也不例外。

【原文】

[8.33] 齐人有一妻一妾而处室者，其良人出则必餍酒肉而后反。其妻问所与饮食者，则尽富贵也。其妻告其妾曰："良人出①，则必餍酒肉而后反②，问其与饮食者，尽富贵也，而未尝有显者来，吾将瞯良人之所之也。"蚤起③，施从良人之所之④，遍国中无与立谈者。卒之东郭墦间⑤，之祭者，乞其余，不足，又顾而之他，此其为餍足之道也。其妻归，告其妾，曰："良人者，所仰望而终身也，今若此。"与其妾讪其良人⑥，而相泣于中庭，而良人未之知也，施施从外来⑦，骄其妻妾。由君子观之，则人之所以求富贵利达者，其妻妾不羞也，而不相泣者，几希矣。

【注释】

① 良人：丈夫。

② 餍（yàn）：足，饱。反：同"返"。

③ 蚤：通"早"。

④ 施（yí）：通"迤"，逶迤斜行。

⑤ 墦（fán）：坟墓。

⑥ 讪：讥讽，嘲讽。

⑦ 施施：喜悦自得的样子。

【译文】

齐国有个人，家里有一妻一妾。那个做丈夫的外出，一定是酒足饭饱以后才回来。他的妻子问他和什么人一起吃喝，他回答说，都是些有钱有势的人。妻子对妾说："丈夫外出，一定是酒足饭饱以后才回来，问是谁与他一起吃喝，回答说都是些有钱有势的人，但家里不曾有显贵的人来访，我打算偷偷地看他究竟去了哪儿。"

第二天一清早起来，她就尾随丈夫到他所去的地方，走遍城里，没见有一个人停下来同他说话。最后到了东郊外的墓地，见他走到扫墓的人那里，乞讨残羹剩饭，不够吃，又东张西望，再到别的地方乞讨，这就是他吃饱喝足的办法。

他妻子回到家里，告诉妾说："丈夫，是我们仰望而终身依靠的人，如今他竟然是这样的。"于是和妾一道嘲讽丈夫，又在院子里相对而泣，但丈夫并不知道，得意洋洋地从外面回来，还向妻妾耍着威风。

在君子看来，人们用来乞求升官发财的办法，不让他们的妻妾感到羞耻、相对而泣的，实在很少。

【品鉴】

由君子观之，则人之所以求富贵利达者，其妻妾不羞也，而不相泣者，几希矣。

自重从而尊重别人，是社会交往的重要原则。自重尤其是做人的根本。

孟子说：在君子看来，人们用来乞求升官发财的办法，能不让他们的妻妾感到羞耻，不相对而泣的，实在很少。朱熹批注指出："言今之求富贵者，皆以枉曲之道，昏夜乞哀以求之，而以骄人于白日，与斯人何以异哉？"意思是说，为求富贵不走正路，晚上可怜兮兮到处奔走，白天大摇大摆盛气凌人，这种人和这个齐人又有什么本质的不同呢？

卷九

万　章 [上]

　　本卷共9章。基本上是孟子与弟子万章的答问（仅第4章例外）。从主题来看，主要凸显舜孝敬父亲、友爱兄弟的品德（第1至4章），以此放在一切德行的首位；讨论禅让与世袭问题（第5、6章），认为决定者不在个人，而在天意，最终决定者其实就是民心；此外，以伊尹、孔子和百里奚的故事（第7至9章）来强化君子出仕的使命感、高尚气节和对时势的审度。具体来说：第1章讲舜对孝的重视超过了富有天下。第2章讲舜通权达变处理婚事，以礼义处理兄弟关系。第3章仍然讲舜处理兄弟关系之事。第4章讲舜处理与尧、瞽瞍的关系。另外提出了"不以文害辞，不以辞害志"和"以意逆志"等读《诗》的重要方法。第5章讨论禅让制，认为尧舜禅让是"天"和"民"共同作用的结果，而不是尧将天下给了舜。第6章讨论世袭制，认为启最终承继禹不存在道德衰微的问题，主要是看天意，实际上是看民心。第7章讲伊尹出仕是出于先知觉后知、先觉觉后觉的历史使命感。第8章讲孔子进退依循礼义。第9章讲百里奚相秦为贤智之举。

【原文】

[9.1] 万章问曰："舜往于田，号泣于旻天①。何为其号泣也？"

孟子曰："怨慕也。"

万章曰："父母爱之，喜而不忘。父母恶之，劳而不怨②。然则舜怨乎？"

曰："长息问于公明高曰③：'舜往于田，则吾既得闻命矣；号泣于旻天，于父母，则吾不知也。'公明高曰：'是非尔所知也。'夫公明高以孝子之心，为不若是恝④，我竭力耕田，共为子职而已矣⑤，父母之不我爱，于我何哉？帝使其子九男二女⑥，百官牛羊仓廪备，以事舜于畎亩之中⑦，天下之士多就之者，帝将胥天下而迁之焉⑧。为不顺于父母⑨，如穷人无所归。天下之士悦之，人之所欲也，而不足以解忧；好色，人之所欲，妻帝之二女，而不足以解忧；富，人之所欲，富有天下，而不足以解忧；贵，人之所欲，贵为天子，而不足以解忧。人悦之、好色、富贵，无足以解忧者，惟顺于父母，可以解忧。人少，则慕父母；知好色，则慕少艾⑩；有妻子，则慕妻子；仕则慕君，不得于君则热中。大孝终身慕父母。五十而慕者，予于大舜见之矣。"

【注释】

① 旻（mín）天：泛指天。

②"父母爱之"等四句：是引用曾子的话。《礼记·祭义》上有：

"曾子曰：'父母爱之，喜而弗忘；父母恶之，惧而无怨。'"忘，通"妄"，乱来。劳，忧愁。

③ 长息：公明高的学生。公明高：曾参的学生。

④ 恝（jiá）：无忧无愁的样子。

⑤ 共：当读为"恭"。

⑥ 帝：指尧。九男：尧的九个儿子。二女：尧的两个女儿，即娥皇、女英。

⑦ 畎（quǎn）亩：田地。垄中曰畎，垄上曰亩。

⑧ 胥：全部，都。

⑨ 顺：悦，喜欢。

⑩ 少艾：年轻貌美的人。艾，美好。

【译文】

万章问道："舜到田里去劳作，向着苍天大声哭诉。他为什么要这样呢？"

孟子说："因为对父母既埋怨又怀恋。"

万章说："曾子说过：'父母喜爱我，我虽高兴却不敢乱来。父母讨厌我，我虽忧愁却不会抱怨。'那么舜竟会抱怨父母吗？"

孟子说："长息曾经问公明高说：'舜去田里劳作，我已经听先生解释过了。但他向着天哭诉，涉及他的父母，这我就不懂了。'公明高说：'这不是你所能了解的。'在公明高看来，孝子的心思是不会像这样无忧无虑的：我只要努力耕田，恭敬地履行儿子的职责就行了。父母不疼爱我，我有什么办法呢？尧派她的九个儿子、两个女儿，以及大小官吏，带着牛羊、粮食等，到田地里侍奉舜，天下的士人也多投奔到舜那里，尧还准备将整个天下都让给他。舜却因为得不到父母的欢心，而像走投无路的人那样无所归属。天下的士人喜欢他，这是谁都想要的，却不足以消除他的忧愁；美丽的女子是人人想要的，他娶了尧的两个女儿，却不足以消除他的忧愁；富有，这是谁都想要的，富到拥有整个天下，却不足以消除他的忧愁；显贵，这是谁都想要的，贵到身为天子，却不足以消除他的忧愁。别人喜欢他、美丽的姑娘、财富和尊贵，都不足以消除他的忧愁，只有得到了父母的欢心才可以消除忧愁。人在小时候，就怀恋父母；懂得喜欢女子的时候，就会思慕年轻漂亮的女子；有了妻室儿女，就爱护妻室儿女；做了官，就爱戴君主，得不到君主的欢心就焦虑不安。大孝是终身怀恋父母的。到了五十岁还怀恋父母的，我在伟大的舜身上见到了。"

【原文】

[9.2] 万章问曰："《诗》云：'娶妻如之何？必告父母。'①信斯言也，宜莫如舜。舜之不告而娶，何也？"

孟子曰："告则不得娶。男女居室，人之大伦也。如告，则废人之大伦，以怼父母②，是以不告也。"

万章曰："舜之不告而娶，则吾既得闻命矣。帝之妻舜而不告，何也？"

曰："帝亦知告焉则不得妻也。"

万章曰："父母使舜完廪，捐阶③，瞽瞍焚廪。使浚井，出，从而揜之④。象曰⑤：'谟盖都君咸我绩⑥。牛羊父母，仓廪父母，干戈朕，琴朕，弤朕⑦，二嫂使治朕栖⑧。'象往入舜宫，舜在床琴。象曰：'郁陶思君尔⑨。'忸怩⑩。舜曰：'惟兹臣庶⑪，汝其于予治⑫。'不识舜不知象之将杀己与？"

曰："奚而不知也？象忧亦忧，象喜亦喜。"

曰："然则舜伪喜者与？"

曰："否。昔者有馈生鱼于郑子产，子产使校人畜之池⑬。校人烹之，反命曰：'始舍之，圉圉焉⑭；少则洋洋焉⑮，攸然而逝⑯。'子产曰：'得其所哉！得其所哉！'校人出，曰：'孰谓子产智？予既烹而食之，曰：得其所哉，得其所哉。'故君子可欺以其方，难罔以非其道。彼以爱兄之道来，故诚信而喜之，奚伪焉？"

【注释】

① "《诗》云"等两句：诗见《诗经·齐风·南山》。

② 怼（duì）：怨恨。

③ 捐阶：除去梯子。

④ 捈：现在通作"掩"。按照《说文解字》的解释：捈是覆盖。掩是敛。

⑤ 象：舜同父异母的弟弟。

⑥ 谟盖：谋害。谟，同"谋"。盖，同"害"，这里兼及盖井之事。都君：指舜。

⑦ 弤（dǐ）：舜用的弓之名。

⑧ 栖：床。

⑨ 郁陶：思念的样子。

⑩ 忸怩（niǔ nì）：羞愧的样子。

⑪ 惟：想念。

⑫ 于：通"为（wéi）"，帮助。

⑬ 校人：管理沼池的小吏。

⑭ 圉圉（yǔ）：鱼在水中疲弱未舒展的样子。

⑮ 洋洋：舒缓摇尾的样子。

⑯攸然：快速往深水处游动的样子。

【译文】

万章问道："《诗经·齐风·南山》上说：'娶妻应该怎么办？定要事先禀父母。'相信这句话的，应该没有人比得上舜。但是，舜却没有先禀告父母就娶了妻子，这是什么道理？"

孟子说："舜如果先禀告父母就娶不成妻子了。男女成婚，是人与人之间重要的伦理关系。如果事先禀告了父母，就将破坏这重要的伦常，结果就会怨恨父母，所以便不禀告了。"

万章说："舜不禀告就娶妻的道理，我已经听先生解释过了。帝尧将女儿嫁给舜，也不告诉舜的父母，又是什么道理？"

孟子说："帝尧也知道告诉了他们，就无法将女儿嫁给舜。"

万章说："父母让舜修谷仓，等舜上了屋顶，就撤掉梯子，舜的父亲瞽瞍还放火烧谷仓。他们又让舜去淘井，不知舜从旁边挖洞逃了出来，却往井里填土。象说：'谋害舜都是我的功劳，牛羊归父母，粮食归父母，干戈归我，琴归我，弤弓归我，两位嫂嫂都要给我铺床叠被。'象走进舜的屋里，舜却已坐在床边抚琴。象说：'我好想你呀！'神情有些惭愧。舜说：'我惦念这些臣下和百姓，你帮我管理吧。'我不清楚，舜知不知道象要杀害他？"

孟子说："哪里会不知道？只不过象忧愁，他也忧愁；象高兴，他也高兴。"

万章说："那么，舜是假装高兴吗？"

孟子说："不是。从前有人送条活鱼给郑国的子产，子产让管池塘的小吏将它养起来。那人却将鱼煮了吃掉，回来报告说：'刚放到池塘里，它还半死不活的；过了一会儿，它便摆着尾巴游起来，突然间很快游向深处不见了。'子产说：'它找到了好去处了！它找到了好去处了！'那人出来说：'谁说子产聪明？我已经将那条鱼煮了吃掉，他还说，鱼找到好去处了！鱼找到了好去处了！'所以，对于君子是可以用合乎情理的方式来欺骗他，却不能用违背道义的办法诓骗他。象装着敬爱兄长的样子过来，舜就诚心实意地相信并感到高兴，怎么是装出来的呢？"

【品鉴】

君子可欺以其方，难罔以非其道。

不以小人之心度人，所以小事会糊涂；专以圣贤之事为务，所以大事必清醒。

孔子说："君子坦荡荡，小人长戚戚。"君子总是胸怀宽广，一心向善，所以不会被得失名利所困扰。面对小人采用合乎情理的方式来欺骗他，由于没有足够的戒心，以至于让小人得逞于一时。但既然以圣贤事业为务，在大是大非问题上一定不会含糊。尽管小人机关算尽，每日忧愁悲伤的样子，但用违背道义的办法去诓骗君子，却注定不会成功。

【原文】

[9.3] 万章问曰："象日以杀舜为事，立为天子则放之，何也？"

孟子曰："封之也，或曰放焉。"

万章曰："舜流共工于幽州①，放驩兜于崇山②，杀三苗于三危③，殛鲧于羽山④，四罪而天下咸服，诛不仁也。象至不仁，封之有庳⑤。有庳之人奚罪焉？仁人固如是乎？在他人则诛之，在弟则封之？"

曰："仁人之于弟也，不藏怒焉，不宿怨焉⑥，亲爱之而已矣。亲之欲其贵也；爱之欲其富也。封之有庳，富贵之也。身为天子，弟为匹夫，可谓亲爱之乎？"

"敢问或曰放者，何谓也？"

曰："象不得有为于其国，天子使吏治其国，而纳其贡税焉，故谓之放。岂得暴彼民哉？虽然，欲常常而见之，故源源而来，'不及贡，以政接于有庳。'此之谓也。"

【注释】

① 共工：水官名。幽州：地名，当在今北京密云东北。

② 驩兜：人名。崇山：地名，当在今湖南大庸县境内。

③ 杀：当为"窜"的假借字。三苗：我国古代部族名，在长江中下游以南的地方。三危：山名，当在今甘肃敦煌一带。

④ 殛（jí）：诛杀。鲧：人名，传说是禹之父。羽山：山名，传说在山东蓬莱，一说在江苏赣榆区。

⑤ 有庳（bì）：国名。在今湖南道县北。

⑥ 宿怨：怀仇怨在心。宿，留住。

【译文】

万章问道："象每天把谋杀舜当一件大事来做，舜做了天子后却只是流放他，为什么？"

孟子说："舜是封象为诸侯，有人说是流放就是了。"

万章说："舜将共工流放到幽州，将驩兜放逐到崇山，在三危杀掉了三苗的君主，在羽山处决了鲧，惩罚了这四个恶人而使天下人归服，因为讨伐了没有仁德的人。象是最没有仁德的，却被封为有庳国的侯。有庳国的人难道有什么罪过吗？仁德的君主竟然可以这么做吗？——对别人，就惩处他；对弟弟，就封赏他？"

孟子说:"有仁德的人对待自己的弟弟,不藏着怨气,不怀着仇恨,只是亲近他、爱护他罢了。亲近他,就让他尊贵;爱护他,就让他富有。封为有庳国的侯,就是让他富贵。自己做了天子,弟弟却是百姓一个,可以叫做亲近他、爱护他吗?"

万章说:"请问:有人说是流放,又是为什么呢?"

孟子说:"象不能在他的国土上为所欲为,天子派了官吏来治理他的国家,收缴贡税,所以有人说是流放。象哪里还能残害他的百姓呢?尽管这样,舜还想常常能看到他,所以象也不断来见,古书上说:'不用等到缴纳贡税的时候,也可以政事为名来接待。'说的就是这件事。"

【原文】

[9.4] 咸丘蒙问曰①:"语云:'盛德之士,君不得而臣,父不得而子。'舜南面而立②,尧帅诸侯北面而朝之,瞽瞍亦北面而朝之。舜见瞽瞍,其容有蹙③。孔子曰:'于斯时也,天下殆哉,岌岌乎④。'不识此语诚然乎哉?"

孟子曰:"否。此非君子之言,齐东野人之语也。尧老而舜摄也。《尧典》曰⑤:'二十有八载⑥,放勋乃徂落⑦,百姓如丧考妣⑧。三年,四海遏密八音⑨。'孔子曰:'天无二日,民无二王。'⑩舜既为天子矣,又帅天下诸侯以为尧三年丧,是二天子矣。"

咸丘蒙曰:"舜之不臣尧,则吾既得闻命矣。《诗》云:'普天之下,莫非王土;率土之滨,莫非王臣。'⑪而舜既为天子矣,敢问瞽瞍之非臣,如何?"

曰:"是诗也,非是之谓也。劳于王事,而不得养父母也。曰:'此莫非王事,我独贤劳也⑫。'故说诗者,不以文害辞⑬,不以辞害志。以意逆志⑭,是为得之。如以辞而已矣,《云汉》之诗曰：'周余黎民⑮，靡有孑遗⑯。'信斯言也，是周无遗民也。孝子之至，莫大乎尊亲。尊亲之至，莫大乎以天下养。为天子父，尊之至也。以天下养，养之至也。《诗》曰：'永言孝思⑰，孝思维则⑱。'此之谓也。《书》曰：'祗载见瞽瞍⑲，夔夔斋栗⑳，瞽瞍亦允若㉑。'是为父不得而子也？"

【注释】

① 咸丘蒙：孟子的学生。

② 南面：指做天子。古时天子在朝都坐北朝南。

③ 蹙（cù）：不安。

④ 岌岌（jí）：形容危险的样子。

⑤《尧典》曰：以下数句在今本《尚书·舜典》。今本《舜典》与《尧典》本是一篇，题为《尧典》。

⑥ 二十有八载：指舜摄政后的二十八年。有，通"又"。

⑦ 放勋：即尧。徂（cú）落：同"殂落"，死亡。

⑧ 考妣（bǐ）：逝去的父母。

⑨ 遏：禁止。密：无声。八音：指金、石、丝、竹、匏、土、革、木八种乐器。

⑩ "天无二日"等二句：并见《礼记》的《曾子问》及《坊记》。

⑪ "普天之下"等四句：见《诗经·小雅·北山》。率，循，顺着。

⑫ 贤劳：劳苦。贤，劳。

⑬ 文：文字。辞：语句。

⑭ 逆：测度。

⑮ 黎民：老百姓。

⑯ 靡有：没有。孑（jié）遗：剩余，遗留。"周余"等二句，是形容

灾难深重，死亡无数。

⑰ 思：语助词。

⑱ 维则：作为行动的准则。

⑲ 祗（zhī）：恭敬。载：语助词。

⑳ 夔夔（kuí）斋栗：因恭敬谨慎而紧张战栗的样子。

㉑ 允：信，确实。若：顺。

【译文】

咸丘蒙问道："俗话说：'德行极高的人，君主不能够把他当作臣子看待，父亲不能够把他当作儿子看待。'舜做了天子，面朝南而立，尧带领诸侯面向北朝见，他的父亲瞽瞍也面向北朝见。舜见到瞽瞍，神色局促不安。孔子说：'在这个时候啊，天下岌岌可危啊！'不知道这话当真吗？"

孟子说："不是。这不是君子的话语，是齐东乡野村夫的话语。尧年老时，舜代他行天子职权。《尚书·尧典》说：'二十八年后，尧辞世，老百姓如同父母之逝，服丧三年，四海之内禁止一切音乐。'孔子说：'天上没有两个太阳，人间没有两个君王。'如果舜在尧死前做了天子，又带领天下诸侯为尧服丧三年，这就是同时有两个天子了。"

咸丘蒙说："舜没把尧当臣子，我听了您的教诲懂了。《诗经·小雅·北山》说：'普天之下，没有一寸地不是天子的土地；四海之内，没有一个人不是天子的臣民。'而舜既已经做了天子，如果瞽瞍还不是他的臣民，请问这是怎么回事？"

孟子说："这首诗讲的不是你这个意思；是作者慨叹为天子的公事而辛劳，不能够奉养父母。他说：'这些事没有一件不是王的公事，却只有我一人最辛劳。'所以解说诗的人，不要拘泥文字而误解了词句，也不要凭个别词句误解了原意。采用设身处地的思考方法来考察诗人的原意，这才对了。如果只是凭词句，《诗经·大雅·云汉》里说：'周朝剩余的老百姓，没有一个留在世上。'假如相信这句话，那么就成了周朝一个人都没有留下了。孝子的极致，莫过于使父母尊贵；使父母尊贵的极致，莫过于用天下去奉养他们。身为天子的父亲，是尊贵至极的；舜用天下来奉养，也是奉养的极致。《诗经·大雅·下武》上又说：'永远讲求孝道，孝道是天下的准则。'说的就是这个意思。《尚书》说：'恭敬小心见瞽瞍，态度谨慎而恐惧，瞽瞍确实已顺心。'这难道是父亲不能把他当作儿子吗？"

【品鉴】

以意逆志，是为得之。

设身处地，才能获得对文本真义的理解。

孟子在这里提出了解说《诗》的基本原则和方法："不以文害辞，不以辞害志。以意逆志，是为得之。"也就是说：解说《诗》的人，不要让局部文字的意义妨碍对整个篇章意义的理解，不要让篇章意义的字面意义妨碍对作者本来意图的理解；应该用设身处地的研究方法去考察作者的本来意图，这样才能真正获得《诗》的本义。

【原文】

[9.5] 万章曰："尧以天下与舜，有诸？"

孟子曰："否。天子不能以天下与人。"

"然则舜有天下也，孰与之？"

曰："天与之。"

"天与之者，谆谆然命之乎[①]？"

曰："否。天不言，以行与事示之而已矣。"

曰："以行与事示之者，如之何？"

曰："天子能荐人于天，不能使天与之天下。诸侯能荐人于天子，不能使天子与之诸侯。大夫能荐人于诸侯，不能使诸侯与之大夫。昔者尧荐舜于天而天受之，暴之于民而民受之②。故曰：天不言，以行与事示之而已矣③。"

曰："敢问荐之于天而天受之，暴之于民而民受之，如何？"

曰："使之主祭而百神享之，是天受之；使之主事而事治，百姓安之，是民受之也。天与之，人与之，故曰：天子不能以天下与人。舜相尧二十有八载，非人之所能为也，天也。尧崩，三年之丧毕，舜避尧之子于南河之南④，天下诸侯朝觐者⑤，不之尧之子而之舜；讼狱者，不之尧之子而之舜；讴歌者，不讴歌尧之子而讴歌舜，故曰天也。夫然后之中国，践天子位焉。而居尧之宫，逼尧之子，是篡也，非天与也。《泰誓》曰⑥：'天视自我民视，天听自我民听。'此之谓也。"

【注释】

① 谆谆（zhūn）：教诲不倦的样子。

② 暴（pù）：显露，公布。

③ 行：指变化趋势。事：指具体事件。

④ 南河：即黄河，在尧都城的南面，所以称南河。

⑤ 朝觐（cháo jìn）：臣晋见君主。

⑥《泰誓》：《尚书》篇名。

【译文】

万章说:"尧将天下授予了舜,有这回事吗?"

孟子说:"没有。天子不能将天下授予人。"

"那么舜拥有天下,是谁授予他的?"

孟子说:"是天授的。"

"天授的,是通过反复叮咛告诫他吗?"

孟子说:"不。天不说话,只通过变化趋势和具体事件昭示给他罢了。"

万章说:"通过变化趋势和具体事件昭示他,是怎样进行的?"

孟子说:"天子能将人推荐给天,却不能强迫天将天下给人;诸侯能将人推荐给天子,却不能强迫天子给他诸侯之位;大夫能将人推荐给诸侯,却不能强迫诸侯给他大夫之位。从前尧将舜推荐给天而天接受了他,将舜介绍给老百姓而老百姓接受了他,所以说,天不说话,只通过变化趋势和具体事件昭示他罢了。"

"请问将舜推荐给天而天接受了他,将舜介绍给老百姓而老百姓接受了他,是怎样的?"

孟子说:"让他主持祭祀,百神都来享用,这是天接受了他;让他主持政事而政事井井有条,老百姓满意他,这是老百姓接受了他。天下是天给他的,是老百姓给他的,所以说:天子不能将天下给人。舜辅佐尧二十八年,这不是一个人的意愿所能决定的,是天意。尧死后,三年的服丧期限结束时,舜避开尧的儿子,到南河的南边去。可是天下诸侯来朝见的,不到尧的儿子那里而到舜那里;打官司的,不到尧的儿子那里而到舜那里;唱颂歌的,不歌颂尧的儿子而歌颂舜,所以说是天意。这样他才回到国都,坐上了天子的宝座。如果是当初就住进尧的宫里,逼迫尧的儿子离开,就是篡夺,不是天授了。《尚书·泰誓》说:'老百姓的眼睛看到的,就是天看到的;老百姓的耳朵听到的,就是天听到的。'说的就是这个意思。"

【品鉴】

天子不能以天下与人。

尧舜禅让是"天"和"民"共同作用的结果,而不是尧将天下给了舜。

唐尧将最高权力采用禅让的方式转移给舜,历来传为佳话。但孟子对此做出了新的解释:不是尧将天下给了舜。他认为,实际情况是:"尧荐舜于天而天受之,暴之于民而民受之。"就是说,尧将舜首先推荐给天,而天接受了他。天怎么接受的呢?天不说话,只通过变化趋势和具体事件来昭示。譬如,尧让舜主持祭祀,百神都来享用,这是天接受了他。如果说这样讲多少有点玄乎的话,后面就更清楚了:禅让能否成功最终仍需得到民意的认可。尧将舜介绍给老百姓,而老百姓也接受了。具体表现就是:尧让舜主持政事,而政事井井有条,老百姓对他满意,这表明老百姓接受了他。因此,孟子认为,"天子不能以天下与人"。具有决定权的首先是"天",其次是"民"。同时还引证《尚书·泰誓》中"天视自我民视,天听自我民听"加以说明。实际上,前者是表面的,后者是深层的。尽管这里还摆脱不了神道设教的影子,但对民意的强调,仍具有重要的意义。

【原文】

[9.6] 万章问曰:"人有言,'至于禹而德衰,不传于贤而传于子。'有诸?"

孟子曰:"否,不然也。天与贤,则与贤;天与子,则与子。

昔者舜荐禹于天，十有七年，舜崩，三年之丧毕，禹避舜之子于阳城①。天下之民从之，若尧崩之后，不从尧之子而从舜也。禹荐益于天，七年，禹崩。三年之丧毕，益避禹之子于箕山之阴②。朝觐讼狱者不之益而之启③，曰：'吾君之子也。'讴歌者不讴歌益而讴歌启，曰：'吾君之子也。'丹朱之不肖④，舜之子亦不肖。舜之相尧、禹之相舜也，历年多，施泽于民久。启贤，能敬承继禹之道。益之相禹也，历年少，施泽于民未久。舜、禹、益相去久远⑤，其子之贤不肖，皆天也，非人之所能为也。莫之为而为者，天也；莫之致而至者，命也。匹夫而有天下者，德必若舜禹，而又有天子荐之者，故仲尼不有天下。继世以有天下，天之所废，必若桀纣者也，故益、伊尹、周公不有天下。伊尹相汤以王于天下，汤崩，太丁未立⑥，外丙二年⑦，仲壬四年⑧，太甲颠覆汤之典刑⑨，伊尹放之于桐⑩，三年，太甲悔过，自怨自艾，于桐处仁迁义；三年，以听伊尹之训己也，复归于亳⑪。周公之不有天下，犹益之于夏、伊尹之于殷也。孔子曰：'唐虞禅，夏后、殷、周继，其义一也。'"

【注释】

① 阳城：山名，在今河南登封市北。

② 箕山：在今河南登封市东南。阴：山之北。

③ 启：禹之子。

④ 丹朱：尧之子，本名朱，后封在丹。

⑤ 舜、禹、益相去久远：指三者相距或久远或短暂。舜相尧二十八年，禹相舜十七年，而益相禹只有七年。

⑥ 太丁：汤之太子，未立而死。

⑦ 外丙：太丁之弟。

⑧ 仲壬：太丁之弟。

⑨ 太甲：太丁之子。典刑：典章法度。

⑩ 桐：在今河南偃师市西南。

⑪ 亳（bó）：地名，商汤的国都，在今河南商丘北。

【译文】

万章问道："有人说，'到禹那时候道德就衰微了，他不传位给贤圣的人，而传给自己的儿子'，有这样的事吗？"

孟子说："不，不是这样的。天要授给贤圣的人，就授给贤圣的人；天要授给君主的儿子，就授给君主的儿子。从前，舜将禹推荐给天，十七年之后，舜死了，三年服丧期结束后，禹避开舜的儿子去阳城，可是天下的老百姓都跟从他，正如尧死后，老百姓不跟从尧的儿子而跟从舜一样。禹也将益推荐给天，七年后，禹死了。三年服丧期结束后，益为避开禹的儿子躲到箕山北面。朝见和打官司的人不去益那里，而到启那里去，说：'他是我们君主的儿子啊。'唱颂歌的人不歌颂益而歌颂启，说：'他是我们君主的儿子啊。'尧的儿子丹朱不好，舜的儿子也不好。舜辅佐尧、禹辅佐舜，都经历了很多年，惠及百姓恩泽黎民的时间也长。启是贤明的，能认真地继承禹的传统。益辅佐禹，经历时间较短，惠及百姓恩泽黎民的时间不长。舜、禹、益，他们辅佐先王的时间长短差别很大，他们的儿子是不是贤明，都是天意，不是人的意志所能主宰。没有人去做却成就了，这是天意；没有人去争却得到了，这是命运。一个平民百姓却能得到天下，他的德行一定像舜和禹那样，而且还得有天子推荐他，所以孔子没能得到天下。通过世袭来得到天下，而天意又将他废弃的，一定是像桀、纣那样的人，所以益、伊尹、周公没能得到天下。伊尹辅佐汤统一了天下，汤过世后，太丁没有继位就死了，外丙在位两年,仲壬在位四年,太甲破坏了汤的典章法度,伊尹就将他流放到桐邑,三年之后,太甲悔过,怨恨自己,改正自己,在桐邑修养仁德,据义而行,三年过后,因为已经能够听从伊尹对自己的教导,重新回到亳都做天子。周公没能得到天下,就像益处在夏朝、伊尹处在商朝的情况一样。孔子说:'唐尧、虞舜实行禅让,夏、商、周三代实行世袭,道理是一样的。'"

【品鉴】

莫之为而为者,天也;莫之致而至者,命也。

没有人去做却成就了,这是天意;没有人去争却得到了,这是命运。

这是孟子关于"天"和"命"最为重要的观点。"为"通常要被某种目的或意志所支配,也需要有某种力量来推动。但既然是"莫之为而为",那就是说:这种"为"既没有任何目的在支配,也没有任何力量在推动。这就清楚地说明,超自然的神学目的论是站不住脚的。"天"就是自然界本身,它是自然而然地运行,自主地决定一切。因此,"天"也是蕴藏于自身中的客观必然性。对"至"和"莫之致而至"的理解,也可作如是观。这里,两者的差别可以粗略地表述为:前者说的是"天",主要指自然界中的某种客观必然性;后者说的是"命",主要指人类社会或社会历史中的某种客观必然性。应该说,孟子对"天"的看法,尽管仍保留了天神论的某种原有形式,但其根本内容,已经有了巨大变化。无疑,孟子也站在了当时自然哲学思想发展的前列。

【原文】

[9.7] 万章问曰:"人有言,伊尹以割烹要汤[①],有诸?"

孟子曰:"否,不然。伊尹耕于有莘之野[②],而乐尧、舜之道焉。非其义也，非其道也，禄之以天下，弗顾也；系马千驷，弗视也。非其义也，非其道也，一介不以与人③，一介不以取诸人。汤使人以币聘之④，嚣嚣然曰⑤：'我何以汤之聘币为哉？我岂若处畎亩之中，由是以乐尧、舜之道哉？'汤三使往聘之，既而幡然改曰⑥：'与我处畎亩之中⑦，由是以乐、尧、舜之道，吾岂若使是君为尧、舜之君哉？吾岂若使是民为尧、舜之民哉？吾岂若于吾身亲见之哉？天之生此民也，使先知觉后知，使先觉觉后觉也。予，天民之先觉者也；予将以斯道觉斯民也。非予觉之，而谁也？'思天下之民匹夫匹妇有不被尧、舜之泽者，若己推而内之沟中⑧。其自任以天下之重如此，故就汤而说之以伐夏救民。吾未闻枉己而正人者也⑨，况辱己以正天下者乎？圣人之行不同也，或远或近，或去或不去，归絜其身而已矣。吾闻其以尧、舜之道要汤⑩，未闻以割烹也。《伊训》曰⑪：'天诛造攻自牧宫⑫，朕载自亳⑬。'"

【注释】

① 割烹：切肉而烹调。

② 有莘：古国名，在今河南开封。

③ 介：即"芥"，草。比喻极轻微的东西。

④ 币：缯帛，古人用作礼物的丝织品。

⑤ 嚣嚣：悠闲自得的样子。

⑥ 幡（fān）然：很快而且彻底地（改变）。幡，后来作"翻"。

⑦ 与：与其。畎（quǎn）亩：田间，田地。

⑧ 内：同"纳"。

⑨ 枉：邪曲，不正直。

⑩ 要（yāo）：求取，求得。

⑪《伊训》：《尚书》篇名，已佚。今本《尚书》中的《伊训》系伪古文。

⑫造：开始。牧官：桀的官室。

⑬朕：伊尹自称。载：起始。

【译文】

万章问道："有人说，'伊尹是靠当厨师来向汤谋求任用'，有这样的事情吗？"

孟子说："不，不是这样的。伊尹在有莘国的郊野耕田，以独守尧舜之道为乐。对那些不合乎义的行为，不合乎道的事情，即使将天下当作俸禄给他，他头都不回一下；即使有四千匹马系在那里，他也不会望一眼。如果事情或行为不合乎道义，就连一根草也不肯给，就连一根草也不会拿。汤派人拿着礼物去聘请他，他淡然地说：'我接受汤的聘礼干什么呢？这难道比得上我独处田野之中，乐守尧舜之道吗？'汤多次派人去聘请他，后来他完全改变了态度，说：'我独处田野之中，以守护尧舜之道为乐，怎么比得上使这个君主成为尧、舜一样的君主呢？怎么比得上让百姓生活得像尧、舜时候的百姓呢？怎么比得上亲眼目睹尧舜一样的盛世呢？上天生育百姓，就是要使先知者唤醒后知者，使先觉者启发后觉者。我，是天下百姓中的先觉者，我要用尧舜之道来使百姓觉悟。如果不是我来使他们觉悟，那还能有谁呢？'他想到天下的百姓，男男女女中只要有没能获得尧、舜恩泽的人，就像是自己将他们推到沟渠里去一样。他就是这样自己承担了天下的重任，所以找到汤，游说他讨伐夏桀、拯救百姓。我没听说过自己不正直而能匡正别人的，何况是屈辱自己来匡正天下呢？圣人的行为是不一样的，有的疏远君主，有的接近君主；有的离开朝廷，有的不离开朝廷，归根结底都要使自己保持洁净。我听说他用尧、舜的道理来向汤求得任用，没听说他靠自己当厨师来谋事情做。《尚书·伊训》说：'上天的讨伐起自夏桀的宫廷，我不过是从商都亳邑开始打算罢了。'"

【品鉴】

天之生此民也，使先知觉后知，使先觉觉后觉也。

先知觉后知、先觉觉后觉，这是历史赋予的使命。

人类社会不同于自然，它是由有意志、有目的的人的活动构成的。人对社会发展的关注、知晓和觉解有先后，其关注、知晓和觉解的深度和广度也有差别，这便有了所谓"先知""先觉"和"后知""后觉"之分。不论这种"知"和"觉"体现在思想上还是落实在事功中，这些先知、先觉者所具有的强烈的历史使命感和社会责任感，足以令后知、后觉和后来者们景仰。

在孟子那里，除了古圣先贤，"士"也应该是这样一些先知先觉者。他们"居仁由义"、高尚其志，从不把物质利益放在重要位置，"无恒产而有恒心者，惟士为能"；他们坚持自己原则，"中道而立""大匠不为拙工改废绳墨，羿不为拙射变其彀率"；他们尊德乐义，"士穷不失义，达不离道。……得志，泽加于民；不得志，修身见于世。穷则独善其身，达则兼善天下。"他们是社会的良知和智慧的代言人。

【原文】

[9.8] 万章问曰："或谓孔子于卫主痈疽①，于齐主侍人瘠环②，有诸乎？"

孟子曰："否，不然也。好事者为之也。于卫主颜雠由③。弥子之妻与子路之妻④，兄弟也。弥子谓子路曰：'孔子主我，卫卿可得也。'子路以告。孔子曰:'有命。'孔子进以礼,退以义,得之不得曰'有命'。而主痈疽与侍人瘠环,是无义无命也。孔子不悦于鲁、卫,遭宋桓司马将要而杀之⑤,微服而过宋⑥。是时孔子当厄,主司城贞子⑦,为陈侯周臣⑧。吾闻观近臣⑨,以其所为主;观远臣⑩,以其所主。若孔子主痈疽与侍人瘠环,何以为孔子?"

【注释】

① 主痈疽(yōng jū):把痈疽当主人,指住痈疽家。痈疽:人名,卫灵公宠幸的宦官。

② 侍人:即"寺人",宦官。瘠环:人名。

③ 颜雠由:卫国的贤大夫。

④ 弥子:卫灵公的宠臣弥子瑕。

⑤ 宋桓司马:宋国的司马桓魋(tuí)。要(yāo):拦截。

⑥ 微服:国君或官吏穿着一般人的衣服。

⑦ 司城贞子:陈国人。

⑧ 陈侯周:陈怀公的儿子,名周。

⑨ 近臣:在朝的臣子。

⑩ 远臣:远方来仕者。

【译文】

万章问道:"有人说,孔子在卫国住在卫灵公所宠信的宦官痈疽家里,在齐国住在齐景公所宠信的宦官瘠环家里,有这回事吗?"

孟子说:"没有,不是这样。这是好事之徒编造出来的。他在卫国住在颜雠由家里。弥子瑕的妻子和子路的妻子是姐妹。弥子瑕对子路说:'孔子住到我家来,卫国的卿相之位便可得到。'子路将这话告诉孔子。

孔子说：'是不是能得卿相之位由天命决定。'孔子依礼而做官，依义而辞官，得不得到官位都说'由天命决定'。如果他住在痈疽和宦官瘠环的家里，都是不合道义、无视天命的。孔子在鲁国、卫国都很不得意，又碰到宋国的司马桓预谋拦截杀他，孔子更换了服装，悄悄通过宋国。这时孔子正处在困境之中，住在司城贞子家里，做了陈侯周的臣子。我听说：观察在朝的臣子要看他所招待的客人；观察远来的臣子要看他所寄住的主人。如果孔子寄住在痈疽和宦官瘠环的家里，还能是孔子吗？"

【原文】

[9.9] 万章问曰："或曰，'百里奚自鬻于秦养牲者五羊之皮①，食牛以要秦缪公。'信乎？"

孟子曰："否，不然。好事者为之也。百里奚，虞人也②。晋人以垂棘之璧与屈产之乘③，假道于虞以伐虢④。宫之奇谏⑤，百里奚不谏。知虞公之不可谏而去，之秦，年已七十矣，曾不知以食牛干秦缪公之为污也⑥，可谓智乎？不可谏而不谏，可谓不智乎？知虞公之将亡而先去之，不可谓不智也。时举于秦，知缪公之可与有行也而相之，可谓不智乎？相秦而显其君于天下，可传于后世，不贤而能之乎？自鬻以成其君，乡党自好者不为，而谓贤者为之乎？"

【注释】

① 鬻（yù）：卖。

② 虞：国名，在今山西平陆东北。

③ 垂棘：晋国产美玉的地方。屈：晋国产良马的地方，在今山西石楼县。

④ 虢（guó）：国名，在今山西平陆东北。

⑤ 宫之奇：虞国的贤臣。

⑥ 曾：竟。用来加强语气，常与"不"连用。

【译文】

万章问道："有人说：'百里奚用五张羊皮的价钱将自己卖给秦国养牲畜的人，帮人喂牛来找机会求得秦缪公的任用。'这是真事吗？"

孟子说："不，不是这样的。这是好事者编造出来的。百里奚是虞国人。从前，晋国人用垂棘产的玉璧和屈地产的好马为代价，向虞国借路，去攻打虢国。宫之奇向虞国的国君进言劝阻，百里奚却不去劝阻。他知道虞国国君不会听从劝告，于是离开虞国，到秦国去，当时他已经七十岁了。他竟然不懂得通过帮人喂牛的办法来向秦缪公求职是污浊的事，这算得上明智吗？但他知道虞国国君不会听从劝告就不去劝告，这样可以说是不明智吗？他知道虞国将要灭亡而提前离开，也不能叫不明智啊。当时他在秦国被提拔，就知道秦缪公是可以一起有所作为的君主，因而辅佐他，这能说是不明智吗？辅佐秦国而使它的君主名扬天下，足以流传后世，不是贤能的人能做到吗？卖掉自己来成就自己的君主，乡里洁身自好的人都不会去做，难道贤能的人会这么做吗？"

卷十

万　章 [下]

　　本卷共9章。主要为孟子与弟子万章的答问、语录，有两章是与齐宣王等人的对话。内容主体为交往之道，包括圣贤与社会的关系、士人与上位者的关系、一般交友之道、士人出仕的原则等。具体而言，第1章讨论圣贤处世的不同风格，赞赏集大成的孔子。第2章略述周朝的官爵和俸禄制度。第3章阐述交友之道应无所依仗，崇德互敬是根本。第4章讲交往必须恭敬，其道可行、接遇以礼、养贤以礼，是孔子出仕的三种主要考量。第5章讲出仕的根本任务是行道。第6章讲对待贤者的最好方式是任用，其次是符合礼节的供养。第7章讲士人与上位者的交往，凸显德行和知识的地位。第8章讲与优秀的人为友，甚至与古人为友，提出了"知人论世"的重要原则。第9章讲君主也应有所约束，臣属有劝谏的义务和权力。

【原文】

[10.1] 孟子曰："伯夷，目不视恶色，耳不听恶声。非其君不事，非其民不使。治则进，乱则退。横政之所出①，横民之所止，不忍居也。思与乡人处，如以朝衣朝冠坐于涂炭也。当纣之时，居北海之滨，以待天下之清也。故闻伯夷之风者，顽夫廉②，懦夫有立志。

"伊尹曰：'何事非君？何使非民？'治亦进，乱亦进，曰：'天之生斯民也，使先知觉后知，使先觉觉后觉。予，天民之先觉者也。予将以此道觉此民也。'思天下之民匹夫匹妇有不与被尧、舜之泽者，若己推而内之沟中，其自任以天下之重也。

"柳下惠，不羞污君，不辞小官；进不隐贤，必以其道；遗佚而不怨，厄穷而不悯。与乡人处，由由然不忍去也③。'尔为尔，我为我，虽袒裼裸裎于我侧，尔焉能浼我哉？'故闻柳下惠之风者，鄙夫宽，薄夫敦。

"孔子之去齐，接淅而行④；去鲁，曰：'迟迟吾行也'，去父母国之道也。可以速而速，可以久而久，可以处而处，可以仕而仕，孔子也。"

孟子曰："伯夷，圣之清者也；伊尹，圣之任者也；柳下惠，圣之和者也；孔子，圣之时者也。孔子之谓集大成。集大成也者，金声而玉振之也⑤。金声也者，始条理也；玉振之也者，终条理也。始条理者，智之事也；终条理者，圣之事也。智，譬则巧也；

圣，譬则力也。由射于百步之外也，其至，尔力也；其中，非尔力也。"

【注释】

①横（hèng）政：暴虐之政。

②顽：贪。

③由由然：怡然自得的样子。

④淅：淘米。

⑤金声：指奏乐击镈钟为先声。玉振：指最后击玉磬来收韵。

【译文】

孟子说："伯夷，眼睛不看不美好的颜色，耳朵不听不动听的声音。不是理想的君主，不去服侍，不是理想的百姓，不去使唤。天下太平就出来做官，天下动乱就辞职归隐。暴政横行的地方，暴民聚集的地方，他都不愿意去居住。他以为同没有教养的乡野之人相处，就像穿着礼服戴着礼帽坐在泥土和炭灰上。在商纣王的时候，他住在北海之滨，等待天下的清平。所以听说过伯夷风节的人，贪婪者也会变得廉洁，懦弱者也会树立志向。

"伊尹说：'有哪位君主不能服侍，有什么百姓不能使唤？'天下太平他也出来做官，天下动乱他也出来做官，他说：'上天生育百姓，就是要让先知道的人开导后知道的人，让先觉悟的人唤醒后觉悟的人。我是天下百姓中的先觉者，我要用尧舜之道来唤醒百姓。'他觉得天下的百姓，男男女女中只要有人不能获得尧、舜的恩泽，就像是自己把他们推到沟渠里去一样——他就是这样自己承担了天下的重任。

"柳下惠，不因为侍奉昏庸的君主而感到羞耻，不因为官位卑微而辞职。做官时,不隐藏自己的贤能,一定按原则办事。丢官去职时不抱怨,困穷潦倒时不忧愁。与没教养的乡下人相处时,高高兴兴地不忍离去。照他的话说,'你是你,我是我,就算你赤身裸体在我身边,又怎么能玷污我呢?'所以听说过柳下惠风节的人,狭隘者变得宽宏大量,刻薄者变得温柔敦厚。

"孔子离开齐国时,捞起正在淘洗的米就走;离开鲁国时,却说:'我们慢慢走吧。'这是离开祖国的态度。应该快走就快走,应该久留就久留,应该赋闲就赋闲,应该做官就做官,这就是孔子。"

孟子说:"伯夷,是圣人中清高的人;伊尹,是圣人中负责任的人;柳下惠,是圣人中随和的人;孔子,是圣人中识时务的人。孔子,可说是集圣人大成的人。所谓集大成,就像奏乐时有击打钟镈开场,有敲击玉磬收尾。击打钟镈,是旋律节奏的开始;敲击玉磬,是旋律节奏的终结。旋律的开始,要运用智慧;旋律的终结,要靠圣德。智慧,好比技巧;圣德,好比力量。就像在百步之外射箭,箭射达靶子,是你的力量在起作用;箭射中目标,就不是靠你的力量了。"

【原文】

[10.2] 北宫锜问曰①:"周室班爵禄也②,如之何?"

孟子曰:"其详不可得闻也,诸侯恶其害己也,而皆去其籍;然而轲也,尝闻其略也。天子一位,公一位,侯一位,伯一位,子、男同一位,凡五等也。君一位,卿一位,大夫一位,上士一位,中士一位,下士一位,凡六等。天子之制,地方千里,公侯皆方百里,伯七十里,子、男五十里,凡四等。不能五十里③,不达于天子,附于诸侯,曰附庸。天子之卿受地视侯④,大夫受地视伯,元士受地视子、男⑤。大国地方百里,君十卿禄,卿禄四大夫⁶，大夫倍上士，上士倍中士，中士倍下士，下士与庶人在官者同禄，禄足以代其耕也。次国地方七十里，君十卿禄，卿禄三大夫，大夫倍上士，上士倍中士，中士倍下士，下士与庶人在官者同禄，禄足以代其耕也。小国地方五十里，君十卿禄，卿禄二大夫，大夫倍上士，上士倍中士，中士倍下士，下士与庶人在官者同禄，禄足以代其耕也。耕者之所获，一夫百亩。百亩之粪⁷，上农夫食九人，上次食八人，中食七人，中次食六人，下食五人。庶人在官者，其禄以是为差。"

【注释】

① 北宫锜（qí）：战国时期卫国人，姓北宫。

② 班：等级，次第。规定等级。

③ 不能：如同"不足"。能：及，到。

④ 视：比照，比较。

⑤ 元士：天子之士，以区别于诸侯之士。

⑥ 四大夫：四倍于大夫。

⑦ 粪：施肥。

【译文】

北宫锜问道："周朝规定的官爵和俸禄的等级，是什么情况？"

孟子说："详细的情况已经无法得知了，因为诸侯厌恶那套制度对自己不利，都把相关文献毁掉了；不过我曾经听说过它的大概情况。天子一级，公爵一级，侯爵一级，伯爵一级，子爵与男爵同为一级，共五个等级。诸侯国中，君主一级，卿一级，大夫一级，上士一级，中士一级，下士一级，共六个等级。天子直接管理的土地各一千里见方，公与侯都是各一百里见方，伯是七十里见方，子和男都是五十里见方，共四个等级。土地不足五十里见方的小国，不能直属天子，而是附属于诸侯，叫作附庸。天子的卿所受的封地与侯相同，大夫所受的封地与伯相同，元士所受的封地与子、男相同。公侯大国的土地一百里见方，君主的俸禄是卿的十倍，卿的俸禄是大夫的四倍，大夫比上士多一倍，上士比中士多一倍，中士比下士多一倍，下士的俸禄和在官当差的老百姓相同，俸禄足够替代他耕田的收入。中等国家的土地是七十里见方，君主的俸禄是卿的十倍，卿的俸禄是大夫的三倍，大夫比上士多一倍，上士比中士多一倍，中士比下士多一倍，下士的俸禄和在官当差的老百姓相同，俸禄足够替代他耕田的收入。小国的土地是五十里见方，君主的俸禄是卿的十倍，卿的俸禄是大夫的三倍，大夫比上士多一倍，上士比中士多一倍，中士比下士多一倍，下士的俸禄和在官当差的老百姓相同，俸禄足够替代他耕田的收入。农夫得到的，是每人分田百亩。百亩地进行施肥耕种，上等的可以养活九口人，上等偏下的可以养活八口人，中等的可以养活七口人，中等偏下的可以养活六口人，下等的可以养活五口人。老百姓在官府当差的，他们的俸禄也比照划分等级。"

【原文】

[10.3] 万章问曰："敢问友。"

孟子曰："不挟长，不挟贵，不挟兄弟而友。友也者，友其德也，不可以有挟也。孟献子[①]，百乘之家也，有友五人焉：乐正裘、牧仲，其三人则予忘之矣。献子之与此五人者友也，无献子之家者也。此五人者，亦有献子之家，则不与之友矣。非惟百乘之家为然也，虽小国之君亦有之。费惠公曰[②]：'吾于子思，则师之矣；吾于颜般，则友之矣；王顺、长息则事我者也。'非惟小国之君为然也，虽大国之君亦有之。晋平公之于亥唐也，入云则入，坐云则坐，食云则食③。虽蔬食菜羹④，未尝不饱，盖不敢不饱也。然终于此而已矣。弗与共天位也，弗与治天职也，弗与食天禄也，士之尊贤者也，非王公之尊贤也。舜尚见帝，帝馆甥于贰室⑤，亦飨舜，迭为宾主，是天子而友匹夫也。用下敬上，谓之贵贵；用上敬下，谓之尊贤。贵贵、尊贤，其义一也。"

【注释】

① 孟献子：鲁国大夫仲孙蔑。

② 费（bì）：春秋时的小诸侯国。

③ 入云、坐云、食云：即云入、云坐、云食。

④ 蔬食：即"疏食"，粗粝的食物。

⑤ 甥：女婿。贰室：天子的副宫。

【译文】

万章问道："请问交朋友的原则。"

孟子说："交朋友不能倚仗自己年纪大，不能倚仗自己地位高，也不能倚仗兄弟的势力。所谓交友，是以对方的品德为友，所以不可有所倚仗。孟献子是拥有百辆车马的大夫，他有五个朋友：乐正裘、牧仲，其他三人我忘了。献子和这五人交朋友，心中没有自己是大夫的念头。这五个人，如果心存献子是大夫的念头，也就不同他交朋友了。不仅拥有百辆车马的大夫是这样，即使是小国的君主也有这样的。费惠公说：'我对于子思，是把他当老师，我对于颜般，是把他当朋友。至于王顺和长息，他们只是服侍我的。'不仅小国的君主是这样，即使大国的君主也有这样的人。晋平公拜访亥唐时，亥唐叫他进去，他才进去，叫他坐，他才坐，叫他吃饭，他才吃饭。即使是粗茶淡饭，也没有不吃饱的，因为不敢不吃饱。但也仅此而已，晋平公并没有和亥唐共有君主之位，也不和他一起处理政务、分享俸禄。这只是一般士人尊贤的方式，而不是王公尊贤的做法。舜拜见帝尧，帝尧请他这位女婿住在另一处官邸，请他吃饭，两人轮流做宾主，这才是天子与普通老百姓做朋友啊。以地位低的尊敬地位高的，这叫尊重贵人；以地位高的尊敬地位低的，这叫尊重贤人。尊重贵人和尊重贤人，道理是一样的。"

【品鉴】

不挟长，不挟贵，不挟兄弟而友。友也者，友其德也，不可以有挟也。

砥砺品行是交友的主要内容。地位、势力诸如此类统统都须抛在一边。

"朋友"是古人心中重要的人伦关系，与君臣、父子、兄弟、夫妇同列为五伦之一。儒家将"以德相养"作为交友的重要内容，将"信"作为朋友交往的基本规范。孔子认为，与正直的、有诚信的、见闻广博的人交朋友是有益的；要尊崇忠厚信实，不与忠信不如自己的人为伍；朋友之间要切磋取正，相互鼓励、相互劝勉。

孟子指出："天下有道，小德役大德，小贤役大贤。"世道政治清明时，小德、小贤之人服从大德、大贤之人，无德者服从有德者，这是常态、是顺之者存逆之者亡的通则。在这里，有两点值得关注：其一是孟子特别强调了交友的本质内容是"友其德"，道德是最重要的价值取向；其二是朋友间的关系是平等关系，地位、权势诸如此类都必须抛在一边。孟子说，交朋友不能倚仗自己年纪大、地位高、兄弟的势力，甚至小国、大国的国君也不例外。这里反复提到的"不挟"并非不能具有，而是在朋友面前，即使有也必须暂时放下、暂时忘却，不能拿来吓唬人；反过来也是这样，不要把对方这些外在的东西当回事，攀附等念头当然更不能有。否则就是不平等，就违背了以德相交的主旨。平等这一点非常值得关注。前面我们已经讨论过，孟子甚至认为，君臣之间也应该是平等、互敬、互信的关系。

【原文】

[10.4] 万章问曰："敢问交际何心也①？"

孟子曰："恭也。"

曰："却之却之为不恭②，何哉？"

曰："尊者赐之，曰：'其所取之者，义乎，不义乎？'而后受之，以是为不恭，故弗却也。"

曰："请无以辞却之，以心却之。曰：'其取诸民之不义也'，而以他辞无受，不可乎？"

曰："其交也以道，其接也以礼，斯孔子受之矣。"

万章曰："今有御人于国门之外者③，其交也以道，其馈也以礼，斯可受御与？"

曰："不可。《康诰》曰④：'杀越人于货⑤、闵不畏死⑥，凡民罔不譈⑦。'是不待教而诛者也。殷受夏，周受殷，所不辞也。于今为烈，如之何其受之？"

曰："今之诸侯取之于民也，犹御也。苟善其礼际矣，斯君子受之，敢问何说也？"

曰："子以为有王者作，将比今之诸侯而诛之乎⑧？其教之不改而后诛之乎？夫谓非其有而取之者盗也，充类至义之尽也⑨。孔子之仕于鲁也，鲁人猎较，孔子亦猎较⑩。猎较犹可，而况受其赐乎？"

曰："然则孔子之仕也，非事道与？"

曰："事道也。"

"事道奚猎较也？"

曰："孔子先簿正祭器⑪，不以四方之食供簿正。"

曰："奚不去也？"

曰："为之兆也⑫。兆足以行矣，而不行，而后去，是以未尝有所终三年淹也⑬。孔子有见行可之仕，有际可之仕，有公养之仕也。于季桓子，见行可之仕也；于卫灵公，际可之仕也⑭；于卫孝公，公养之仕也⑮。"

【注释】

① 交际：指用币帛、礼仪相交往。

② 却：推辞，不接受。

③ 御：阻止。这里指拦路抢劫。

④ 《康诰》：《尚书·周书》篇名。

⑤ 越：夺取，抢劫。

⑥ 闵：通"暋"，强横。

⑦ 憝（duì）：同"憞"，怨恨。

⑧ 比：同。

⑨ 充类：类推。充：尽量展开，发挥。

⑩ 鲁人：指鲁国士大夫。猎较：古代风俗，打猎时争夺猎物用作祭祀，认为吉祥。

⑪ 簿正：在簿书上规定。

⑫ 兆：开始。

⑬ 淹：停留。

⑭际：接。指对特定人的礼节待遇等。

⑮公养：指对一般贤者的礼节待遇等。

【译文】

万章问道："请问交往接受礼物时该有怎样的心情？"

孟子说："恭敬。"

万章说："常言道：一再拒绝人家的礼物是不恭敬的。为什么？"

孟子说："权高位重的人赠送你礼物的时候，如果先去考虑，'对方得到这礼物的办法，是正当的，还是不正当'，然后才接受，这样做是不恭敬的，所以就不拒绝。"

万章说："不要直接表示拒绝，而是心里拒绝，心里说'对方从百姓那里得到这东西的办法，是不正当的'，然后用别的借口拒绝，不可以吗？"

孟子说："对方按规矩与我交往，按礼节赠送我礼物，这样，连孔子也都是会接受的。"

万章说："要是现在有个在城外拦路抢劫的人，他按规矩与我交往，按礼节赠我礼物，这样就可以接受他抢来的东西吗？"

孟子说："不可以。《尚书·康诰》说：'杀人而抢夺人家的财物，还蛮横不怕死的人，是没有人不痛恨的。'这种人不必等规劝就可以杀掉。殷保留了夏这条法律，周保留了殷这条法律，没有改动。现在抢劫的情况比以往还厉害，怎么能接受这样的馈赠呢？"

万章说："现在的诸侯对百姓巧取豪夺，和拦路抢劫一样。如果他们完全按照礼节交往，君子就可以接受他的礼物，请问这又怎么说呢？"

孟子说："你认为假如现在有圣王兴起，他会把当今的诸侯统统杀掉呢？还是把规劝之后仍不悔改的诸侯杀掉呢？不是自己的，却把它弄到手——都叫作抢劫，这只是把"抢劫"的含义扩大到了极端。孔子在鲁国做官时，鲁国士大夫有打猎时争夺猎物的习俗，孔子也争夺猎物。打猎时争夺猎物都可以，何况接受别人赠送的礼物呢？"

万章说："那么，孔子做官，不是为了推行正道吗？"

孟子说："是为了推行正道。"

"为了推行正道，为什么还在打猎时争夺猎物？"

孟子说："孔子先明文规定祭祀时该用的祭器，又规定不得用各处打来的珍奇猎物做祭品。这样就可以慢慢废除争夺猎物的习俗了。"

万章说："孔子为什么不离开鲁国呢？"

孟子说："孔子是想先试行一下自己的主张。试过了证明可行，而君主却不推行，这才离开，所以孔子从没有在一个地方待满三年的。孔子有时是因为可行其道而做官，有时是因君主对自己以礼相待而做官，有时是因为君主愿意养贤而做官。对鲁国的季桓子，孔子是因为他可推行自己的主张而做官；对卫灵公，孔子是因为他对自己以礼相待而做官；对卫孝公，孔子是因君主愿意养贤而做官。"

【品鉴】

孔子有见行可之仕，有际可之仕，有公养之仕。

其道可行、接遇以礼、养贤以礼，是孔子出仕的三种主要考量。这一时期其他有为君子也多不例外。

【原文】

[10.5] 孟子曰："仕非为贫也，而有时乎为贫。娶妻非为养也，而有时乎为养。为贫者，辞尊居卑，辞富居贫。辞尊居卑，辞富居贫，恶乎宜乎？抱关击柝①。孔子尝为委吏矣②，曰：'会计当而已

矣。'尝为乘田矣③，曰：'牛羊茁壮长而已矣。'位卑而言高，罪也；立乎人之本朝，而道不行，耻也。"

【注释】

① 抱关：守门。击柝（tuò）：敲打木梆巡夜。
② 委吏：负责保管仓库、会计事务的小吏。
③ 乘田：管理牧场、饲养六畜的小吏。

【译文】

孟子说："做官不是因为贫穷，但是有时也是因为贫穷。娶妻不是为了奉养父母，但有时也是为了奉养父母。要是因为贫困而做官，就应该不做大官做小官，拒绝厚禄只领薄俸。那么，做什么合适呢？守门打更就可以。孔子曾做过管理仓库的小吏，他说：'出入账目无误就行了。'也曾做过管理牲畜的小吏，他说：'牛羊都长得肥壮就行了。'地位低下而议论朝廷大事，是罪过；在朝廷做官却不能使正道得到发扬，是耻辱。"

【品鉴】

仕非为贫也，而有时乎为贫。

解决生计问题不能是为官的唯一目的，但也可以解决这一问题。

从根本上说，出仕不是为了解决生计问题。把解决生计问题作为出仕的唯一目的为儒者所不齿。在《离娄上》，孟子严厉批评自己的学生乐正子，所批的主要内容就是"学古之道而以餔啜"，认为是为了吃喝，是混饭吃，没有前途。

但出仕也可以解决生计问题。孔子出仕的情形之一就是因为君主愿意养贤。但孟子特别看重是否"迎之致敬以有礼",将它作为是否该出仕的基准线,在《告子下》里孟子有较为详尽的论述。孟子认为,如果不得已要解决生计问题,当个小官就行了,也不得拿丰厚的俸禄。因为出仕的根本职责是彰显大道。

出仕与解决贫困问题的关系,孟子形象地比喻为"娶妻与奉养父母"的关系。娶妻可以是为了奉养父母,但这不是唯一的,也不是最重要的目的。

立乎人之本朝而道不行,耻也。

在位而不能发扬正道,是耻辱。

孔子说:"不在其位,不谋其政。"意思是说,不在这个职位上,就不要插手这个职位上的事情。孟子说:"位卑而言高,罪也。"地位低下而议论朝廷大事,是罪过。孟子不是经常议论"天下"大事吗?不是讲民贵君轻吗?怎么看待这个问题?首先,孟子思想中有矛盾和不彻底的地方。其次,这里是就当时的礼制来讲的,主要是做个铺垫,与后面内容形成对照,关键是强调立于朝的人要以不行道为耻,这与现在提出干部无功即是过的某些理念,有相似之处。

【原文】

[10.6] 万章曰:"士之不托诸侯,何也?"

孟子曰:"不敢也。诸侯失国,而后托于诸侯,礼也。士之托于诸侯,非礼也。"

万章曰:"君馈之粟,则受之乎?"

曰:"受之。"

"受之何义也?"

曰:"君之于氓也,固周之。"

曰："周之则受，赐之则不受，何也？"

曰："不敢也。"

曰："敢问其不敢何也？"

曰："抱关击柝者，皆有常职以食于上。无常职而赐于上者，以为不恭也。"

曰："君馈之，则受之，不识可常继乎？"

曰："缪公之于子思也，亟问①，亟馈鼎肉。子思不悦。于卒也，摽使者出诸大门之外②，北面稽首再拜而不受③，曰：'今而后知君之犬马畜伋④。'盖自是台无馈也⑤。悦贤不能举，又不能养也，可谓悦贤乎？"

曰："敢问国君欲养君子，如何斯可谓养矣？"

曰："以君命将之⑥，再拜稽首而受。其后廪人继粟⑦，庖人继肉⑧，不以君命将之。子思以为鼎肉，使己仆仆尔亟拜也⑨，非养君子之道也。尧之于舜也，使其子九男事之，二女女焉，百官牛羊仓廪备，以养舜于畎亩之中，后举而加诸上位⑩，故曰王公之尊贤者也。"

【注释】

①亟（qì）：屡次。

②摽（biào）：赶走。

③稽首：磕头。再拜：拜两次。"再拜稽首"，谓之吉拜，表示接受礼物。"稽首再拜"，谓之凶拜，表示拒绝礼物。

④伋：孔子之孙子思之名。

⑤台：通"始"，才。

⑥将：送。

⑦ 廪人：管仓库的小吏。

⑧ 庖人：管伙食的小吏。

⑨ 仆仆：烦扰、劳顿。

⑩ 亟：屡。

【译文】

万章说："士不能寄居在诸侯那里生活，这是为什么？"

孟子说："因为不敢这么做。诸侯丧失了自己的国家，然后寄居在别的诸侯那里为生，这是合乎礼的；士寄居在诸侯那里为生，是不合乎礼的。"

万章说："如果君主送他粮食，能接受吗？"

孟子说："可以接受。"

"这是什么道理呢？"

孟子说："君主对于别国迁来的人，本来就该周济。"

万章说："周济他，就接受；赏赐他，就不接受，为什么？"

孟子说："因为不敢这么做。"

万章说："请问为什么不敢？"

孟子说："守门打更的人都凭固定的职务来接受上面的赏赐。没有固定的职务而接受上面的赏赐，人们以为这是不恭敬的。"

万章说："君主送来的就接受，不知道可以经常这样吗？"

孟子说："鲁缪公对于子思，屡次问候，屡次馈赠肉食。子思不高兴。最后一次，他把使者赶出大门外，向北先磕头，又拱手拜了两次表示拒绝，说：'今天才知道君主把我当狗与马来蓄养。'大概鲁缪公从此以后才不再馈赠了。喜爱贤人却既不能任用他，又不能适当地供养他，能叫作喜爱贤人吗？"

万章说:"请问国君要供养君子的话,怎样做才适当呢?"

孟子说:"最先以君主的名义送东西,他会两次作揖拜谢,然后磕头接受下来。以后就派管仓库的人常送来粮食,管伙食的人常送来肉食,不必再以君主的名义了。子思认为为了一点肉食使自己反复地一拜再拜,不是奉养君子的适当的方式。尧对于舜,派自己的九个儿子服侍他,把两个女儿嫁给他,百官、牛羊、仓库都齐备,把舜供养在田野之中,以后又提拔他到最高的职位,所以说,这才是王公尊敬贤者的适当方式。"

【品鉴】

悦贤不能举,又不能养也,可谓悦贤乎?

喜爱和尊敬贤者的最好方式是任用,其次是符合礼节的供养。

【原文】

[10.7] 万章曰:"敢问不见诸侯,何义也?"

孟子曰:"在国曰市井之臣,在野曰草莽之臣,皆谓庶人。庶人不传质为臣①,不敢见于诸侯,礼也。"

万章曰:"庶人,召之役,则往役;君欲见之,召之,则不往见之,何也?"

曰:"往役,义也;往见,不义也。且君之欲见之也,何为也哉?"

曰:"为其多闻也,为其贤也。"

曰:"为其多闻也,则天子不召师,而况诸侯乎?为其贤也,则吾未闻欲见贤而召之也。缪公亟见于子思②,曰:'古千乘之国以友士,何如?'子思不悦,曰:'古之人有言曰,事之云乎,岂曰友之云乎?'子思之不悦也,岂不曰:'以位,则子,君也;我,臣也；何敢与君友也？以德，则子事我者也，奚可以与我友？'千乘之君求与之友，而不可得也，而况可召与？齐景公田③，招虞人以旌，不至，将杀之。志士不忘在沟壑，勇士不忘丧其元。孔子奚取焉？取非其招不往也。"

曰："敢问招虞人何以？"

曰："以皮冠。庶人以旃④，士以旂⑤，大夫以旌⑥。以大夫之招招虞人，虞人死不敢往。以士之招招庶人，庶人岂敢往哉？况乎以不贤人之招招贤人乎？欲见贤人而不以其道，犹欲其入而闭之门也。夫义，路也；礼，门也。惟君子能由是路，出入是门也。《诗》云：'周道如厎⑦，其直如矢。君子所履，小人所视⑧。'"

万章曰："孔子，君命召，不俟驾而行，然则孔子非与？"

曰："孔子当仕有官职，而以其官召之也。"

【注释】

①质：通"贽"，见面礼。

②亟（qì）：屡次，一再。

③田：打猎。关于齐景公那次打猎的事，参见《滕文公下》第1章。

④旃（zhān）：赤色、无饰、曲柄的旗。

⑤旂（qí）：帛上画有两龙，杆头系有铃的一种旗。

⑥旌：旗杆上端饰有牦牛尾或兼饰有五色鸟羽的旗子。

⑦厎：即"砥"，磨刀石。

⑧视：效法。

【译文】

万章说："请问士人不主动谒见诸侯，是什么道理？"

孟子说:"没职位的士人,住在城里的叫市井之臣;住在乡村的叫草莽之臣,都算是百姓。百姓不递上做臣子的信物就不能去谒见诸侯,这是礼制。"

万章说:"百姓,召唤他服役,就去服役;君主要见他,召唤他,却不去谒见,这是为什么?"

孟子说:"去服役,是正当的;去谒见,是不正当的。况且君主想要见他,是因为什么呢?"

万章说:"因为他见多识广,因为他贤良能干。"

孟子说:"如果是因为他见多识广,那么,天子尚且不能召唤老师,何况是诸侯呢?如果是因为他的贤良能干,那么,我没听说过要见贤人却召唤他去。鲁缪公屡次去拜访子思,说:'古代拥有千辆兵车的国君与士人交友,是怎样的?'子思不高兴地说:'古人的话,是说君主以士人为师侍奉他,哪里是说和他交友?'子思所以不高兴,难道不是在说:'论地位呢,你是君主,我是臣属,我怎么敢和你交朋友?论道德的话,你该侍奉我这个老师,怎么可以和我交朋友?'拥有千辆兵车的国君请求和他交朋友都做不到,何况是召唤呢?齐景公打猎,用旌旗召唤管猎场的小吏,他不来,齐景公将要杀他。'有志之士不怕弃尸沟壑,勇敢的人不怕丢掉脑袋。'孔子赞同他什么?就是赞同他:违背礼的召唤就不去。"

万章说:"请问,召唤管猎场的小吏应该用什么?"

孟子说:"用皮帽子。召唤老百姓用红绸子做的曲柄旗,召唤士人用有铃铛的旗,召唤大夫用饰有羽毛的旌旗。用召唤大夫的旗帜来召唤猎场小吏,猎场小吏死也不敢去;用召唤士人的旗帜来召唤老百姓,老百姓难道敢去吗?何况用召唤不贤者的礼节来召唤贤人呢?要见贤人而不采用恰当的方式,就好比请人家进来却关着门。义,就是大路;礼,就是大门。只有君子能走这条大路,出入这个大门。《诗经·小雅·大东》

说：'大路平得像磨刀石，直得像箭；这是君子所行走的，是百姓所效法的。'"

万章说："孔子，只要国君有召唤，不等车马驾好就步行出发；那么，是孔子错了吗？"

孟子说："那是因为孔子正在做官，职务在身，而国君是按召唤官员的礼节召唤他。"

【品鉴】

天子不召师，而况诸侯乎？

夫义，路也；礼，门也。

知识和德行必须受到尊崇，天子和诸侯不得凌驾其上。

在这篇里，孟子对礼制问题大谈特谈，并提出了"义是大路、礼是大门"这一基本原则，并认为只有君子才能正确处理这类问题。从这段文字不难看出，孟子对知识和德行倍加推崇，让"多闻"者和"贤"者占据有利的位置，来与世俗权力相抗衡。人们将崇尚道德来与权势相对应称为"以德抗位"。

按照孟子的思路，根据礼制，不同身份的人应当遵守相应的礼，天子与诸侯也不例外。身份与地位低的人，不得越级、违背礼制来和身份与地位高的人交往。但孟子更强调的是：身份地位高的人如果要想与地位低的人交往，也必须遵循礼制，以礼相待，而不是凭借自己的地位，随意召唤。有意思的是，《孟子》中两次提到"齐景公打猎时，不适当地用旌旗召唤管猎场的小吏，那人冒死不来，齐景公想杀他"一事，并毫无例外地引用孔子对他的称赞："志士不忘在沟壑，勇士不忘丧其元。"这等于是宣誓：位卑者不惜牺牲生命来捍卫君主对自己应当接受礼节的遵循。实际上，强调的是对人格独立的尊重。

对"多闻"者和"贤"者应当以什么样的礼来对待呢？孟子借助于子思的话表述为：那是"师"，甚于"友"。如果再结合孟子关于"天下有达尊三：爵一，齿一，德一"，以及"将大有为之君，必有所不召之臣；欲有谋焉，则就之"(《公孙丑下》)等论述，孟子捍卫知识与道德王国社会地位的良苦用心，就十分清楚了。

【原文】

[10.8] 孟子谓万章曰："一乡之善士，斯友一乡之善士；一国之善士，斯友一国之善士；天下之善士，斯友天下之善士，以友天下之善士为未足，又尚论古之人①。颂其诗②，读其书，不知其人，可乎？是以论其世也。是尚友也。"

【注释】

① 尚：同"上"。
② 颂：同"诵"，诵读。

【译文】

孟子对万章说："一乡中的优秀人士同这一乡的优秀人士交朋友，一国里的优秀人士同这一国中的优秀人士交朋友，天下的优秀人士同天下的优秀人士交朋友。和天下的优秀人士交朋友还不满足，便又向上追论古人。吟诵他们的诗，研读他们的书，但不了解他们的为人，行吗？所以还要研究他们所处的时代，这一切才是上溯历史，与古人交朋友。"

【品鉴】

颂其诗，读其书，不知其人，可乎？是以论其世也。

吟诵他们的诗，研读他们的书，但不了解他们的为人，不行。不把特定的人物放到特定的时代，想真正了解他们的为人，也不可以。因此，要"知人论世"。"知人论世"这一思想在中国文学史和解释学发展史上具有重要的意义。

【原文】

[10.9] 齐宣王问卿。孟子曰："王何卿之问也？"

王曰："卿不同乎？"

曰："不同。有贵戚之卿，有异姓之卿。"

王曰："请问贵戚之卿。"

曰："君有大过则谏，反覆之而不听，则易位。"

王勃然变乎色。

曰："王勿异也。王问臣，臣不敢不以正对。"

王色定，然后请问异姓之卿。

曰："君有过则谏，反覆之而不听，则去。"

【译文】

齐宣王问有关公卿的事。孟子说："王问的是哪一种公卿？"

王说："公卿中还有所不同吗？"

孟子说："有不同。有和王室同宗族的公卿，也有和王室不同姓的公卿。"

王说："请问有关和王室同宗族的公卿。"

孟子说："君王如果有重大过失，他们就劝谏；反复劝谏不被听从，就废弃他的王位另立国君。"

王突然变了脸色。

孟子说:"王不要见怪。王问我,我不敢不如实来回答。"

王的脸色平静以后,又问和王室不同姓的公卿。

孟子说:"君王如果有过失,他们就劝谏,反复劝谏不被听从,就自己离职。"

【品鉴】

君有大过则谏,反覆之而不听,则易位。

君有过则谏,反覆之而不听,则去。

君王不能不受制约,因重大过失被反复劝谏而不改,情况可能有两种:要么有人让他走人,要么有人自己走了。

卷十一

告　子 [上]

　　本卷共20章。主要讨论性善论和仁义等德性修养问题。第1章针对告子关于人性问题的"杞柳之喻"展开，孟子强调要顺性而成。第2章讨论告子关于人性问题的"湍水之喻"，孟子强调要顺势、向善。第3章主要批驳告子"生之谓性"，阐述人性不同于动物性。第4章批判告子"仁内义外"的观点。第5章进一步讨论义不在外。第6章围绕人性论中关于善与不善的观点展开讨论，认为人与生俱有仁义礼智等善性，不善是由于后天不能尽其才。第7章讲圣人与普通人一样性善，环境等会造成差别。第8章讲后天养护对人性修养的重要性。第9章讲专心致志、持之以恒对修养的意义。第10章讲取舍问题，如舍生取义，凸显德性的重要性。第11章讲修养的根本在找回放失的本心。第12章讲重身不重心，是不知轻重。第13章批判知道培育树而不知修养人。第14章讲身心修养有主次之分，关注重心不同结果必有差异。第15章强调先立其大者，重视心的作用。第16章讲修养仁义忠信等天爵，比追求公卿大夫等人爵重要得多。第17章讲真正的尊贵不是外在的、别人给予的东西，而是自己所具有的德性。第18章讲仁能战胜不仁，但不是以杯水对车薪。第19章讲为仁要达到一定程度。第20章讲教学有法度，要向高标准看齐。

【原文】

[11.1]告子曰:"性,犹杞柳也,义,犹桮棬也;以人性为仁义,犹以杞柳为桮棬。"

孟子曰:"子能顺杞柳之性而以为桮棬乎?将戕贼杞柳而后以为桮棬也?如将戕贼杞柳而以为桮棬,则亦将戕贼人以为仁义与?率天下之人而祸仁义者,必子之言夫!"

【注释】

① 杞柳:杨柳科植物,枝条柔韧,可供编箱、筐等器物。

② 桮棬(bēi quān):器物名。桮:同"杯"。棬:曲木制成的可盛液体的敞口器具。

【译文】

告子说:"人的本性好比是杞柳树,义就好比是杯盘;凭人的本性达到仁义,就好比用杞柳树来做成杯盘。"

孟子说:"你是顺着杞柳树的本性来做成杯盘呢?还是残害它的本性来做成杯盘呢?如果要残害杞柳树本性来做成杯盘,那么也要残害人的本性才能使人做到仁义吗?带领天下人来损毁仁义的,一定是你的这种言论啊!"

【原文】

[11.2] 告子曰："性犹湍水也①，决诸东方则东流②，决诸西方则西流。人性之无分于善不善也，犹水之无分于东西也。"

孟子曰："水信无分于东西③，无分于上下乎？人性之善也，犹水之就下也。人无有不善，水无有不下。今夫水，搏而跃之④，可使过颡⑤；激而行之，可使在山。是岂水之性哉？其势则然也。人之可使为不善，其性亦犹是也。"

【注释】

① 湍（tuān）：急流的水。

② 决：打开缺口，引导水流。

③ 信：的确。

④ 搏：击打。

⑤ 颡（sǎng）：额。

【译文】

告子说："人的本性好比湍急的水流，从东边打开缺口就向东流，从西边打开缺口就向西流。人性不分善与不善，就好像水没有向东流、向西流的分别。"

孟子说："水的确没有向东流与向西流的区分，难道也没有向上流与向下流的区分吗？人性对于善，就像水总是向下流。人的本性没有不善的，水的本性没有不向下流的。击打水面让它飞溅起来，可以高过人的额头；堵住水道让它倒流，可以引上高山。这难道是水的本性吗？是形势迫使它这样的。人，可以让他去做坏事，那时他的本性也像遭遇了这种状况。"

【原文】

[11.3] 告子曰："生之谓性。"

孟子曰："生之谓性也，犹白之谓白与？"

曰："然。"

"白羽之白也，犹白雪之白；白雪之白，犹白玉之白与？"

曰："然。"

"然则犬之性，犹牛之性；牛之性，犹人之性与？"

【译文】

告子说："与生俱来的，叫作本性。"

孟子说："与生俱来的叫作本性，如同所有东西的白色都叫作白吗？"

告子回答说："是的。"

孟子说："这么说，白羽毛的白如同白雪的白，白雪的白如同白玉的白吗？"

告子回答说："是的。"

孟子说："那么，狗的本性如同牛的本性，牛的本性如同人的本性吗？"

【原文】

[11.4] 告子曰："食色，性也。仁，内也，非外也；义，外也，非内也。"

孟子曰："何以谓仁内义外也？"

曰："彼长而我长之，非有长于我也；犹彼白而我白之，从其白于外也，故谓之外也。"

曰："异于白马之白也[①]，无以异于白人之白也；不识长马之长也，无以异于长人之长与？且谓长者义乎？长之者义乎？"

曰："吾弟则爱之，秦人之弟则不爱也，是以我为悦者也，故谓之内。长楚人之长，亦长吾之长，是以长为悦者也，故谓之外也。"

曰："耆秦人之炙②，无以异于耆吾炙，夫物则亦有然者也，然则耆炙亦有外与？"

【注释】

① 异于：朱熹怀疑是衍文，今从。
② 耆：同"嗜"。炙：烤熟了的肉。

【译文】

告子说："饮食男女是人的本性。仁是由内而发的而不是外在引起的；义是由外在引起的而不是由内而发的。"

孟子说："为什么说仁是由内而发的，而义是外在引起的呢？"

告子回答说："他年纪大因而我尊敬他，并不是我内心预先就有尊敬他的念头。就如白色的东西我会认为它白，是根据它显露在外的白色，所以说义是外在引起的。"

孟子说："白马的白和白人的白或许没什么不同；但是，不知在怜惜老马和尊敬长者之间，是不是也没有什么不同呢？而且你说的义，在长者这一方呢？还是在尊敬长者的这一方呢？"

告子回答说："是我的弟弟我就爱他，是秦国人的弟弟我就不爱他，爱不爱是由我自己内心决定的，所以说，仁是由内而发的。尊敬楚国的长者，也尊敬我自己的长者，尊敬与否是由年长来决定的，所以说，义是外在引起的。"

孟子说:"爱吃秦国人做的烤肉,和爱吃自己做的烤肉没什么不同,对于其他事物也有这种情况,那么,爱吃烤肉的心也是外在引起的吗?"

【原文】

[11.5] 孟季子问公都子曰①:"何以谓义内也?"

曰:"行吾敬,故谓之内也。"

"乡人长于伯兄一岁,则谁敬?"

曰:"敬兄。"

"酌则谁先②?"

曰:"先酌乡人。"

"所敬在此,所长在彼,果在外,非由内也。"

公都子不能答,以告孟子。

孟子曰:"敬叔父乎?敬弟乎?彼将曰:'敬叔父。'曰:'弟为尸③,则谁敬?'彼将曰:'敬弟。'子曰:'恶在其敬叔父也?'彼将曰:'在位故也。'子亦曰:'在位故也。庸敬在兄④,斯须之敬在乡人⑤。'"

季子闻之,曰:"敬叔父则敬,敬弟则敬,果在外,非由内也。"

公都子曰:"冬日则饮汤⑥,夏日则饮水,然则饮食亦在外也?"

【注释】

① 孟季子:人名,其人不详。朱熹认为可能是孟仲子的弟弟。

② 酌:斟酒。

③ 尸:神像或神主。古代祭祀时,以晚辈或臣下充当代死者受祭、象征死者神灵的人,后逐渐被牌位和画像代替。

④庸：常。

⑤斯须：片刻，暂时。

⑥汤：热水。

【译文】

孟季子问公都子说："为什么说义是由内而发的呢？"

公都子回答说："知道该尊敬并且从心里表达我的尊敬，所以说是由内而发的。"

孟季子问："有个同乡人比你的大哥年长一岁，那你该尊敬谁呢？"

公都子说："尊敬大哥。"

"如果在一起喝酒，该先给谁斟酒？"

公都子说："先给那个同乡的长者斟酒。"

"内心敬重的是大哥，却先向同乡的长者敬酒，说明义果然是外在引起的，而不是由内而发的。"

公都子无法回答这个问题，于是将这番话告诉了孟子。

孟子说："你可以问他，该尊敬叔父呢？还是尊敬弟弟？他会说：'尊敬叔父。'你追问他：'弟弟如果做了受祭的代理人，那么该尊敬谁呢？'他会说：'尊敬弟弟。'你再问他：'那你怎么表现对叔父的尊敬呢？'他会说：'这是由于弟弟处在受尊敬的地位啊。'你就可以说：'那个同乡的长者也是处在应当受尊敬的位置上啊。平日尊敬的对象是哥哥，临时尊敬的对象是同乡。'"

季子听了这话，说："该尊敬叔父就尊敬叔父，该尊敬弟弟就尊敬弟弟，可见义是外在引起的，不是由内而发的。"

公都子说："冬天喝热水，夏天喝凉水，那么，难道饮食也是由外在引起的吗？"

【原文】

[11.6] 公都子曰："告子曰：'性无善无不善也。'或曰：'性可以为善，可以为不善；是故文、武兴①，则民好善；幽、厉兴②，则民好暴。'或曰：'有性善，有性不善。是故以尧为君而有象，以瞽瞍为父而有舜，以纣为兄之子且以为君，而有微子启、王子比干③。'今曰：'性善'，然则彼皆非与？"

孟子曰："乃若其情，则可以为善矣，乃所谓善也。若夫为不善，非才之罪也。恻隐之心，人皆有之；羞恶之心，人皆有之；恭敬之心，人皆有之；是非之心，人皆有之。恻隐之心，仁也；羞恶之心，义也；恭敬之心，礼也；是非之心，智也。仁、义、礼、智，非由外铄我也④，我固有之也，弗思耳矣。故曰，'求则得之，舍则失之。'或相倍蓰而无算者，不能尽其才者也。《诗》曰：'天生蒸民⑤，有物有则⑥。民之秉彝⑦，好是懿德⑧。'孔子曰：'为此诗者，其知道乎！故有物必有则，民之秉彝也，故好是懿德。'"

【注释】

① 文、武：即周文王、周武王，是周代圣王。
② 幽、厉：即周幽王、周厉王，是周代暴君。
③ 微子启：商纣王庶兄，名启。曾多次劝谏商纣，后商被周灭，称臣于周，被封于宋，是宋国始祖。王子比干：商纣王的叔父，屡次劝谏商纣，最后被剖心而死。
④ 铄（shuò）：渗入。
⑤ 蒸民：《诗经》作"烝民"。烝：众。
⑥ 物：事。则：法则。

⑦ 秉彝：执守天的常道。秉：执。彝：常道。

⑧ 懿：美。

【译文】

公都子说："告子说：'人性不存在善与不善的问题。'有人说：'人性可以让它变得善，也可以让它变得不善；因此，周文王、周武王当政的时候，百姓就好善乐行；周幽王、周厉王当政的时候，百姓就趋于残暴。'又有人说：'有人天生性善，有人天生性不善；因此，有尧这样的圣人做君主，却有象这样的恶人；有瞽瞍这样的坏父亲，却有舜这样的好儿子；有商纣这样的顽劣之侄，而且还身为一国之君，却有微子启、王子比干这样的贤人。'如今您说人性本善，那么他们说的都不对吗？"

孟子说："顺应人性的真实状态就可以做到善，这就是我所说的人性善。至于有些人做坏事，不是天赋资质的错。同情心，人人都有；羞耻心，人人都有；恭敬心，人人都有；是非心，人人都有。同情心属于仁，羞耻心属于义，恭敬心属于礼，是非心属于智。仁、义、礼、智，不是外人教我的，是我原本就具有的，只是没有去反省考察罢了。所以说：'寻求就会得到它们，放弃就会失掉它们。'人与人相比，有相差一倍、五倍甚至无数倍的，就是因为有的人不能全部发挥出人的天赋资质的缘故。《诗经》上说：'上天生养万民，事物皆有法则。百姓保持常性，就爱美好品德。'孔子说：'作这首诗的人，一定是个了解大道的人啊！因此，有事物就有一定的法则；百姓保持了它，所以就会喜欢美好的品德。'"

【品鉴】

仁、义、礼、智，非由外铄我也，我固有之也，弗思耳矣。

仁、义、礼、智等根本德性是人与生俱来的。

孟子认为，恻隐之心、羞恶之心、恭敬之心、是非之心，是每个人与生俱来的。而恻隐之心是关于仁的，羞恶之心是关于义的，恭敬之心是关于礼的，是非之心是关于智的。这四"心"正是仁义礼智这四种根本德性的开端，人有这四端就好比人有四肢。但必须将这四端加以扩而充之，才能进一步发展为仁、义、礼、智四德。

【原文】

[11.7] 孟子曰："富岁①，子弟多赖②；凶岁③，子弟多暴，非天之降才尔殊也，其所以陷溺其心者然也。今夫麰麦④，播种而耰之⑤，其地同，树之时又同，浡然而生，至于日至之时⑥，皆熟矣。虽有不同，则地有肥硗⑦、雨露之养、人事之不齐也。故凡同类者，举相似也，何独至于人而疑之？圣人与我同类者。故龙子曰：'不知足而为屦⑧，我知其不为蒉也⑨。'屦之相似，天下之足同也。口之于味，有同耆也。易牙先得我口之所耆者也⑩。如使口之于味也，其性与人殊，若犬马之与我不同类也，则天下何耆皆从易牙之于味也？至于味，天下期于易牙，是天下之口相似也。惟耳亦然。至于声，天下期于师旷，是天下之耳相似也。惟目亦然。至于子都⑪，天下莫不知其姣也⑫。不知子都之姣者，无目者也。故曰：口之于味也，有同耆焉；耳之于声也，有同听焉；目之于色也，有同美焉。至于心，独无所同然乎？心之所同然者何也？谓理也，义也。圣人先得我心之所同然耳。故理义之悦我心，犹刍豢之悦我口⑬。"

【注释】

①富岁：丰收之年。

②赖：通"懒"，懒惰。

③ 凶岁：灾歉之年。

④ 牟（móu）麦：大麦。

⑤ 耰（yōu）：碎土平田的农具，播种后覆土以保护种子。

⑥ 日至：夏至或冬至。这里指夏至，或称"长至""日南至"。

⑦ 硗（qiāo）：同"墝"，土壤坚硬贫瘠。

⑧ 屦（jù）：用葛、麻打的鞋。

⑨ 蒉（kuì）：草编的筐子。

⑩ 易牙：又称"雍巫"，擅长烹饪，善于逢迎，传说他曾烹其子为羹献给齐桓公。

⑪ 子都：春秋时郑国的美男子。

⑫ 姣：美好可爱。

⑬ 刍豢（chú huàn）：指家畜。牛、羊等草食动物叫刍，狗、猪等谷食动物叫豢。引申指肉类制作的菜肴。

【译文】

孟子说："丰年，年轻人大多懒懒；灾年，年轻人大多暴烈，不是天生资质如此不同，而是所处的环境深刻地影响了他们的内心。就拿大麦来说吧，播种耙地之后，如果土质相同，播种时间又相同，便会蓬勃地生长起来。到夏至的时候，就都成熟了。要是有所不同，那也是因为土地有的肥沃有的贫瘠，雨露滋养有多有少，人们田间管理程度不同的缘故。因此，凡是同类的事物，都是相似的，为何一说到人，就心生疑问了呢？圣人也是和我们同类的人。所以，龙子说过：'不用看清楚脚的样子再去编草鞋，我知道他编出来的不会是草筐。'草鞋相似，是由于天下人的脚都大致相同。口对于味道，有着同样的嗜好；易牙是最先弄清了这些嗜好的人。要是口对于味道的感知因人而异，而且就像狗、马和我们人类有着根本的不同一样，那么天下人为什么都追捧易牙的口味呢？说到口味，天下人都希望能品尝易牙制作的美味，这是由于天下人的口味是相似的。耳朵也是这样。说到声音，天下人都希望听到师旷的演奏，这是由于天下人的听觉是相似的。眼睛也是这样。说到子都，天下人没有不知道他英俊的。不知道子都英俊的，是没长眼睛的人。所以说，口对于味道，有着相同的嗜好；耳朵对于声音，有着相同的听觉；眼睛对于姿色，有相同的美感。说到心，难道就没有什么相同的了吗？人心所公认的是什么？是理与义。圣人只是先于普通人觉悟到我们心中共有的东西罢了。所以说，理与义使我心情愉悦，就像牛羊猪狗的肉让我享了口福一样。"

【品鉴】

理义之悦我心，犹刍豢之悦我口。

理义使我心愉悦，就像牛羊猪狗的肉让我享了口福一样。

孟子主张性善论。他认为，人的道德自觉的形成，源于人类具有共同的心理基础。这里实际上是进行了一个类比推理：既然人的口对于味道有相同嗜好，耳对于声音有相同听觉，眼对于姿色有相同美感，那么，自然会引出这样的疑问：难道唯独心就没有什么相同的了吗？人有共同的生理基础、生理欲望，也理应具有共同的心理基础、心理体验乃至精神追求。

应当注意的是，孟子把落脚点放在了人类具有共同的心理基础、心理体验和精神追求上，而不是把重心放在人有共同的生理基础、生理欲望上，因此，既不同于先前告子所谓"食色性也"，把人的生理基础当作人性的特征；也不同于后来荀子所谓"生而有耳目之欲，有好声色焉""生而有好利焉""生而有疾恶焉"，以聚焦生理欲望来展开对人性本恶的论证。

【原文】

[11.8]孟子曰:"牛山之木尝美矣①,以其郊于大国也②,斧斤伐之,可以为美乎?是其日夜之所息,雨露之所润,非无萌蘖之生焉③,牛羊又从而牧之,是以若彼濯濯也④。人见其濯濯也,以为未尝有材焉,此岂山之性也哉?虽存乎人者,岂无仁义之心哉?其所以放其良心者,亦犹斧斤之于木也,旦旦而伐之⑤,可以为美乎?其日夜之所息,平旦之气⑥,其好恶与人相近也者几希,则其旦昼之所为⑦,有牿亡之矣⑧。牿之反覆,则其夜气不足以存;夜气不足以存,则其违禽兽不远矣。人见其禽兽也,而以为未尝有才焉者,是岂人之情也哉?故苟得其养,无物不长;苟失其养,无物不消。孔子曰:'操则存,舍则亡;出入无时,莫知其乡⑨。'惟心之谓与?"

【注释】

① 牛山:齐都临淄东南郊,在今山东临淄南。

② 郊:此指生长在郊外。大国:指临淄,是当时的大都市。

③ 萌:草木萌发。蘖(niè):树木被砍伐后再生的枝条。

④ 濯濯(zhuó):本义为有光泽,这里指光秃的样子。

⑤ 旦旦:天天。

⑥ 平旦:清晨。

⑦ 旦昼:白天。

⑧ 有:同"又"。牿:木制手铐。此指禁锢。

⑨ 乡:同"向"。

【译文】

孟子说:"牛山的树木曾经很繁茂,可是由于邻近都城,总有人拿斧子去砍伐,这样,它们还能长得繁茂吗?当然这些树木夜晚还是在不停地生长,雨水露珠滋润着它们,也不是没有嫩芽新枝长出来,可是紧跟着又有人在这里放牧牛羊,因此就像那样光秃秃的了。人们看见那山光秃秃的样子,就认为那里从没有生长过大树,这难道是山的本性吗?要说在人身上,难道有的人从来就没产生过仁义之心吗?之所以有人失掉了他的良心,也正像斧子对待树木一样,天天被砍伐,它还怎么能保持繁茂呢?他每天夜晚萌生的善心,让他在天刚亮时出现了清明之气,他心中的好恶跟一般人也有所接近。然而,他白天里的所作所为,又把那点与常人相同的善心给泯灭了。反反复复地压制,那么他夜里心中萌生的善念就不能存在下去;夜里萌生的善念不能存留在心,那么他就和禽兽相差不远了。别人看见他像个禽兽,就以为他不曾有过好的资质,这难道是那些人的本性吗?所以说,要是得到好的滋养,没有东西不能生长;要是丧失了好的滋养,没有东西不会消亡。孔子说:'抓住了,就存在;放弃了,就失去;进出没有确定的时间,也没人知道它的去向。'说的就是人心吧?"

【品鉴】

苟得其养,无物不长;苟失其养,无物不消。

万物靠养,心性亦然。过度砍伐和放牧损毁了牛山上的树木,缺少养护的善良之心同样会放失。

万物生长都有一个养的过程,得到好的滋养就能生长,丧失了就会消亡。孟子举"牛山之木"为例:牛山上的树木曾经很繁茂,可是总有斧子不断去砍伐它;生长出的新条、嫩芽,又不断被牛羊啃噬,因此变得光秃秃的。心性修养也一样，放失的良心从根本上说就是没有很好地得到"养"护。当然，还应有"修"的方面。

【原文】

[11.9] 孟子曰："无或乎王之不智也①。虽有天下易生之物也，一日暴之②，十日寒之，未有能生者也。吾见亦罕矣，吾退而寒之者至矣，吾如有萌焉何哉！今夫弈之为数③，小数也；不专心致志，则不得也。弈秋④，通国之善弈者也。使弈秋诲二人弈，其一人专心致志，惟弈秋之为听。一人虽听之，一心以为有鸿鹄将至⑤，思援弓缴而射之⑥，虽与之俱学，弗若之矣。为是其智弗若与？曰：非然也。"

【注释】

① 或：同"惑"，疑惑。
② 暴（pù）：晒。
③ 弈（yì）：围棋。数：技艺。
④ 弈秋：古代著名的善于弈棋的人。
⑤ 鸿鹄：鸟名，即天鹅。一说是黄鹄。
⑥ 缴（zhuó）：射鸟时系在箭上的生丝绳。

【译文】

孟子说："君王不明智，也不必奇怪。天下即使有最容易生长的植物，晒它一天后，又冻它十天，没有能生长的。我见您的次数也很少，我离开的时候，那些给王泼冷水的人就来了，即使他有了一点善心萌动，我又能怎么样呢？以下棋为例，这在各种技艺当中属于很小的技艺；可是，如果不专心致志，就学不好。弈秋是全国的下棋高手。假如让弈秋教两个人学下棋，其中一个人专心致志，只听弈秋的讲解。另一个人虽然也在听着，但一心以为也许会有天鹅飞来，总想着拿起弓箭去射它，虽然和前一个人一起学习，但成绩却不如那个人。是因为他的聪明程度不如别人吗？当然不是这样。"

【品鉴】

虽有天下易生之物也，一日暴之，十日寒之，未有能生者也。

一曝十寒、三心二意，做不好任何事情，心性修养也是这样。

【原文】

　　[11.10]孟子曰："鱼，我所欲也，熊掌亦我所欲也；二者不可得兼，舍鱼而取熊掌者也。生亦我所欲也，义亦我所欲也；二者不可得兼，舍生而取义者也。生亦我所欲，所欲有甚于生者，故不为苟得也；死亦我所恶，所恶有甚于死者，故患有所不辟也①。如使人之所欲莫甚于生，则凡可以得生者，何不用也？使人之所恶莫甚于死者，则凡可以辟患者，何不为也？由是则生而有不用也，由是则可以辟患而有不为也。是故所欲有甚于生者，所恶有甚于死者，非独贤者有是心也，人皆有之，贤者能勿丧耳。

　　"一箪食②，一豆羹③，得之则生，弗得则死。嘑尔而与之④，行道之人弗受；蹴尔而与之⑤，乞人不屑也；万钟则不辩礼义而受之⑥，万钟于我何加焉？为宫室之美、妻妾之奉、所识穷乏者得我与？乡为身死而不受⑦，今为宫室之美为之；乡为身死而不受，今为妻妾之奉为之；乡为身死而不受，今为所识穷乏者得我而为之，是亦不可以已乎？此之谓失其本心。"

【注释】

①辟：同"避"。

②箪（dān）：古代盛饭的圆形竹器。

③豆：古代一种盛食物的器皿，形似高脚盘。

④嘑（hù）：同"呼"。

⑤蹴（cù）：踢，践踏。

⑥钟：古容量单位，受六斛四斗，十釜为一钟。

⑦乡：同"向"，以往。

【译文】

孟子说："鱼是我想要的，熊掌也是我想要的；如果二者不能兼得，那么就舍弃鱼选择熊掌。生命是我所热爱的，大义也是我所热爱的；如果二者不能兼得，那么就牺牲生命选择大义。生命是我所热爱的，但是我所热爱的有比生存更重要的，所以就不做苟且偷生的事；死亡是我所厌恶的，但是我所厌恶的东西还有超过了死亡的，所以有些祸患就不躲避。如果人们所热爱的没有超过生命的，那么所有能够求生的方法，哪有不用的呢？如果人们所厌恶的没有超过死亡的，那么所有能够躲避祸患的事情，哪有不做的呢？照这么做可以保全生命而不做，照这么走可以躲避祸患而不走，所以说，还有比生命更让人热爱的，有比死亡更让人厌恶的。不只是贤良的人才有这种心思，而是人人都有，只是贤良的人没有丧失它罢了。

"一筐饭，一碗汤，得到了就能活，得不到就会死，要是吆喝着给人，路过的饿人都不愿意接受；要是用脚踩后再给人，连乞丐也不屑于接受。但是有人面对一万钟的俸禄，就不管是否合乎礼义，欣然地接受。一万钟的俸禄对我有什么益处呢？为了住所的豪华、妻妾的侍奉、所认识的穷人感激我吗？从前宁愿去死都不愿意接受的，现在为了住所的豪华就接受了；从前宁愿去死都不愿意接受的，现在为了妻妾的侍奉就接受了；从前宁愿去死都不愿意接受的，现在为了自己认识的穷人感激我就接受了，这样的事就不该停止下来吗？这就叫作丧失了人的本心。"

【品鉴】

生亦我所欲也，义亦我所欲也；二者不可得兼，舍生而取义者也。

舍生取义，杀身成仁；仁义尚在，虽死犹生。

人的一生会经历无数的选择，而生死抉择无疑是最为艰难的。"活着，还是死去，这是一个问题。"是否有高于生命的价值存在？

孔子说："志士仁人，无求生以害仁，有杀身以成仁。"

孟子说："生亦我所欲也，义亦我所欲也；二者不可得兼，舍生而取义者也。"

"人生自古谁无死，留取丹心照汗青。"历史上无数仁人志士，用鲜血和生命做出了最好的诠释。

在儒家文化中，仁义是人之为人的根本。孟子说："仁也者，人也。""仁，人之安宅也；义，人之正路也。"朱熹说："仁者，人之所以为人之理也。"文天祥有诗云："孔曰成仁，孟曰取义。惟其义尽，所以仁至。"既然仁义是人之为人的内在规定，那么，丧失了仁义的人也就不成其为人。因此，贪生怕死、丧失了仁义的人，虽生犹死；舍生忘死、保全了仁义的人，虽死犹生。

【原文】

[11.11] 孟子曰："仁，人心也；义，人路也。舍其路而弗由①，放其心而不知求，②哀哉！人有鸡犬放，则知求之；有放心，而不

知求。学问之道无他，求其放心而已矣。"

【注释】

① 由：经过，通过。
② 放：散失，散落。

【译文】

孟子说："仁就是人的本心，义就是人走的正道。放弃这条正道不走，丧失了本心而不知道去寻找，真是可悲啊！人有鸡狗走丢了，便知道去找回来；有本心丧失了的，却不知道去寻找。学问之道没有别的，就是找回丧失了的本心罢了。"

【品鉴】

学问之道无他，求其放心而已矣。

学问的根本在于找回放失的本心。

中国哲学中所谓"学问"，通常是指君子之学或大人之学，又称"为己之学"。"君子之学也，以美其身。"（《荀子·劝学篇》）目标是培养有高尚的道德情操和良好的社会责任感的真正的人，而不是指培养某一种（专业技术）人。

"求放心"是孟子关于仁、义、礼、智等德性修养的基本方法之一。在孟子看来，人生来就具有恻隐之心、羞恶之心、恭敬之心、是非之心，这"四心"可以通过"扩而充之"，发展为仁义礼智"四德"。这个扩充的过程就是"存心"，即保全人的本心。但只有君子才真正做到了"仁、义、礼、智根于心"，而一般人却往往容易放失本心。上文提道：人们鸡狗走丢了，还知道去找回来；但本心丧失了，却不知道去寻找，说的就是这个意思。因此，学问的根本在于找回放失的本心。实际上，"存心"和"求放心"是一致的，只是一个问题的两个方面。

【原文】

[11.12] 孟子曰："今有无名之指，屈而不信①，非疾痛害事也，如有能信之者，则不远秦、楚之路，为指之不若人也。指不若人，则知恶之；心不若人，则不知恶。此之谓不知类也②。"

【注释】

① 信：同"伸"，伸展。
② 不知类：不知轻重的差别。

【译文】

孟子说："现在有个人，无名指弯曲不能伸展，既不疼痛，也不妨碍做事，可是，如果有人能让它重新伸直，那么就是让他前往秦国、楚国去治，他也不嫌路远，就是因为无名指不及别人。手指不如别人，还知道厌恶；心性赶不上别人，却不知道厌恶，这就叫不知轻重。"

【品鉴】

指不若人，则知恶之；心不若人，则不知恶。此之谓不知类也。

对身体的重视超过了对心性修养的追求，这就叫不知轻重。

孟子认为，人们对身体的重视超过了对心性修养的追求。譬如：有人无名指弯曲了不能伸直，既不疼痛也不妨碍做事，但是如果有人能使它伸直，那么即使要他去秦国、楚国也不嫌远，这是因为手指不如别人。手指等肉体的缺陷容易感知，也易于和其他人进行比较，往往自愧不如乃至心生厌恶、必康复而后安；而心性修养的不足反倒被人忽略，赶不上别人也没有什么羞愧感。孟子称之为"不知类"，即朱熹解释的"不知轻重之等"。

【原文】

[11.13]孟子曰："拱把之桐梓①，人苟欲生之，皆知所以养之者。至于身，而不知所以养之者，岂爱身不若桐梓哉？弗思甚也。"

【注释】

①拱把：指树木的大小。拱，两手合围。把，一手所握。

【译文】

孟子说："粗细一两握的桐树、梓树，如果想要它继续生长，人人都知道怎么去培育。而对于自身，却不知道如何去修养，难道对自己的爱还赶不上对桐树、梓树的爱吗？实在是太欠思考了。"

【原文】

[11.14]孟子曰："人之于身也，兼所爱。兼所爱，则兼所养也。无尺寸之肤不爱焉，则无尺寸之肤不养也。所以考其善不善者，岂有他哉？于己取之而已矣。体有贵贱，有小大。无以小害大，无以贱害贵。养其小者为小人，养其大者为大人。今有场师，舍其梧槚①，养其樲棘②，则为贱场师焉。养其一指而失其肩背，而不知也，则为狼疾人也③。饮食之人，则人贱之矣，为其养小以失大也。饮食之人无有失也，则口腹岂适为尺寸之肤哉④？"

【注释】

① 梧：梧桐树。槚（jiǎ）：即楸树，木理细密，是上等木料。

② 樲（èr）：即酸枣。棘：荆棘。

③ 狼疾：即"狼藉"，本意是纵横散乱，这里指思维混乱。

④ 适：通"啻"（chì）仅仅，只有。

【译文】

孟子说："人们对于自己的身体，都很爱惜。都很爱惜，就全部加以保养。没有一尺、一寸的肌肤不爱惜，那么就没有一点点的肌肤得不到保养。因此，检验保养得好与不好，难道还要用别的办法吗？只要看他注重的是哪些部分就行了。身体有至关重要的部分，还有微不足道的部分；有小的部分，更有大的部分。不要因为小的部分而损害大的部分，不要因为微不足道的部分而损害至关重要的部分。保养好小的部分的是百姓，保养好重要部分的是德行完备的人。假如有这样一个园艺师，他把梧桐、楸树丢在一边，而去养护酸枣、荆棘，那么，他就是个很次的园艺师。假如有人只保养他的一根手指，而肩膀和后背失去保护，自己却还不知道，那他就是个糊涂的人了。只讲究吃喝的人，人们看不起他，因为他保养了小的部分而丢失了重要的部分。如果讲究吃喝的人没有丧失什么的话，那么他们吃喝的目的难道只是为了保养肌肤这些小小的部分吗？"

【品鉴】

养其小者为小人，养其大者为大人。

体有大小、贵贱，修养方式也不能等量齐观。小人着力于保养好小的部分，君子着力于保养好大的部分。

身体有至关重要的部分，有微不足道的部分；有小的部分，有大的部分。不要因为小的部分而损害大的部分，不要因为微不足道的部分而损害至关重要的部分。保养好小部分的是百姓，保养好重要部分的是德行完备的人。这实际上可以看作是修养的基本原则。只讲究吃喝的人，人们看不起他，因为他只保养了小的部分而丢失了重要的部分。重要的部分是什么呢？值得思考。

孟子试图凸显精神生活的重要性，让人们从物质生活、肉体生存中超拔向上。

【原文】

[11.15] 公都子问曰："钧是人也①，或为大人，或为小人，何也？"

孟子曰："从其大体为大人②，从其小体为小人③。"

曰："钧是人也，或从其大体，或从其小体，何也？"

曰："耳目之官不思，而蔽于物，物交物，则引之而已矣。心之官则思，思则得之，不思则不得也。此天之所与我者。先立乎其大者，则其小者不能夺也。此为大人而已矣。"

【注释】

① 钧：通"均"，同样。

② 大体：指"心"。

③ 小体：指耳、目等感官。

【译文】

公都子问道："同样是人，有的人德行兼备，有的人普普通通，这是为什么呢？"

孟子说："能遵从身体重要官能需要的就是德行兼备的人，只顺应身体次要官能需要的就是普普通通的人。"

公都子又问:"同样是人，有人能遵从身体重要官能的需要，有人只顺应身体次要官能的需要，这又是为什么呢?"

孟子回答说:"耳朵、眼睛的官能不是思考，所以容易被外物蒙蔽，一接触外物，就会受到诱惑。心的官能在于思考，思考了就会对理义有所觉悟，不思考就一无所获。这是上天赋予我们人类的重要官能。先把心的重要官能的地位树立起来，那么，那些次要的官能就不能取代它了。这样就可以成为德行兼备的人了。"

【品鉴】

心之官则思。

先立乎其大者，则其小者不能夺也。

心的官能在于思考。只有重视了心的作用，才有可能成为德行兼备的君子。

耳朵、眼睛同外界直接接触，由于耳目没有思维能力，常常会被外物所误导。"心"却有思维能力，只要你去反思，就会有所收获。孟子认为，思考对于理义的觉悟具有重要意义。《孟子》中还多次批判"弗思"。在孟子看来，人具有思维能力是上天赐予我们的，所以，要重视"心"的重要官能。只有先把"心"这个重要官能的地位树立起来，才有可能成为德行兼备的君子。

【原文】

[11.16]孟子曰:"有天爵者，有人爵者。仁、义、忠、信，乐善不倦，此天爵也;公、卿、大夫，此人爵也。古之人修其天爵，而人爵从之。今之人修其天爵，以要人爵;既得人爵，而弃其天

爵，则惑之甚者也，终亦必亡而已矣。"

【译文】

孟子说："有天赐的爵位，也有人封的爵位。仁、德、义行忠诚守信，行善且乐此不疲，这是天赐的爵位；公卿大夫，这是人封的爵位。古时候的人，修养自己的天赐爵位，然后人封的爵位就跟着来了。现在的人修养天赐的爵位，用它来追逐人封的爵位；得到人封的爵位以后，就丢掉了天赐的爵位，那实在是太糊涂了，最后必定连人封的爵位也会丧失。"

【品鉴】

有天爵者，有人爵者。

古之人修其天爵，而人爵从之。

修养好仁义忠信等天赐的爵位，比追求公卿大夫等人封的社会爵位重要得多。

孟子将爵位分为"天爵"和"人爵"。"天爵"即天赐的爵位，或者称为自然的爵位，朱熹解释说："天爵者，德义可尊，自然之贵也。"是人与生俱来的仁义忠信以及对善的不懈追求；"人爵"即人封的社会爵位，是指外在于人的公卿大夫、上下等级。

孟子说：古时的人，着力修养自己的天赐爵位，结果带来了社会爵位。现在的人恰恰相反，修养天赐爵位，只是作为追逐社会爵位的手段或工具；一旦得到了社会爵位，就抛弃天赐爵位，结果连社会爵位也最终丧失。

孔孟思想有鲜明的崇古倾向，孟子还曾"言必称尧舜"，他们往往托古人之言为今人垂教。譬如，孔子说："古之学者为己，今之学者为人。"二程解释说："古之学者为己，其终至于成物；今之学者为人，其终至于丧己。"实际上，所谓"古之学者"和这里孟子说的"古之人"，都代表了他们自己的思想倾向。借古喻今是他们重要的表达方式。

【原文】

[11.17] 孟子曰:"欲贵者,人之同心也。人人有贵于己者,弗思耳矣。人之所贵者,非良贵也①。赵孟之所贵②,赵孟能贱之。《诗》云:'既醉以酒,既饱以德。'言饱乎仁义也,所以不愿人之膏粱之味也③;令闻广誉施于身,所以不愿人之文绣也④。"

【注释】

① 良:的确。
② 赵孟:晋国的正卿,名盾,字孟。
③ 膏粱:指精美的食物。膏,指肥肉。粱,指谷类中精细的小米。
④ 文绣:绣有彩色花纹的衣服,古代有一定身份的人的衣着。

【译文】

孟子说:"希求富贵,是人们的共同心愿。每个人自身都有可宝贵的东西,只是没有去思考它罢了。别人所给予的尊贵,不是真正的尊贵。像晋卿赵孟这样有权势的人能授人以爵禄使他尊贵,也能剥夺这些使他卑贱。《诗经·大雅·既醉》说:'美酒让我陶醉,美德使我满足。'说的就是对仁德与义行感到满足,也就不羡慕别人家肥肉、精米的美味了;声望与美誉集于一身,也就不羡慕别人的锦绣衣裳了。"

【品鉴】

人之所贵者,非良贵也。

别人给予的尊贵,不是真正的尊贵。因为可以被给予的,也就可以被拿走。

孟子认为，许多人并不真切了解身心修养的意义，不懂得真正的"尊贵"是什么。尽管每个人都希望自己活得尊贵些，但很少有人去考虑：每个人其实都有贵而在己的东西。孟子指出：真正的尊贵不是别人给予的。别人给予的那种尊贵不是真正的尊贵，即并非"良贵"。因为那种尊贵既然是被给予的，也就可以被拿走。他人可以让你尊贵，他人也就可以让你卑贱。

【原文】

[11.18] 孟子曰："仁之胜不仁也，犹水之胜火。今之为仁者，犹以一杯水救一车薪之火也；不熄，则谓之水不胜火，此又与于不仁之甚者也。亦终必亡而已矣。"

【译文】

孟子说："仁德能够战胜不仁德，就像水能够战胜火一样。但如今施行仁德的人，就像拿一杯水来救一车木柴燃起的大火；火灭不了，就说水不能扑灭火。这样反而给了不仁德最大的帮助，最后连他们已有的那点仁德也会丧失掉。"

【品鉴】

今之为仁者，犹以一杯水，救一车薪之火也。

仁德能战胜不仁，就像水能扑灭火。但杯水车薪，自然是无济于事。

【原文】

[11.19] 孟子曰："五谷者，种之美者也；苟为不熟，不如荑稗[①]。

夫仁，亦在乎熟之而已矣。"

【注释】

① 荑稗（tí bài）：即"稊稗"。荑，一种似稗子的杂草。

【译文】

孟子说："五谷是谷物类中的好东西；可是如果没成熟，反而比不上稗子之类的野草。仁德也是一样，关键在于使它成熟罢了。"

【原文】

[11.20]孟子曰："羿之教人射，必志于彀①；学者亦必志于彀。大匠诲人必以规矩，学者亦必以规矩。"

【注释】

① 彀（gòu）：把弓拉满。

【译文】

孟子说："后羿教人射箭，一定要求把弓拉满；学习的人也一定要努力把弓拉满。技艺高超的工匠教导人，一定要用圆规与曲尺，学习的人也一定要用圆规和曲尺。"

【品鉴】

大匠诲人，必以规矩；学者亦必以规矩。

不以规矩，不能成方圆。

卷十二

告　子 [下]

　　本卷共16章。讨论的主题比较分散，涉及为政治国、义利之辨、礼仪问题、出仕原则、身心修养、教育方法等。其中：第1章比较礼与食色的重要性。第2章讲人皆可以为尧舜。第3章讨论《诗经》中某些篇章关于孝的内容。第4章关于义利之辨。第5章关于待人接物的礼仪。第6章关于仁德不同表现的讨论。第7章讲由五霸及当世对三王之政的反动与影响。第8章讲引导君王立志行仁是士人最大的政治责任。第9章讲以战争等手段推动获取土地和财富的是民贼。第10章讲税赋要适宜，依先王之道，并不是越少越好。第11章讲有德者不以邻为壑。第12章讲诚信是君子的操守。第13章讲为官良好的德行，重于见识与智谋。第14章讲士人出仕的基本原则。第15章讲生于忧患、死于安乐。第16章讲教育的方式多种多样。

【原文】

　　[12.1] 任人有问屋庐子曰①："礼与食孰重？"曰："礼重。""色与礼孰重？"曰："礼重。"曰："以礼食，则饥而死；不以礼食，则得食，必以礼乎？亲迎②，则不得妻；不亲迎，则得妻，必亲迎乎？"屋庐子不能对，明日之邹③以告孟子。

　　孟子曰："于答是也何有？不揣其本④而齐其末，方寸之木可使高于岑楼⑤。金重于羽者，岂谓一钩金与一舆羽之谓哉⑥？取食之重者，与礼之轻者而比之，奚翅食重⑦？取色之重者，与礼之轻者而比之，奚翅色重？往应之曰：'紾兄之臂而夺之食⑧，则得食；不紾，则不得食，则将紾之乎？逾东家墙而搂其处子⑨，则得妻；不搂，则不得妻，则将搂之乎？'"

【注释】

　　① 任：一个小诸侯国，太皞的后代，风姓，故址在今山东济宁市。屋庐子：名连，孟子的学生。
　　② 亲迎：结婚六礼之一。新郎在亲迎日盛服到女方家迎接新娘。
　　③ 邹：古国名，相传为颛顼的后裔挟所建，曹姓。有今山东费、邹、滕、济宁、金乡等县地。建都于邾（今山东曲阜市东南南陬村）。公元前614年邾文公迁都到绎（今山东邹城市东南纪王城）。战国时为楚所灭。
　　④ 揣：量度。

⑤岑（cén）楼：尖顶高楼。岑：小而高的山。

⑥一钩金：带钩用金半钩，重量为三钱多。

⑦翅（chì）：同"啻"，只，但。

⑧紾（zhěn）：拗折，扭转。

⑨逾（yú）越过，跨过。处子：未出嫁的女子。

【译文】

有个任国人问屋庐子说："礼仪和饮食哪个更重要？"屋庐子回答说："礼仪重要。"那人又问："娶妻和礼仪哪个更重要？"屋庐子说："礼仪重要。"那人再问："如果依照礼仪去找饭吃，就会饿死；不按礼仪去找饭吃，就能吃饱，那么也一定要遵守礼仪吗？遵守亲迎之礼行事，就得不到妻子；不遵守亲迎之礼行事，却能得到妻子，那么也一定要遵守亲迎之礼吗？"屋庐子回答不上来，第二天去邹国，把任国人的话转告孟子。

孟子说："回答这个问题有什么难的呢？不去量度基础的高低，只让顶端平齐，那么，一寸厚的小木块也可以使它高过尖顶的高楼。金子比羽毛重，难道能因此说三钱多重的金子比一整车羽毛还重吗？如果拿饮食的重要方面和礼仪的次要方面做比较，何止是吃饭重要？拿婚姻的重要方面和礼仪的次要方面做比较，何止是娶妻重要？你回去跟他说：'扭住哥哥的胳膊，抢走他的饭，就能得到吃的；不扭他的胳膊，就得不到吃的，那么就该去扭吗？翻过东邻家的院墙，搂抱他们家的闺女，就会得到妻子；不去搂抱就得不到妻子，那么就该去搂抱吗？'"

【品鉴】

不揣其本而齐其末，方寸之木可使高于岑楼。

比较要有全面的观点，只看一点，不及其余，不能获得正确的认识。

比较是最常见的认识方法之一。孟子说："权，然后知轻重；度，然后知长短。"通过称、量我们可以了解事物的轻重长短。在这个基础上进行比较，人们能相对容易地获得对象的有关情况。但是，称、量一般有统一的测度标准，而大量的比较并不具备这种条件，这就要对对象进行具体分析和全面地把握了。

儒家强调礼仪的重要性，实际上是为了调节社会生活、调整社会关系，促进社会共同体的发展，而不是相反地用礼制去妨碍人的生存、阻止种族繁衍。拿人的生存、种族繁衍这些重大问题，去同礼仪的某些枝节比较，进而达到否定礼制本身的重要性，这在逻辑上也是站不住脚的。不去度量基础的高低，只让顶端平齐，那么，一寸厚的小木块也可以使它高过尖顶的高楼。孟子举例是很有说服力的。

不全面客观地考察对象、离开环境和条件、不顾事物本身在社会生活中的意义，抽象地进行轻重高下的比较，不能获得正确的认识。孟子非常关注认识中的方法和原则问题，这正是他思维缜密、论证有力的重要保证。

【原文】

[12.2] 曹交问曰[①]："人皆可以为尧、舜，有诸？"

孟子曰："然。"

"交闻文王十尺，汤九尺，今交九尺四寸以长，食粟而已，如何则可？"

曰："奚有于是？亦为之而已矣。有人于此，力不能胜一匹雏[②]，则为无力人矣；今曰举百钧，则为有力人矣。然则举乌获之任[③]，是亦为乌获而已矣。夫人岂以不胜为患哉？弗为耳。徐行后长者谓之弟[④]，疾行先长者谓之不弟。夫徐行者，岂人所不能哉？所不为也。尧、舜之道，孝弟而已矣。子服尧之服，诵尧之言⑤，行尧之行，是尧而已矣；子服桀之服，诵桀之言，行桀之行，是桀而已矣。"

曰："交得见于邹君，可以假馆，愿留而受业于门。"

曰："夫道，若大路然，岂难知哉？人病不求耳⑥。子归而求之，有余师。"

【注释】

① 曹交：人名，事迹不详。

② 匹：同"鸭"，鸭。雏：幼禽。

③ 乌获：战国时秦国的大力士，这里代指力士。任：负荷，担子。

④ 弟：同"悌"，弟弟顺从兄长。

⑤ 诵：述说，陈述。

⑥ 病：毛病，缺点。

【译文】

曹交问道："每个人都可以成为尧、舜，有这样的说法吗？"

孟子说："有。"

曹交说："我听说周文王身高十尺，商汤身高九尺，现在我有九尺四寸高，但就只会吃饭，要怎样才可以成为尧、舜呢？"

孟子说："这有什么困难呢？只要去做就是了。假如有个人，他的力气提不起一只小鸡，那他就是个没力气的人；假如他能举起三千斤的东西，那他就是个有力气的人。既然如此，那么能举得起乌获所能举起的重量的，也就可以成为乌获了。人难道该为不能胜任发愁吗？只是不去做罢了。跟在长者身后慢慢走，叫作悌；快步抢到长者前边去，叫作不悌。走慢一点，难道是一个人做不到的事吗？只是不去做罢了。尧、舜之道，不过就是孝和悌。你穿上尧的衣服，说尧说的话，做尧做的事，你就可以成为尧了。你穿上桀的衣服，说桀说的话，干桀干的事，那你就是桀了。"

曹交说："我必须去拜见邹国国君，好向他借个住处，希望留下来在您门下学习。"

孟子回答说："人生正道就像条大路，知道它有什么难呢？人的缺点在于不去寻求罢了。你回去找找吧，老师多得很呢。"

【品鉴】

人皆可以为尧舜。

人人都可以成为尧舜，但真正能成为尧舜的少之又少，值得深思。

"人皆可以为尧舜"是一个非常重要的命题。它包含着丰富的内涵：

首先，它表明，"圣人与我同类"。高高在上的圣贤和普通大众都是人，没有本质上的不同。"舜，人也；我，亦人也。"从而把"凡"与"圣"联系起来了。

其次，既然都是人，从人的天赋资质来看，"则可以为善矣。"这就是孟子说的性善。这样说来，每个人天生就具有成为尧舜的可能。

再次，圣人之道并非高不可攀，关键不在"能不能"，而在"为不为"。但必须脚踏实地，从小事做起，从身边之事做起。"你穿上尧的衣服，说尧说的话，做尧做的事，你就可以成为尧了。"重要的是，要有向善的思想和行动。

最后，不要寻找牵强的借口。人的天赋资质都是一样的。有些人做坏事，不是天赋资质的错，"非才之罪也。"人们之间有相差一倍、五倍甚至无数倍的，原因就在不能全部发挥出人的天赋资质，"不能尽其才者也。"即使有了差别，随时可以积极向上。

子服尧之服，诵尧之言，行尧之行，是尧而已矣。

圣贤事业并非高不可攀。但要有坚定的理想：服尧之服；要有理论的修养：诵尧之言；要有实际的行动：行尧之行。

【原文】

[12.3] 公孙丑问曰："高子曰①：《小弁》②，小人之诗也。"

孟子曰："何以言之？"

曰："怨。"

曰："固哉，高叟之为《诗》也！有人于此，越人关弓而射之③，则己谈笑而道之；无他，疏之也。其兄关弓而射之，则己垂涕泣而道之；无他，戚之也。《小弁》之怨，亲亲也。亲亲，仁也。固矣夫，高叟之为《诗》也！"

曰："《凯风》何以不怨④？"

曰："《凯风》，亲之过小者也；《小弁》，亲之过大者也。亲之过大而不怨，是愈疏也；亲之过小而怨，是不可矶也⑤。愈疏，不孝也；不可矶，亦不孝也。孔子曰：'舜其至孝矣，五十而慕⑥。'"

【注释】

① 高子：人名，应该不是孟子学生高子。

②《小弁（pán）》：《诗经·小雅》中的诗篇。

③ 关：同"弯"，拉满弓，开弓。

④《凯风》：《诗经·邶风》篇名。

⑤ 矶（jī）：水冲击岩石。引申为激发，触犯。

⑥ 慕：思慕，向往，依恋。

【译文】

公孙丑问道:"高子说:《小弁》这首诗是小人作的。"

孟子说:"为什么这么说呢?"

公孙丑回答说:"因为《诗》里含有怨恨之意。"

孟子说:"高老先生讲《诗》实在是太死板了。假如有个人,越国人开弓去射他,事后他会有说有笑地讲述此事;没有别的原因,因为越国人和他关系太远。如果是他的哥哥开弓去射他,事后他就会一把鼻涕一把泪地讲述此事;没有别的原因,因为哥哥和他关系太近。《小弁》的怨恨,正是出于对亲人的爱。爱护亲人是仁爱的体现。高老先生讲诗实在是太死板了!"

公孙丑说:"《凯风》这首诗为什么没有怨恨之意呢?"

孟子答道:"《凯风》这首诗,是写母亲的小过错;《小弁》这首诗,是写父亲大过错。父母亲的过错大却不怨恨他们,这是更加疏远父母。父母亲的过错小而去怨恨他们,是受不得一点儿刺激。更加疏远父母是不孝;不能受父母的一点儿刺激,也是不孝;孔子说:'舜是最孝顺的了吧,五十岁了还怀恋父母。'"

【原文】

[12.4] 宋牼将之楚①,孟子遇于石丘②,曰:"先生将何之③?"曰:"吾闻秦、楚构兵④,我将见楚王说而罢之。楚王不悦,我将见秦王说而罢之。二王我将有所遇焉。"

曰:"轲也请无问其详,愿闻其指⑤。说之将何如?"曰:"我将言其不利也。"

曰:"先生之志则大矣,先生之号则不可⑥。先生以利说秦、楚之王,秦、楚之王悦于利,以罢三军之师,是三军之士乐罢而悦于利也。为人臣者怀利以事其君，为人子者怀利以事其父，为人弟者怀利以事其兄，是君臣、父子、兄弟终去仁义⁷，怀利以相接，然而不亡者，未之有也。先生以仁义说秦、楚之王，秦、楚之王悦于仁义，而罢三军之师，是三军之士乐罢而悦于仁义也。为人臣者怀仁义以事其君，为人子者怀仁义以事其父，为人弟者怀仁义以事其兄，是君臣、父子、兄弟去利，怀仁义以相接也，然而不王者，未之有也。何必曰利？"

【注释】

① 宋牼（kēng）：又称宋钘（jiān），宋国人，战国时期著名学者，宋（钘）尹（文）学派的代表人物。曾在稷下学宫游学，与孟子有交往。

② 石丘：地名。

③ 先生：指宋牼。古时老人教学者、年长而有德者、比自己年长的老者都可以称先生。

④ 构兵：交战。构，交接。

⑤ 指：同"旨"，意图。

⑥ 号：提法，说法，名义。

⑦ 终：极，穷尽；达到事物最大的限度。

【译文】

宋牼要到楚国去，孟子在石丘遇到了他。孟子说："您要去哪里？"宋牼回答说："我听说秦国和楚国正打仗，我要去面见楚王劝说他罢兵。要是楚王不听的话，我就去面见秦王劝他罢兵。这两个国君中我会遇到一个说得通的人。"孟子说："我不想问您详细情况，只想听听你的主要意思。您打算怎样去劝说他们呢？"宋牼回答说："我打算说说交战的不利之处。"

孟子说："您的用心是很好的，然而您的说法却行不通。您用利来劝说秦王、楚王，秦王、楚王因为喜欢利，于是终止军事行动，这样的话，三军的将士会为休战而高兴，但从而喜欢利。做臣子的，怀着利益之心去侍奉他的君主，做儿子的怀着利益之心去侍奉他的父亲，做弟弟的怀着利益之心去侍奉他的兄长，这就会导致君臣、父子、兄弟之间完全抛弃仁德与义行，怀着利益之心相交往，在这种情况下国家不灭亡，那是没有的事。您若以仁和义去劝说秦王、楚王，秦王、楚王因为喜欢仁与义而撤出军队，这会使军队将士由高兴休兵进而喜欢仁与义。做臣子的怀着仁义之心去侍奉君主，做儿子的怀着仁义之心去侍奉他的父亲，做弟弟的怀着仁义之心去侍奉兄长，这会使君臣、父子、兄弟去除求利的念头，怀着仁义之心相交往，这样的国家却不能称王于天下，那是没有的事。为什么一定要谈'利'呢？"

【品鉴】

先生之志则大矣，先生之号则不可。

有良好的愿望，还要有可行的措施。以利益来劝阻争利的战争，不如用正义来说服好战的君王。

以义制利是孟子的义利观的基本思想。在本书第一篇中，孟子初见梁惠王时，已经阐述过治国以"仁义而已，何必言利"的道理。宋代著名思想家程颐在评价孟子义利思想时说："君子未尝不欲利，但专以利为心则有害。唯仁义则不求利而未尝不利也。当是之时，天下之时唯利是求，而不复知有仁义。故孟子言仁义而不言利，所以拔本塞源而救其弊。此圣贤之心也。"强调孟子为了匡正时弊，而特别要求重义而回避谈利。

朱熹《孟子集注》对本章评论说："此章言休兵息民，为事则一。然其心有义利之殊，而其效有兴亡之异。学者所当深察而明辨之也。"治国是这样，战争也是这样。宋牼想劝阻秦国和楚国罢兵，但主要的说辞却是利益。孟子认为，秦王、楚王如果因为有利可图而愿意终止军事行动，结果会造成全国争利的负面效应，因此，不但不能解决问题，反而使问题愈演愈烈。孟子的观点是，以利益来劝阻争利的战争，不如用正义来说服好战的君王，从而在全国产生重义的效应。

【原文】

[12.5] 孟子居邹，季任为任处守①，以币交，受之而不报。处于平陆②，储子为相③，以币交，受之而不报。他日由邹之任，见季子；由平陆之齐，不见储子。屋庐子喜曰："连得间矣④。"

问曰："夫人之任见季子；之齐不见储子，为其为相与？"

曰："非也；《书》曰：'享多仪⑤，仪不及物曰不享，惟不役志于享。'为其不成享也。"屋庐子悦。或问之。屋庐子曰："季子不得之邹，储子得之平陆。"

【注释】

① 季任：任国国君的弟弟。
② 平陆：地名，战国时为齐地。
③ 储子：齐国的相。
④ 连：屋庐子的名。
⑤ 享多仪：意即享以仪为多。享：将珍宝敬献给天子或诸侯。多：称赞。

【译文】

孟子住在邹国的时候,季任代理任国政事,送礼物给孟子想结交,孟子收下了礼物,但没有回谢。孟子住在平陆的时候,储子做齐国相国,送礼物给孟子想结交,孟子也收下了礼物而没有回谢。后来,孟子从邹国到任国去,拜访了季子;从平陆到齐都去,却没有拜访储子。屋庐子高兴地说:"我发现老师出差错了。"就请教说:"先生到任国时,拜访了季子;到齐国时,却没有拜访储子,是因为储子只是个卿相吗?"

孟子回答说:"不是这样;《尚书·洛诰》说:'敬献礼品以礼节为重,如果礼节没有到位,礼物再多也不算是敬献,因为心意不在敬献上。'我这样做是因为他没有完成敬献的礼节的缘故啊。"

屋庐子听了心悦诚服。有人问他这件事,屋庐子回答说:"季子代理国政无法亲自到邹国去拜访先生,储子却可以亲自到平陆去拜访啊。"

【品鉴】

仪不及物曰不享,惟不役志于享。

献礼看重礼仪。送礼不在于送了什么,主要在于为什么送,怎么送的。

季子代理任国政事、储子担任齐国相国,两人分别给孟子送过礼物,想结交孟子。但孟子认为,季子代理国政无法亲自到邹国去拜访,但尽了礼节;储子本来可以亲自到平陆去拜访,却礼数未尽,因此,不予回访。

【原文】

[12.6] 淳于髡曰①:"先名实者,为人也;后名实者,自为也。夫子在三卿之中②,名实未加于上下而去之,仁者固如此乎?"

孟子曰："居下位，不以贤事不肖者，伯夷也；五就汤，五就桀者，伊尹也；不恶污君，不辞小官者，柳下惠也。三子者不同道，其趋一也。一者何也？曰，仁也。君子亦仁而已矣，何必同？"

曰："鲁缪公之时，公仪子为政③，子柳、子思为臣④，鲁之削也滋甚；若是乎，贤者之无益于国也！"

曰："虞不用百里奚而亡，秦缪公用之而霸。不用贤则亡，削何可得与⑤？"

曰："昔者王豹处于淇⑥，而河西善讴⑦；绵驹处于高唐⑧，而齐右善歌；华周、杞梁之妻善哭其夫，而变国俗⑨。有诸内，必形诸外。为其事而无其功者，髡未尝睹之也。是故无贤者也，有则髡必识之。"

曰："孔子为鲁司寇，不用，从而祭，燔肉不至⑩，不税冕而行⑪。不知者以为为肉也，其知者以为为无礼也。乃孔子则欲以微罪行，不欲为苟去。君子之所为，众人固不识也。"

【注释】

① 淳于髡（kūn）：齐国人，姓淳于，名髡。

② 三卿：从孟子所处时代来说，是指上卿、亚卿和下卿。

③ 公仪子：公仪休，鲁国相。

④ 子柳：即泄柳。春秋时鲁国人。

⑤ 与：语助词，表疑问。

⑥ 王豹：齐人，擅长歌唱。

⑦ 河西：黄河以西，卫国境内。讴：歌唱。

⑧ 绵驹：齐人，擅长歌唱。高唐：齐国西部的都邑，故址在今山东

禹城西南。

⑨ 华周：也叫华旋，齐国人。杞梁：春秋时期齐国大夫。

⑩ 燔（fān）肉：祭肉。燔，通"膰"。

⑪ 税（tuō）冕：脱掉祭祀时戴的礼帽。税，通"脱"，冕是祭祀时戴的礼帽。

【译文】

淳于髡说："看重声望功业的人，是为治国济民；不很看重声望功业的人，是为了独善其身。您的地位在齐国三卿之中，但在声望功业方面，上不能辅佐君王、下不能造福百姓，就要辞职而去，仁德之人原来就是这样的吗？"

孟子说："地位卑微的时候，不以自己的贤能之身侍奉无德的君主，这是伯夷；五次前往商汤那里做事，又五次前往夏桀那里做事的，这是伊尹；不厌恶昏庸之君，不拒绝卑微之职，这是柳下惠。这三个人的处世之道并不相同，但方向是一致的。这一致的东西是什么呢？应该说就是仁。君子做到仁就可以了，为什么一定要做法相同呢？"

淳于髡说："鲁缪公的时候，公仪子执政，子柳、子思都在朝为臣，而鲁国却遭侵略，削弱得更加厉害；贤人对于国家，就是这样没有好处吗？"

孟子说："虞国不任用百里奚而亡国；秦缪公重用了他因而称霸。不任用贤人就会导致灭亡，哪只是遭到侵略与削弱呢？"

淳于髡说："从前王豹住在淇水边的时候，住在河西的人都因此而善于唱歌；绵驹住在高唐，齐国西部的人都因此而善于唱歌；华周、杞梁的妻子在丈夫死后哀伤痛哭达到了极致，结果因此改变了一国的风俗。里面有的东西，一定会表现在外面。事情做了却不见功效的，我从未见过这样的情况。所以说，现在确实是没有贤人；有的话，我一定会知道的。"

孟子说："孔子做鲁国司寇的时候，不受重用，有一次跟随君主祭祀，祭肉没有按规定送来，于是没顾上摘掉祭祀戴的礼帽，就匆忙离开了。不明事理的人以为他是为了祭肉的缘故，明白事理的人才知道他是因为鲁君的失礼而离开的。至于孔子，他就是想要担点小罪名离开，不想随便辞官走掉。君子所做的事，普通人本来就不会了解。"

【品鉴】

君子亦仁而已矣，何必同？

君子做到仁就可以了，为什么一定要做法相同呢？

齐国学者淳于髡，是孟子的同僚，同时也是一位著名的辩士，两人之间应该有不少交往。《孟子》中两次记载了他们的对话。除了本章外，在《离娄上》还有一段。那次对话，淳于髡先是泛泛讨论男女授受不亲的问题，再转到嫂嫂溺水是否援手，最后矛头对准孟子："现在整个天下都掉到水里了，先生却不拉一把，这是为什么呢？"这种手法与孟子惯用的方式非常相像。孟子也不含糊，马上应对："救嫂嫂可以用手，救天下就得用道。你就想靠手来救助天下吗？"从对话主调来看，当是淳于髡劝孟子为官。本章这段对话，却是在孟子准备辞职离开齐国的时候，淳于髡挽留孟子不要辞职。

这次对话，淳于髡先是讲，孟子位在齐国三卿之中，但并没有实现抱负、没有大的功业，就要辞职而去，不够"仁"。由于孟子决心已定，答复说：仁的精神是一致的，表现可以多样。淳于髡又激将说，贤者都对国家没有贡献，孟子也找到了反击的史实根据。淳于髡再次提到贤者应该真正体现其影响力。孟子却以孔子为例，阐述自己辞职而不为常人理解的主旨。

根据史料，孟子辞职是因为齐宣王乘燕国内乱攻入，并且没有听从孟子劝告，大肆掠夺，企图长期占领燕国，后来遭到燕国和其他诸侯国军队的联合攻击而大败，齐王感觉"甚惭于孟子"。孟子辞职，坚决拒绝了齐宣王的挽留，在齐国边界停留三日后离开。

【原文】

[12.7] 孟子曰："五霸者①，三王之罪人也②；今之诸侯，五霸之罪人也；今之大夫，今之诸侯之罪人也。天子适诸侯曰巡狩，诸侯朝于天子曰述职。春省耕而补不足③，秋省敛而助不给④。入其疆，土地辟，田野治，养老尊贤，俊杰在位，则有庆⑤，庆以地。入其疆，土地荒芜，遗老失贤，掊克在位⑥，则有让⑦。一不朝，则贬其爵；再不朝，则削其地；三不朝，则六师移之。是故天子讨而不伐，诸侯伐而不讨。五霸者，搂诸侯以伐诸侯者也⑧，故曰，五霸者，三王之罪人也。五霸，桓公为盛。葵丘之会⑨，诸侯束牲载书而不歃血⑩。初命曰：'诛不孝，无易树子，无以妾为妻'。再命曰：'尊贤育才，以彰有德'。三命曰：'敬老慈幼，无忘宾旅'。四命曰：'士无世官，官事无摄⑪，取士必得，无专杀大夫⑫。'五命曰：'无曲防⑬，无遏籴⑭，无有封而不告。'曰：'凡我同盟之人，既盟之后，言归于好。'今之诸侯，皆犯此五禁，故曰，今之诸侯，五霸之罪人也。长君之恶其罪小，逢君之恶其罪大⑮。今之大夫，皆逢君之恶，故曰，今之大夫，今之诸侯之罪人也。"

【注释】

① 五霸：齐桓公、晋文公、秦穆公、宋襄公、楚庄王。

②三王：夏禹、商汤、周文王武王。

③省：检查，视察。

④敛：收聚。给：丰足。

⑤庆：封赏。

⑥掊克：聚敛、搜刮。"克"即"尅"。

⑦让：责备、责怪。这里指处罚。

⑧搂：强加，牵合。

⑨葵丘：地名，今河南兰考县。

⑩载书：把盟书放在牺牲上。载：加。书：盟辞。歃（shà）血：古代举行盟会时，杀牲饮血，以表示诚意。歃：饮，喝。

⑪摄：代理。

⑫专：专擅，独断专行。

⑬曲：周全，普遍。

⑭籴（dí）：买进粮食。

⑮逢：迎合，讨好。

【译文】

孟子说："五霸，是背离三王理想的罪人；如今的诸侯，是违反五霸誓约的罪人；如今的大夫，是陷害当今诸侯的罪人。天子到诸侯之国巡视叫巡狩，诸侯到天子那里朝拜叫述职。天子春天视察耕种的情况，帮助力量不足的人；秋天视察收获的情况，赈济缺粮的人。天子巡视进入诸侯的疆土，如果土地已经开辟，田野充分治理，老人得到赡养，贤人受到尊敬，杰出的人可以做官，那么天子就行封赏，封赏就是赐予土地。如果进入诸侯的疆土，发现土地被荒废，老人遭遗弃，贤人被排斥，贪官污吏还在职，就行责罚。诸侯一次不来朝拜的，就要降低爵位；两次不来朝拜的，就要削减封地；三次不来朝拜的，就要派军队前去。因此，天子只发布命令声讨却不亲自征伐，别的诸侯出兵是奉天子之命去征伐而不是声讨。五霸却是胁迫一部分诸侯去攻打另一部分诸侯，所以说，五霸是三王的罪人。五霸当中，齐桓公声威最大。在葵丘盟会上，诸侯们捆绑好牺牲，把盟书放在牺牲上，并没有歃血。第一条盟约说，严惩不孝之人，不要废立太子，不要立妾为妻。第二条盟约说，尊重贤人，培养人才，表彰有德行的人。第三条盟约说，尊重老人，爱护幼小，不要怠慢来宾和旅客。第四条盟约说，士人的官职不可世袭，公职不能兼任，选用士人一定要得当，不可擅自杀戮大夫。第五条盟约说，不可到处构筑堤防，不可阻止邻国采买粮食，不可私自封赏而不报告盟主。盟约上最后说，所有参与这次盟会的人，在订立盟约以后，都恢复了从前的友好关系。如今的诸侯都违反了这五条盟约，所以说，如今的诸侯是违反五霸盟约的罪人。助长君主的过错，还是小罪；逢迎君主的恶行，罪过就大了。如今的大夫都在逢迎君主的恶行，所以说，如今的大夫，是陷害诸侯的罪人。"

【品鉴】

五霸者，三王之罪人也。

今之诸侯，五霸之罪人也。

今之大夫，今之诸侯之罪人也。

推崇王道，反对霸道；主张仁政，反对战争。孟子的思想基调再次体现在对历史问题的评价上，同时告诫当政者，不要再在违背王道上越走越远。

【原文】

[12.8] 鲁欲使慎子为将军①。孟子曰:"不教民而用之,谓之殃民②。殃民者,不容于尧、舜之世。一战胜齐,遂有南阳③,然且不可。"

慎子勃然不悦曰:"此则滑釐所不识也④。"

曰:"吾明告子。天子之地方千里;不千里,不足以待诸侯。诸侯之地方百里;不百里,不足以守宗庙之典籍。周公之封于鲁,为方百里也;地非不足,而俭于百里⑤。太公之封于齐也,亦为方百里也;地非不足也,而俭于百里。今鲁方百里者五,子以为有王者作,则鲁在所损乎?在所益乎?徒取诸彼以与此,然且仁者不为,况于杀人以求之乎?君子之事君也,务引其君以当道,志于仁而已。"

【注释】

① 慎子:名滑釐(lí),鲁国大臣,善于用兵。

② 殃:残害。

③ 南阳:即汶阳。在泰山西南,汶水之北。春秋时期齐、鲁两国争夺的要地,本属鲁国,后来逐渐被齐国侵夺。

④ 滑釐:即上文的慎子。釐:现在简化为"厘"。识:知道。

⑤ 俭:少。

【译文】

鲁国要任命慎子做将军。孟子说:"不教导百姓就使用他们作战,这叫残害百姓。残害百姓的人,在尧、舜那个时代是绝对不容许的。即使这一仗就打败了齐国,夺取了岱山之南,这样做也是不可以的。"

慎子脸色立刻一变，不高兴地说："这些我可不知道。"

孟子说："我明白地告诉你。天子的土地千里见方；不够一千里的话，就不够条件接待诸侯。诸侯的土地百里见方；不够百里的话，就不够条件守住祖宗传下来的典章制度。周公分封在鲁国，一百里见方；土地不是不够，可实际上少于一百里。姜太公分封在齐国，也是一百里见方；土地不是不够，可实际上少于一百里。如今鲁国有五块一百里见方的土地，你认为如果有圣王兴起的话，那么鲁国的土地应该会处在被减损之列，还是被增加之列呢？不费力就把那里的土地拿来并入这里，有仁德的人尚且不去做，何况用杀人的方式去谋求土地呢？君子侍奉君主，一定要引导君王走上正途、立志行仁。"

【品鉴】

不教民而用之，谓之殃民。

加强社会教化，反对穷兵黩武。

孔子在谈到如何治国的时候，提出在人口稠密地区应该先"富之"，促进生产发展、让他们生活富裕起来；接下来就是"教之"，要加强社会教化，提高他们的精神生活。孟子也反复提到，百姓生活不仅要有宅园、农田，满足衣食等物质生活，而且还要求"谨庠序之教，申之以孝悌之义"。谨慎地办好学校教育，反复讲明孝亲敬长的道理。王政"设为庠序学校以教之"也就是要"明人伦"。

孟子提出要让"善战者服上刑，连诸侯者次之"，主张让好战的人受到最重的刑罚，鼓吹合纵连横的人也得受重刑，他对待战争的态度，由此可见。

君子之事君也，务引其君以当道，志于仁而已。

君子如果出仕，引导君王走上正途、立志行仁是最大的责任。

【原文】

[12.9] 孟子曰："今之事君者皆曰：'我能为君辟土地，充府库。'今之所谓良臣，古之所谓民贼也！君不乡道①，不志于仁，而求富之，是富桀也。'我能为君约与国②，战必克。'今之所谓良臣，古之所谓民贼也！君不乡道，不志于仁，而求为之强战，是辅桀也。由今之道，无变今之俗，虽与之天下，不能一朝居也。"

【注释】

① 乡：同"向"。
② 与国：友好的国家。与：盟国，友邦。

【译文】

孟子说："现在侍奉君主的人都说：'我能为君王开辟土地，充实府库。'现在所谓的优秀的臣子，就是古时所说的祸害百姓的人。君主不向往正道，不立志行仁，臣子们却想法让他们富足，这就如同让夏桀富足。这些人还说'我能替君王邀集盟国，作战一定会取胜'。现在所谓的好大臣，就是古时所说的祸害百姓的人。君主不向往正道，不立志行仁，臣子们却想法替他尽力作战，这就如同在辅佐夏桀。沿着现在的道路走下去，不改变现在这种风气，即使把天下交给他，他也是一天都坐不安稳的。"

【品鉴】

今之所谓良臣，古之所谓民贼也！

君不乡道，不志于仁，而求为之强战，是辅桀也。

不能敦促国君心向正道、立志行仁，而以战争或其他手段扩展土地、积聚财富等，都是孟子所反对的。

在《离娄下》中，孟子讲了冉求的故事：冉求做季氏的家臣，不能改善他的德行，反而使田租比以前增加了一倍。孔子说："冉求不是我的学生，你们可以大张旗鼓地攻击他。"孟子由此推断：不帮助君主实行仁政，即使帮助他聚敛财富的人，都是被孔子鄙弃的，何况对那些努力为君主作战的人？让百姓为争夺土地而战，实际上是带领土地吃人肉。孟子认为：死刑都不足以惩罚他们的罪行。而开垦荒地、利用土地备战，由于仍是激发君主的好利之心，也当受到惩处。

【原文】

[12.10] 白圭曰①："吾欲二十而取一，何如？"

孟子曰："子之道，貉道也。万室之国，一人陶，则可乎？"②

曰："不可，器不足用也。"

曰："夫貉，五谷不生，惟黍生之③；无城郭、宫室、宗庙、祭祀之礼，无诸侯币帛饔飧④，无百官有司，故二十取一而足也。今居中国，去人伦⑤，无君子⑥，如之何其可也？陶以寡，且不可以为国，况无君子乎？欲轻之于尧、舜之道者，大貉、小貉也；欲重之于尧、舜之道者，大桀、小桀也。"

【注释】

① 白圭：名丹，字圭。魏惠王（该书中的梁惠王）臣，善于筑堤，兴修水利。

② 貉（mò）：同"貊"，我国古代称东北方的民族。

③ 黍：黍子。碾成的米叫黏黄米。

④ 饔飧（yōng sūn）：熟食。饔是早餐；飧是晚餐。这里指用饮食款

待客人的讲究。

⑤人伦：人的等级关系。朱熹认为，这里指君臣祭祀交往之礼。

⑥君子：朱熹认为，这里指各种官吏。

【译文】

白圭说："我想把税率定为二十抽一，你看怎么样？"

孟子说："你的办法是貉国施行的办法。要是一个国家有上万户人家，只有一个人制作陶器，那能行吗？"

白圭说："不行，陶器会不够用的。"

孟子说："貉这个国家，各种谷物都不生长，只产黄米；没有城墙、宫室、祖庙和祭祀的礼仪，没有国家之间互赠礼物和宴请等交往，没有层层官府与各级官吏，所以征税二十抽一就足够了。如今在中原国家，摒弃人伦，不要各级官吏，那怎么能行呢？做陶器的太少，治国尚且行不通，何况没有官吏呢？税率想要比尧、舜还轻的，是大貉、小貉那样的国家；想要比尧、舜还重的，是大桀、小桀那样的暴君。"

【原文】

[12.11] 白圭曰："丹之治水也愈于禹。"

孟子曰："子过矣。禹之治水，水之道也，是故禹以四海为壑。今吾子以邻国为壑①。水逆行，谓之洚水。洚水者，洪水也，仁人之所恶也。吾子过矣。"

【注释】

①壑：本指沟壑。这里指受水患的地方。

【译文】

白圭说:"我治理水患的成效超过了大禹。"

孟子说:"你错了。夏禹治理水患,是顺应了水的本性,因此让水流入四海。如今你治理水患,却让水流到邻国那里去。水倒流泛滥叫作洚水。洚水,就是洪水——这是有仁德的人最厌恶的。你错了啊!"

【品鉴】

今吾子以邻国为壑。仁人之所恶也。吾子过矣。

以邻为壑,踽踽独行;唇齿相依,同舟共济。

以邻为壑,转嫁灾祸,既不符合道义原则,也不能从根本上解决问题,甚至会带来更大的灾难。大到处理国家间的关系,小到解决邻里间的问题,以邻为壑的做法,都应该遭到唾弃。唇齿相依、唇亡齿寒;吴越同舟,同舟共济。

【原文】

[12.12] 孟子曰:"君子不亮①,恶乎执②?"

【注释】

① 亮:同"谅",诚信。
② 执:秉持。

【译文】

孟子说:"君子不讲诚信,哪有什么操守?"

【品鉴】

君子不亮，恶乎执？

人无信不立，何况君子呢？

【原文】

[12.13] 鲁欲使乐正子为政①。孟子曰："吾闻之，喜而不寐。"公孙丑曰："乐正子强乎？"曰："否。""有知虑乎？"曰："否。""多闻识乎？"曰："否。""然则奚为喜而不寐？"曰："其为人也好善。""好善足乎？"曰："好善优于天下②，而况鲁国乎？夫苟好善，则四海之内，皆将轻千里而来告之以善③。夫苟不好善，则人将曰：'訑訑④，予既已知之矣。'訑訑之声音颜色，距人于千里之外⑤，士止于千里之外，则谗谄面谀之人至矣。与谗谄面谀人之人居，国欲治，可得乎？"

【注释】

① 乐正子：乐正克，孟子的学生。

② 优于天下：即优于治天下。优：充足，富裕。

③ 轻：把……看得容易。

④ 訑（yí）訑：自满、自得的样子。

⑤ 距：通"拒"。

【译文】

鲁国打算让乐正子治理国政。孟子说："我听到这个消息，高兴得睡不着觉。"

公孙丑问说："乐正子刚强吗？"孟子回答说："不是。""那他聪明有谋略吗?"孟子回答说:"不是。""他见识很多吗?"孟子回答说:"不是。""既然这样,那您为什么高兴得睡不着?"孟子回答说:"他这个人喜欢吸纳善言。""喜欢吸纳善言就够了吗?"

孟子回答说:"喜欢吸纳善言,治理天下都会有余,何况是治理鲁国呢?如果执政的人喜欢吸纳善言,那么全天下的人都会不远千里赶来把善言告诉他;如果执政者不喜欢吸纳善言,人们就会学着他的样子说:'哦哦,我都已经知道了。'那种声音、脸色,就能把人拒绝在千里之外了。士人在千里之外止步不来,那么喜欢进谗言和当面阿谀献媚的人就会来。与喜欢进谗言和当面阿谀献媚的人在一起,想要把国家治理好,能办得到吗?"

【品鉴】

好善优于天下。

距(拒)人于千里之外。

闻过则喜,集思广益;拒人千里,孤立无援。

孟子的学生乐正子要出仕为官了,心里非常高兴。孟子对他看好的,不是他的刚强(强),不是他的谋略(知虑),也不是他的见识(多闻),而是他善于吸纳各方面意见(好善)。实际上是将"德"放在综合素质的首位。这使我们想起了孟子对子路等人"为善"的评价。

在《公孙丑上》中,孟子说:子路,别人给他指出错误就高兴。禹,听到善言就向人致敬。伟大的舜更是了不起,他把善行与人共享,舍弃自己之短,追随别人之长,乐于吸取别人的优点来行善。从他种地、制陶、捕鱼一直到做天子,这些经验没有不是从别人那里获得的。吸取别人的优点来行善,这就是跟别人一道行善。所以,君子没有比跟别人一道行善更高尚的。

孟子征引子路、禹和舜"为善"的故事，实际上体现出了不同的境界。子路"闻有过则喜"是一种境界，通过知错、为改错奠定了基础；禹"闻善言则拜"是一种更高的境界，通过虚心听取别人的好建议，以善言指导自己的行动；舜"与人为善"则是最高一种境界，能把善行与人共享，舍弃自己之短，追随别人之长，乐于吸取别人的优点来行善，从而带动大家一起行善，成就了自己，也成就了别人。

孟子认为：如果执政者喜欢吸纳善言，人们甚至不远千里前来，朋友也将遍布天下；能够集思广益，治理天下当然绰绰有余。相反，如果执政者不喜欢吸纳善言，他那趾高气扬的神态、嗤之以鼻的声音，会把人拒绝在千里之外。善言难进，谗言便乘虚而入，想要把国家治理好就困难了。

【原文】

[12.14] 陈子曰[①]："古之君子何如则仕？"

孟子曰："所就三，所去三。迎之致敬以有礼，言将行其言也，则就之；礼貌未衰，言弗行也，则去之。其次，虽未行其言也，迎之致敬以有礼，则就之；礼貌衰，则去之。其下，朝不食，夕不食，饥饿不能出门户，君闻之曰：'吾大者不能行其道，又不能从其言也，使饥饿于我土地，吾耻之。'周之[②]，亦可受也，免死而已矣。"

【注释】

① 陈子：指孟子的学生陈臻。
② 周：周济，救济。

【译文】

陈子问:"古时候的君子要怎样才去做官?"

孟子说:"做官有三种情况,辞官也有三种情况。国君恭恭敬敬,以礼相待,准备照他说的话去实行,像这样就去做官;国君的礼貌虽然没有减少,但却不能照他所说的话去做,就离开。其次,国君虽然没有实行他的言论,但恭恭敬敬,以礼相待,像这样也可以去做官;一旦国君连礼貌都做不到了,就辞官离开。最次,早上没饭吃,晚上也没饭吃,饿得走不出屋门,君主知道了,说:'我在大的方面不能推行他的主张,也不能听取他的建议,却让他在我的国土上饿着肚子,我为此感到耻辱。'于是周济他。要是这样,也可以接受,只为免于一死就是了。"

【品鉴】

迎之致敬以有礼。

礼仪体现的是尊重。行志是出仕为官的理想,尊严是出仕为官的基础,免死是出仕为官的下策。

孟子所列可以做官的三种情况,东汉赵岐在其《孟子章句》中概括为:"听言为上;礼貌次之;困而免死,斯为下矣。"

孟子在《万章下》中,对孔子出仕的三种情况也有总结:"孔子有见行可之仕,有际可之仕,有公养之仕。"意思是,孔子有时是因为其道可行而做官,有时是因君主对自己以礼相待而做官,有时是因为君主愿意养贤而做官。孟子还对应这三种情况举例:对鲁国的季桓子,孔子是因为他可行自己的主张而做官;对卫灵公,孔子是因为他对自己以礼相待而做官;对卫孝公,孔子是因君主愿意养贤而做官。

孟子非常注重"士"自身的尊严与独立性,极力反对"士之托于诸侯",认为士依靠诸侯为生是不合乎礼的,并借子思的话,把不以礼养士看成是"以犬马畜之"。

【原文】

[12.15] 孟子曰:"舜发于畎亩之中①,傅说举于版筑之间②,胶鬲举于鱼盐之中③,管夷吾举于士④,孙叔敖举于海⑤,百里奚举于市⑥。故天将降大任于是人也,必先苦其心志,劳其筋骨,饿其体肤,空乏其身,行拂乱其所为⑦,所以动心忍性,曾益其所不能⑧。人恒过,然后能改;困于心,衡于虑,而后作;征于色⑨,发于声,而后喻。入则无法家拂士⑩,出则无敌国外患者,国恒亡。然后知生于忧患而死于安乐也。"

【注释】

① 畎(quǎn)亩:田间,田地。垄中曰畎,垄上曰亩。

② 傅说(yuè):商王武丁的臣,对武丁时期殷商中兴起过重要作用。版筑:古代的一种筑墙方法:用两板相夹,往中间填泥土,用杵舂实。

③ 胶鬲:殷商时人,原为纣王臣子,后为周文王所重用。

④ 管夷吾:即管仲。春秋时期齐国人。曾帮助齐桓公成就帝业。士:掌管刑狱的人,即士师。

⑤ 孙叔敖:春秋时期楚国令尹。

⑥ 百里奚:春秋时期秦穆公的贤相。原为虞国的大夫,虞为晋献公所灭,他被俘,作为秦穆公夫人陪嫁之臣,百里奚认为是耻辱,逃出,被楚国得到。秦穆公听到消息后,用五只羖(gǔ)羊(黑色公羊)的皮将他赎回。后委以国政,称五羖大夫,最终成为帮助秦穆公成就霸业的重要人物。

⑦ 拂：逆，违背。

⑧ 曾：通"增"。

⑨ 征：表露，显露。

⑩ 拂士：能够直谏矫正君主过失的人。拂，通"弼"，辅佐，帮助。

【译文】

孟子说："舜在田野之中兴起，傅说从筑墙的劳役中被提拔，胶鬲从鱼盐贩子中被选拔出来，管夷吾从狱官手里获释而得到任用，孙叔敖从海边被发现选用，百里奚从市场里被看中。所以说，天打算把重要任务交付给这个人，一定会先使他的心志受到折磨，使他的筋骨承受劳累，使他的肠胃忍受饥饿，使他的体力消耗殆尽，使他的所作所为都不能如意，这样才能震撼他的心灵，坚韧他的性格，增强他的才干。人经常犯错误，然后就有机会改正；心中受困苦，思虑被阻塞，然后才能奋发图强；体现在神情上，发抒在言语中，然后才能被了解。一个国家，在内没有遵守法度的大臣和足以辅佐君主的士人，在外没有与之抗衡的国家和外国侵略的威胁，这样的国家迟早会灭亡。然后就可以理解忧愁祸患中能获得生存，安逸享乐会招致灭亡的道理了。"

【品鉴】

天将降大任于是人也，必先苦其心志，劳其筋骨，饿其体肤，空乏其身，行拂乱其所为，所以动心忍性，曾益其所不能。

有人说，读《论语》如沐春风，读《孟子》如闻战鼓。《孟子》中的确有一种令人震撼、催人奋进的东西。

"天将降大任于是人也"就是其中很有代表性的一段。每读至此，都会令人从心底中涌起一种力量，绵长而坚韧；生发一份豪情，神圣而庄严。

孟子的这段话,是对历史的总结:多少志士仁人无不是在艰难中拼搏奋起,在困苦中砥砺心志。因为有了远大的志向与强烈的社会责任感,痛苦的经历只会让他们意志更加坚强,能力得到锻炼,如同浴火的凤凰得以永生。

孟子的这段话,是对后人的激励:在人生与事业的低谷,在对理想的漫漫求索中,又有多少志士仁人一遍遍地吟咏着它,冲破了有形与无形的桎梏,度过了黎明前的黑暗。体味这段话,苦难不再只是一个充满了悲情的词汇,而更多地成了力量之源。

【原文】

[12.16] 孟子曰:"教亦多术矣,予不屑之教诲也者,是亦教诲之而已矣。"

【译文】

孟子说:"教育的方式也有很多,我对一个人不屑去教诲,也是教诲的一种方式呢。"

【品鉴】

教亦多术矣。

教育的方式多种多样。不屑教诲,也是一种教诲。

孔子是中国历史上首开私人讲学之风的教育家,他"有教无类"的名言尽人皆知。他认为:人性本是相近的,由于后天外界环境的习染,才使人们有了差别。因此,不分族类,人人都可以接受教育。孔子又说:"自行束脩以上,吾未尝无诲焉。"见面送上一捆干肉做拜师礼,我就没有不教诲的。送拜师礼，这是礼节，表达的是求学的意愿。因为"礼闻来学，不闻往教"(《礼记·曲礼上》)，否则，就有可能变成孟子所说的"好为人师"了。

　　孟子是著名的教育家，自述"得天下英才而教育之"是他最大的乐事之一。他的学生不少，有时"后车数十乘，从者数百人"，颇有些规模。但和孔子似乎有些不同，他曾说：教育的方式是多种多样的，我对一个人不屑去教诲，这也是教诲的一种方式呢。这意味着，这种类似警示教育的方式，孟子认为，如果认识到自己的巨大差距，急起直追，那自然是可以接受再教育的。

卷十三

尽　心 [上]

　　本卷共46章。主要讨论心性修养、人际之道、治国理政等问题。第1章总论心性之学。第2章讲顺受正命。第3章区分求在内与求在外。第4章讲诚身之乐。第5章讲众人习以为常，缺乏反思。第6章讲不知羞耻是最大的耻辱。第7章接着讲羞耻感的重要性。第8章讲乐道忘势。第9章讲修身立世，贱不失道，达善天下。第10章讲君子特立，小人待化。第11章讲不以财富骄人者有超乎常人的理想。第12章讲有为民的良好动机不会招怨。第13章讲圣人过化存神。第14章讲善政不如善教。第15章讲仁义乃良知良能。第16章讲圣人善性一触即发。第17章讲行为和欲望的适度原则。第18章讲道德智慧与忧患相关。第19章讲君子之道，先正己后正物。第20章讲君子的三乐，特别提到养育英才。第21章讲德充内外，胜于莅临天下。第22章讲各得其养是王政的基础。第23章讲丰衣足食，百姓仁爱。第24章讲立志求道要达到一定境界。第25章讲同样的辛劳，目标不同结果有别。第26章批杨墨，讲执中而有权变。第27章讲心无损伤则无忧。第28章讲不因为官大小而改变操守。第29章有作为的人不半途而废。第30章讲行仁义的不同境界。第31章讲贤臣可放逐无道之君。第32章讲士的社会价值。第33章讲士的精神价值。第34章讲不能片面地以小见大。第35章讲大孝胜于有天下。第36章讲环境改变人。第37章讲恭敬之于交际。第38章讲圣人能充分发挥潜质。第39章关于守丧。第40章讲君子实施教化的五种方式。第41章讲追求的目标不能随意降低。第42章讲道与身的关系。第43章讲学尚虚己。第44章讲行止进退的关系。第45章讲亲亲—仁民—爱物的推恩原则。第46章讲要识大体、知当务。

【原文】

　　[13.1]孟子曰："尽其心者，知其性也。知其性，则知天矣。存其心，养其性，所以事天也。夭寿不贰①，修身以俟之②，所以立命也。"

【注释】

　　①贰：变易，更动。
　　②俟（sì）：等待。

【译文】

　　孟子说："能竭尽心力思索探求，就能了解自己的本性。了解了自己的本性，也就能了解天道了。保存心的本来状态，养育人的本性，这是侍奉上天的正确办法。无论寿命长短，都不改变，修养自身，等待天命，这就是安身立命的方法。"

【品鉴】

　　尽其心者，知其性也。知其性，则知天矣。存其心，养其性，所以事天也。

　　修身以俟之，所以立命也。

　　尽心知性；存心养性；修身立命。

　　本小节是孟子心性学说的纲领性篇章。

孟子由尽心（存心）——知性（养性）——知天（事天）——立命，构筑了以"天人合一"为框架、以"知行统一"为方法、以"身心为一"为目标的"内圣之学"的完整体系。"尽心——知性——知天"是致思主线；"存心——养性——事天"是实践主线；"修身——立命"是内在红线。

孟子认为，人具有上天赋予的具有思维功能的"心"，它正是人不同于动物的"性"之所在。通过充分发挥心之思的作用，扩充与生俱来的仁义礼智善端，就能真正理解人之为人的本性，进而领悟"天"对人意义。与此同时，人自觉地保全本心，培养本性，以正确的人生承奉天道。不论生命短长，矢志不渝，修养身心，等待天命，最终实现身心性命的安顿。

【原文】

[13.2] 孟子曰："莫非命也，顺受其正。是故知命者不立乎岩墙之下①。尽其道而死者，正命也；桎梏死者②，非正命也。"

【注释】

① 岩墙：高而危的墙。

② 桎梏（zhì gù）：古代木制的分别束缚犯人双脚和双手的刑具。这里比喻因犯法而被处死。

【译文】

孟子说："没有什么不是命运决定的，但要顺应情理去接受正常的部分。因此，知晓天命的人不会站在有倒塌危险的墙壁下。尽力行道而死的人，接受的是正常的命运；犯法而被处死的人，不是正常的命运。"

【原文】

[13.3] 孟子曰："求则得之，舍则失之，是求有益于得也，求在我者也。求之有道，得之有命，是求无益于得也，求在外者也。"

【译文】

孟子说："寻求就能得到，放弃就会失去，这种寻求对得到是有好处的，因为所寻求的存在于我自身。寻求有一定的方法，能否得到靠的是命运，这种寻求对得到是没好处的，因为所寻求的在我自身以外。"

【原文】

[13.4] 孟子曰："万物皆备于我矣。反身而诚，乐莫大焉。强恕而行，求仁莫近焉。"

【译文】

孟子说："万物之理，在我性分之内都已具备。反省自身，真诚无伪，这是最大的快乐。努力践行推己及人的恕道，再没有比这更近的求仁之路了。"

【品鉴】

万物皆备于我矣。反身而诚，乐莫大焉。

万物之理备于我心，真诚无伪地践行是最大的快乐。

在孟子思想中，天和人有着内在的联系。以"诚"为例，他说："诚者，天之道也；思诚者，人之道也。""诚"正是天人合一的中介。作为天之道的"诚"，是真实不妄；作为人之道所思的"诚"，是真诚无伪。天

（自然）是一种真实的存在，天之道是实然；而人之道是应然。这种作为实然的天之"诚"，同时是作为应然的人之"诚"的根据，实然和应然的统一，使天人合而为一。

既然天人合一，那么，万物之理在我的性分之内都已具备，也就是万物之理备于我心。"反身而诚"，就可以从自身发现天道，从而获得超拔自身、与天地万物融为一体的精神体验，而理想的心性修养正是要达到"天人合一"的最高精神境界。当然，这种与生俱来的本心不是每个人都能自行保持，因此，需要通过巨大的努力来尽心知性，存心养性。为学之道和成就理想人格之道是一个过程的两个方面，因此，孟子说："学问之道无他，求其放心而已。"从先天的善端出发，而又返归善的本性。这个过程就是修身立命。

【原文】

[13.5] 孟子曰："行之而不著焉，习矣而不察焉，终身由之而不知其道者，众也。"

【译文】

孟子说："只是这么去做却不知道为什么要做，习以为常却不深知其所以然，终生都顺着这条大路走，却不了解这是条什么样的路，这种人就是普通人。"

【原文】

[13.6] 孟子曰："人不可以无耻。无耻之耻，无耻矣。"

【译文】

孟子说:"人不可以没有羞耻,把不知羞耻当作羞耻,那就不会有耻辱了。"

【原文】

[13.7] 孟子曰:"耻之于人大矣。为机变之巧者①,无所用耻焉。不耻不若人,何若人有?"

【注释】

① 机变:随机应变,这里指巧诈。

【译文】

孟子说:"羞耻对于人来说是很重要的。玩弄阴谋诡计的人,没地方用得上羞耻。不把比不上别人看作羞耻,还怎么能赶上别人呢?"

【原文】

[13.8] 孟子曰:"古之贤王好善而忘势,古之贤士何独不然?乐其道而忘人之势,故王公不致敬尽礼,则不得亟见之①。见且由不得亟②,而况得而臣之乎!"

【注释】

① 亟(qì):屡次。
② 由:通"犹",尚且。

【译文】

孟子说:"古代的贤君明主喜欢行善而忘记了自身的权势,古代的贤明人士又何尝不是这样?他们乐于行道而忘记了别人的权势,因此王公贵族要是不恭恭敬敬、完全以礼相待,就不能够经常见到他们。会面的次数尚且不很多,何况要把他们当作臣下呢?"

【品鉴】

乐其道而忘人之势。

人格独立于权势。

孟子认为,"天下有达尊三:爵一,齿一,德一。朝廷莫如爵,乡党莫如齿,辅世长民莫如德"。(《公孙丑下》)就是说:天下公认尊贵的东西有三样:爵位算一个,年龄算一个,道德算一个。在朝廷上看重的莫过于爵位,在乡里看重的莫过于年龄,对社会有帮助、对百姓有促进,看重的莫过于道德。

德性修养和社会等级是不同的序列。孟子有时把"德"也纳入广义"爵"的范畴,把前者称为"天爵"、把后者称为"人爵",二者之间不存在直接的对应关系。当两者遭遇,会怎么样呢?这里提到:一个德性修养和社会等级两方面都很高的"贤王",会"好善而忘势",把重心放在德性方面。同样,一个德性修养很高、真正达到自我完善的人,也绝不会在权势面前妄自菲薄,这就是这里所说的"乐其道而忘人之势"。《万章下》也说:"以位,则子,君也;我,臣也;何敢与君友也?以德,则子事(师)我者也,奚可以与我友?"这种"位"与"德"的关系,如同这里"道"与"势"的关系一样。

一个注重德性修养的人,是自我尊重的人,是无所依傍的人,是不为外在权势和地位所屈服的人。从孟子以后,自我尊重与人格独立的观念，成为儒家价值观的重要内容。威武不屈、士可杀不可辱等，从一个侧面反映了这一传统。孟子这些思想对于中国人，特别是中国知识分子影响巨大，意义深远。

【原文】

[13.9] 孟子谓宋勾践曰①："子好游乎②？吾语子游。人知之，亦嚣嚣③；人不知，亦嚣嚣。"曰："何如斯可以嚣嚣矣？"曰："尊德乐义，则可以嚣嚣矣。故士穷不失义，达不离道。穷不失义，故士得己焉④；达不离道，故民不失望焉。古之人，得志，泽加于民；不得志，修身见于世。穷则独善其身，达则兼善天下。"

【注释】

① 宋勾践：人名，事迹不详。
② 游：游说。
③ 嚣嚣：悠闲自得的样子。
④ 得己：自得。

【译文】

孟子对宋勾践说："你喜欢游说诸侯吗？我和你说说游说的事。别人理解你，你要悠然自得；别人不理解你，你也要悠然自得。"宋勾践问道："怎么做才能够悠然自得呢？"孟子回答说："崇尚品德，爱好正义，就能够自得其乐了。所以士人穷困时不会背弃正义，显达时不会偏离正道。穷困时不背弃正义，士人就能保住自己的操守；显达时不偏离正道，因此百姓就不会对他感到失望。古时候的人，得志的时候就广施恩泽于百姓；不得志的时候就修养自身以立于世。穷困时修身养性让自己更加完美，得志时推行其正道和天下人一起走向完美。"

【品鉴】

穷则独善其身，达则兼善天下。

履行普遍的社会责任这一宗旨，不因自己所处环境而改变，但方式有所不同。

这里所谓"独善其身"，主要是道德自我实现。所谓"兼善天下"，是履行普遍的社会责任。应当注意的是，"穷则独善其身"也可表述为"穷不失义""不得志修身见于世"。"义"所体现的就是普遍的社会责任。"见于世"表明不是道家式的遁迹山林，归隐田园。因此，无论是"独善其身"还是"兼善天下"，都是要履行普遍的社会责任，只不过是，前者是以个体的方式为主，后者是以群体方式为主。前者从属于后者，"独善其身"从属于"兼善天下"。

"穷则独善其身，达则兼善天下"，成了无数中国知识分子的座右铭，尽管他们中穷的多、达的少，穷时多、达时少，但这面修身济世的大旗，始终飘扬在他们心头，成为人生的一种精神支柱。

【原文】

[13.10] 孟子曰："待文王而后兴者①，凡民也。若夫豪杰之士，虽无文王犹兴。"

【注释】

① 兴：奋发。

【译文】

孟子说："等待周文王那样的圣人出现才奋发的，是普通人。至于那些杰出的人，即使没有周文王出现，也能够奋发有为。"

【品鉴】

豪杰之士，虽无文王犹兴。

道德修养，应无依傍；自我挺立，虽无文王。

这里所谓"兴"，在孔孟那里，主要是讲道德上的自我挺立。孔子曾强调："为仁由己，而由人乎哉？"意思是：要做到仁，靠的是自己，难道还要靠别人吗？孟子接着讲，如果要靠别人，通常是靠什么人呢？最重要的当然就是文王这类圣人。于是，孟子说，等待周文王那样的圣人出现才振作的，是普通人。孟子再进一步指出，真正的豪杰之士是无所依傍的。道德挺立，主要依赖主体自身的努力，而不是外力作用的结果。也就是说，在圣人的影响和自身的努力二者之间，豪杰之士无疑将重心转向了后者。

【原文】

[13.11] 孟子曰："附之以韩、魏之家①，如其自视欿然②，则过人远矣。"

【注释】

① 附：增益。韩、魏之家：春秋时晋国的韩氏、魏氏两大家臣。

② 欿（kǎn）然：自感不足，不自满足。

【译文】

孟子说:"把晋国韩、魏两家的财富都送给他,如果他没有因此而满足,那么这样的人就大大超出一般人了。"

【原文】

[13.12]孟子曰:"以佚道使民,虽劳不怨。以生道杀民,虽死不怨杀者。"

【译文】

孟子说:"君王如果出于让百姓生活安乐而去役使百姓,百姓即便劳累也不会有怨言;君王如果出于让百姓得以生存而去杀人,被杀的人即便死也不会怨恨杀他的人。"

【原文】

[13.13]孟子曰:"霸者之民,驩虞如也①,王者之民,皞皞如也②。杀之而不怨,利之而不庸③,民日迁善而不知为之者。夫君子所过者化④,所存者神,上下与天地同流,岂曰小补之哉?"

【注释】

① 驩虞:即"欢娱"。
② 皞皞(hào):同"浩浩",广大自得的样子。
③ 庸:酬谢。
④ 君子:朱熹认为,这里的君子是指圣人而言。

【译文】

孟子说:"霸主的百姓经常欢天喜地,圣王的百姓却总是怡然自得。圣王的百姓,即使被杀也不去怨恨,得到了好处也不用去酬谢,每天向善却不知道是谁使他们这样。圣人所经过的地方,人们无不被感化,圣人心中所存,都是神圣的东西。它与天地造化同运并行,哪能说是小小补益呢?"

【品鉴】

君子所过者化,所存者神。

"过化存神",是对圣人仁德与神圣的概述。朱熹在注解《论语·学而》时,曾说:"圣人过化存神之妙,未易窥测。"

【原文】

[13.14]孟子曰:"仁言不如仁声之入人深也①,善政不如善教之得民也。善政民畏之;善教民爱之。善政得民财,善教得民心。"

【注释】

① 仁声:指《雅》《颂》等乐曲的演奏声。

【译文】

孟子说:"仁德的言语比不上仁德的音乐更能让人感动,有效的政治比不上良好的教化更能获得民心。有效的政治,百姓畏惧它;良好的教化,百姓喜爱它。有效的政治可以聚敛百姓的财富,良好的教化可以赢得民心的支持。"

【品鉴】

善政不如善教之得民也。善政得民财,善教得民心。

有效的政治可以聚敛民财,不可能赢得民心。得民心离不开良好的教化。

孔子曾经说:"道之以政,齐之以刑,民免而无耻;道之以德,齐之以礼,有耻且格。"就是说,以政令治理国家,以刑罚来整饬百姓,百姓可以免于惩罚但却没有廉耻之心;以行德教来治理国家,以礼来规范百姓,则民众知道廉耻而且民心归正。

孟子这段话,可以看作对孔子思想的进一步发挥。孟子认为,有效的政治能做到让老百姓畏惧、不违上,由此而能聚敛百姓的钱财,但不能让百姓喜爱,不能赢得民心。只有良好的教化,才能使百姓乐其风俗而上下有亲,真正赢得民心。

孟子曾明确说:"得天下有道:得其民,斯得天下矣;得其民有道:得其心,斯得民矣。"在得民心与得民财之间,当然更应倚重得民心。孟子还引用孔子痛批冉求为季氏的家臣时,不能改善他的德行,反而为他聚敛财富的故事,阐明君不行仁政而富之,为孔子所不齿。因此,孟子认为,良好的教化不仅必不可少,而且应该放在首位,作为当务之急。

【原文】

[13.15]孟子曰:"人之所不学而能者,其良能也①;所不虑而知者,其良知也②。孩提之童,③无不知爱其亲者;及其长也,无不知敬其兄也。亲亲,仁也;敬长,义也;无他,达之天下也。"

【注释】

① 良能:这里指先天具有或自然具备的(为善的)能力。良:表示

程度的副词，相当于"很""甚"。

② 良知：这里指先天具有或自然具备的分辨是非善恶的智能。

③ 孩提：初知发笑、还在襁褓中的幼儿。

【译文】

孟子说："人不通过学习就能做到的，那是良能；不通过思考就能知道的，那是良知。幼小的孩子就没有不知道亲爱父母的，长大以后，也没有不知道尊敬兄长的。亲爱父母就是仁；尊敬兄长就是义；这没有其他原因，只是因为仁与义是可以通行天下的。"

【原文】

[13.16] 孟子曰："舜之居深山之中，与木石居，与鹿豕游，其所以异于深山之野人者几希。及其闻一善言，见一善行，若决江河，沛然莫之能御也。"

【译文】

孟子说："舜住在深山里的时候，与树木、石头为伴，和野鹿、野猪打交道，和深山里的普通人不一样的地方很少。等到他听了一句好的言语，看见一个好的行为，学习的愿望就立刻像打开缺口的江河，气势充沛，没有谁能阻挡得了。"

【原文】

[13.17] 孟子曰："无为其所不为，无欲其所不欲，如此而已矣。"

【译文】

孟子说:"不做自己不做的事,不要自己不要之物,这样就行了。"

【原文】

[13.18] 孟子曰:"人之有德、慧、术、知者,恒存乎疢疾①。独孤臣孽子②,其操心也危③,其虑患也深,故达④。"

【注释】

① 疢(chèn)疾:灾患。
② 孽子:即庶子。古代一夫多妻,不是嫡妻所生的孩子,称为庶子。
③ 操心:费心,用心。危:忧惧不安。
④ 达:通达。

【译文】

孟子说:"人之所以具备德行、智慧、道术、才干,常常是由于经历灾患的缘故。只有那些不被君王宠信的大臣、地位卑贱的庶子,他们内心忧惧不安,忧虑祸患更为深远,所以才能通达事理。"

【原文】

[13.19] 孟子曰:"有事君人者,事是君则为容悦者也;有安社稷臣者,以安社稷为悦者也;有天民者,达可行于天下而后行之者也;有大人者,正己而物正者也。"

【译文】

孟子说:"所谓侍奉君王的人,就是把侍奉、阿谀奉迎某个君王当作快乐的人；所谓安定国家的忠臣，就是把安邦定国当作快乐的人；所谓知天道的人，就是那些知道自己的理想可以在天下实行，而后才去推行的人；所谓大丈夫，就是那些先自身端正，然后别人端正的人。"

【原文】

[13.20]孟子曰："君子有三乐，而王天下不与存焉。父母俱存，兄弟无故①，一乐也。仰不愧于天，俯不怍于人②，二乐也。得天下英才而教育之，三乐也。君子有三乐，而王天下不与存焉。"

【注释】

① 故：意外的或不幸的事变。

② 怍（zuò）：惭愧。

【译文】

孟子说："君子有三大快乐，在天下称王并不包括在内。父母都健在，兄弟没有灾祸，这是第一大快乐；上无愧于天，下无愧于人，这是第二大快乐；得到天下的优秀人才而去教育他们，这是第三大快乐。君子有这三大快乐，在天下称王并不包含在内。"

【品鉴】

仰不愧于天，俯不怍于人。

俯仰无愧、内心宁静才能真正快乐起来。

"仰不愧于天，俯不怍于人"，归结起来是"无愧于心"。无愧的基础在于行其正道、光明磊落，因此，能内心宁静。此时，"反身而诚，乐莫大焉"。

得天下英才而教育之。

传承文化、播种希望；承担历史使命、履行社会责任；成就自己、也成就他人。这些都是"得天下英才而教育之"的快乐所在吧。

【原文】

[13.21] 孟子曰："广土众民，君子欲之，所乐不存焉；中天下而立，定四海之民，君子乐之，所性不存焉。君子所性，虽大行不加焉①，虽穷居不损焉，分定故也。君子所性，仁、义、礼、智根于心。其生色也睟然②，见于面，盎于背③，施于四体④，四体不言而喻。"

【注释】

① 大行：指理想通行于天下。
② 睟（suì）然：润泽的样子。
③ 盎：显现。
④ 施：施展，扩展。

【译文】

孟子说："疆域广大、人民众多，是君子希望得到的，但他的快乐并不在这里；站立在天下的中央，安抚四海之内的黎民百姓，是君子高兴做到的，但他的本性并不表现在这里。君子的本性，即使他的理想完全在天下实现，也不会因此而增加一点；即使失意隐居，也不会因此而减损一分，因为本分已经确定。君子的本性中，仁德、道义、礼仪、智识已根植在内心，表现在神色上是温顺和润的，流露在脸上，洋溢在背上，扩展到肢体，肢体不必等他吩咐就明白该怎么做了。"

【原文】

[13.22] 孟子曰:"伯夷辟纣①,居北海之滨,闻文王作,兴曰:'盍归乎来,吾闻西伯善养老者②。'太公辟纣,居东海之滨,闻文王作,兴曰:'盍归乎来,吾闻西伯善养老者。'天下有善养老,则仁人以为己归矣。五亩之宅,树墙下以桑,匹妇蚕之,则老者足以衣帛矣。五母鸡,二母彘,无失其时,老者足以无失肉矣。百亩之田,匹夫耕之,八口之家足以无饥矣。所谓西伯善养老者,制其田里,教之树、畜,导其妻子,使养其老。五十非帛不暖,七十非肉不饱。不暖不饱,谓之冻馁。文王之民,无冻馁之老者,此之谓也。"

【注释】

① 伯夷:殷商孤竹君的儿子。
② 西伯:即周文王。

【译文】

孟子说:"伯夷躲避商纣王,住在北海边上,听说周文王奋发有为,就振作起来说:'为什么不去投奔西伯呢,我听说他善于奉养老人。'姜太公躲避商纣王,住在东海边上,听说周文王奋发有为,说:'为什么不去投奔西伯呢,我听说他善于奉养老人。'天下有善于奉养老人的,仁德的人就把他作为自己的依靠了。五亩大的庭园,沿院墙边种上桑树,女子养蚕缫丝,老年人就能穿上丝绵织成的衣服了。养上五只母鸡,两头母猪,不要耽误繁殖期,老年人就不会缺肉吃了。一百亩的农田,男子去耕种,八口之家就不会挨饿了。所谓西伯善于奉养老人,就是指他为百姓划定了田亩宅地,教会他们种树养畜,引导他们的妻子儿女奉养老人。五十岁的人,穿不上丝绵就不觉得暖;七十岁的人,吃不上肉就不觉得饱。穿不暖吃不饱,叫作挨冻受饿。周文王的百姓中没有挨冻受饿的老人,说的就是这个意思。"

【原文】

[13.23] 孟子曰:"易其田畴①,薄其税敛,民可使富也。食之以时,用之以礼,财不可胜用也。民非水火不生活,昏暮叩人之门户求水火,无弗与者,至足矣。圣人治天下,使有菽粟如水火。菽粟如水火,而民焉有不仁者乎?"

【注释】

① 易:治理。田畴:耕熟的田地。

【译文】

孟子说:"管理好田地,减轻税收,就可以使百姓生活富足。按照时令安排饮食,遵守礼仪的规定消费,财物就会享用不完。百姓没有水和火就无法生存,晚上敲开别人家的门求水讨火,没有不给的,那是因为家家都很多。圣人治理天下,要让百姓的粮食像水、火那样多。粮食如果像水、火那样充足,百姓哪里会不讲仁德呢?"

【原文】

[13.24] 孟子曰:"孔子登东山而小鲁①,登泰山而小天下,故观于海者难为水,游于圣人之门者难为言。观水有术,必观其澜②。日月有明,容光必照焉。流水之为物也,不盈科不行③;君子之志于道也,不成章不达④。"

【注释】

① 东山：鲁国东部的高山，当即蒙山，在今山东蒙阴南。
② 澜：大波浪。
③ 科：坎，坑。
④ 成章：乐曲终结为一章，所以事物达到一定阶段或具有一定的规模也称成章。

【译文】

孟子说："孔子登上东山，觉得鲁国变小了；登上了泰山，觉得天下变小了。因此见过大海的人，就很难被别的水吸引了；在圣人门下学习过的人，就很难对别的言论感兴趣了。观察水流是有方法的，一定要观察水中的波澜。太阳月亮发出的光辉，极小的缝隙都能照得到。流水的特点是，不把小的坑洼灌满，就不会继续向前流动。君子立志追求正道，不积累到一定的程度就不能通达。"

【品鉴】

登泰山而小天下，故观于海者难为水。

视点越高，视野更加宽广；见识越多，思考更加深入；跟圣贤学习，信仰更加坚定。

【原文】

[13.25] 孟子曰："鸡鸣而起，孳孳为善者①，舜之徒也；鸡鸣而起，孳孳为利者，跖之徒也②。欲知舜与跖之分，无他，利与善之间也。"

【注释】

① 孳孳：同"孜孜"，勤勉，不懈怠。
② 跖（zhí）：春秋时期郑国的大盗，即盗跖。

【译文】

孟子说："听到鸡叫就起床，勤勤恳恳去做善事的，是舜一类的人；听到鸡叫就起床，辛辛苦苦追求利益的，是跖一类的人。想要知道舜和跖的分别，不是别的什么，只是求利和行善之间的不同罢了。"

【原文】

[13.26]孟子曰："杨子取为我①，拔一毛而利天下，不为也。墨子兼爱，摩顶放踵利天下②，为之。子莫执中③，执中为近之。执中无权，犹执一也。所恶执一者，为其贼道也，举一而废百也。"

【注释】

① 杨子：即杨朱，战国时期魏国人，字子居。其学说重在爱己，不为外物所累。
② 摩顶放踵：从头顶到脚跟都摩伤。放：至。踵：脚跟。形容辛劳艰苦，不顾身体受到损伤。
③ 子莫：鲁国的贤人。

【译文】

孟子说："杨子的主张是'为自己'，如果拔一根汗毛能够对天下有利，他也不愿做。墨子的主张是'兼爱'，就是磨秃了头顶，走破了脚跟，只要对天下人有利，他就去做。子莫采取中间立场。采取中间立场就接近正确了。但是如果只坚持中间立场而不知道变通，就是执着于一点。反感执着于一点的原因，是因为它会损害大道，抓住一点就不顾其他了。"

【原文】

[13.27] 孟子曰："饥者甘食，渴者甘饮，是未得饮食之正也，饥渴害之也。岂惟口腹有饥渴之害？人心亦皆有害。人能无以饥渴之害为心害，则不及人不为忧矣。"

【译文】

孟子说："饥饿的人觉得任何食物都好吃，干渴的人觉得任何饮料都好喝，他不能品尝出食物、饮料的正常味道，是因为受到了饥饿与干渴的损伤啊。谁说只有嘴巴肚皮才会受到饥渴的损伤呢？人心也会受到这类损伤。假如一个人能够让自己的心不受到饥渴一样的损伤，那自然不会把富贵赶不上别人当作忧虑了。"

【原文】

[13.28] 孟子曰："柳下惠不以三公易其介①。"

【注释】

① 三公：周代太师、太傅、太保为三公，是协助国君掌握军政大权的最高官员。一说司马主天，司徒主人，司空主土。介：节操。

【译文】

孟子说："柳下惠不会因为做了高官就改变他的节操。"

【原文】

[13.29] 孟子曰："有为者辟若掘井，掘井九轫①而不及泉，犹为弃井也。"

【注释】

① 轫（rèn）：通"仞"。古代长度单位，通常认为一仞为八尺，但有不同看法。

【译文】

孟子说："想有所作为的人就好比挖井，即便挖到六七丈深，还见不到泉水，仍是一口废井。"

【原文】

[13.30] 孟子曰："尧、舜，性之也；汤、武，身之也；五霸，假之也。久假而不归，恶知其非有也。"

【译文】

孟子说："尧、舜施行仁义，是本性使然；汤、武施行仁义，是靠身体力行；五霸施行仁义，是在假借名义。假借得久了而不归还，哪里知道他们原本没有仁义呢？"

【原文】

[13.31] 公孙丑曰："伊尹曰①：'予不狎于不顺②。'放太甲于桐③，民大悦。太甲贤，又反之，民大悦。贤者之为人臣也，其君不贤，则固可放与？"

孟子曰："有伊尹之志，则可；无伊尹之志，则篡也。"

【注释】

① 伊尹：人名，商汤之相，曾助商汤讨伐夏桀。
② 狎（xiá）：亲近，接近。
③ 放太甲于桐：事详见《万章上》第6章。

【译文】

公孙丑说："伊尹说：'我不亲近违背仁义的人，因而把太甲放逐到桐邑，百姓十分高兴。太甲改好了，又让他回来即位，百姓十分高兴。'贤良的人做臣子，如果他的君主不好，本来就可以将他放逐吗？"

孟子说："如果有伊尹那样的心思，就可以；没有伊尹那样的心思，就是篡位了。"

【原文】

[13.32] 公孙丑曰："《诗》曰：'不素餐兮。'君子之不耕而食，何也？"

孟子曰："君子居是国也，其君用之，则安富尊荣；其子弟从之，则孝悌忠信。'不素餐兮'，孰大于是？"

【译文】

公孙丑说："《诗经·魏风·伐檀》上说：'不能白白吃饭啊。'但君子不耕种也吃饭，这是为什么？"

孟子说："君子住在一个国家，国君任用他，这个国家便会安宁、富足、尊贵、荣耀；青少年追随他，便会孝顺父母、敬爱兄长、忠实守信。

'不能白白吃饭啊',难道还有比这更大的功劳吗?"

【品鉴】

君子居是国也,其君用之,则安富尊荣;其子弟从之,则孝悌忠信。

社会分工有劳心劳力之别,君子的贡献在于:使国家安宁、富足、尊贵、荣耀;使社会形成孝悌忠信的良好风气。

【原文】

[13.33]王子垫问曰①:"士何事?"孟子曰:"尚志。"曰:"何谓尚志?"曰:"仁义而已矣。杀一无罪,非仁也。非其有而取之,非义也。居恶在?仁是也。路恶在?义是也。居仁由义,大人之事备矣。"

【注释】

① 王子垫:齐王之子,名垫。

【译文】

王子垫问道:"士人该做什么?"孟子说:"使自己的志向高洁。"王子垫问:"使志向高洁是什么意思?"

孟子说:"立志于行仁德和道义罢了。杀死一个没罪的人就不合乎仁德;不是自己的东西却强行拿来就是没有道义。住处在哪里?就是仁德;道路在哪里?就是道义。在仁德中修养自己,行走在道义的大路上,那么德行完备的人所做的事就齐全了。"

【品鉴】

问曰:"士何事?"孟子曰:"尚志。"

高尚其志，是士人的基本追求。

孟子所处时代，士阶层队伍逐渐壮大，但他们的社会职业归属仍然不够明确。于是齐国王子提出了这个问题。但孟子并没有从分工或存在的意义的角度来回答，而说："尚志。""尚志"和孔子所说的"志于道"是一致的，志于道也是志于仁义之道。尚志的内容从积极方面说是居仁由义，从消极方面说就是制止不仁，例如杀一无罪就是不仁。

至于士阶层存在的意义，我们在《滕文公下》中已做讨论。简单地说，主要有三个方面：政治价值，使国家安定、富足，君上尊贵、荣耀；道德价值，年轻人信从他，就会孝敬父母，敬重长上，忠于职守，诚实守信；文化价值，传承文化精神，守先王之道，以待后世学者。

【原文】

[13.34] 孟子曰："仲子①，不义与之齐国而弗受，人皆信之。是舍箪食豆羹之义也②。人莫大焉亡亲戚、君臣、上下③。以其小者信其大者，奚可哉？"

【注释】

① 仲子：即陈仲子。详见《滕文公下》第10章。
② 箪（dān）：古代盛饭的圆形竹器。
③ 亡：同"无"。

【译文】

孟子说："陈仲子，假如不用正当的方式把齐国送给他，他都不会接受，大家都相信这一点。但这只不过是根据他拒绝一筐饭、一碗汤的义行。人的过错没有比不讲父兄、君臣关系更大的了。因为他在小事上的义行，就相信他在大事上也有义行，怎么行呢？"

【原文】

[13.35] 桃应问曰①："舜为天子，皋陶为士②，瞽瞍杀人③，则如之何？"

孟子曰："执之而已矣。"

"然则舜不禁与。"

曰："夫舜恶得而禁之？夫有所受之也。"

"然则舜如之何？"

曰："舜视弃天下犹弃敝蹝也④。窃负而逃，遵海滨而处，终身䜣然⑤，乐而忘天下。"

【注释】

① 桃应：孟子的学生。

② 皋陶：传说为舜时的司法官。

③ 瞽瞍：这里指舜的父亲。

④ 蹝（xǐ）：草鞋。

⑤ 䜣然：同"欣然"，愉快的样子。

【译文】

桃应问："舜是天子，皋陶是法官，如果瞽瞍杀了人，该怎么办？"

孟子说："把他抓起来就是了。"

桃应说："那么舜不去阻止吗？"

孟子回答说："舜怎么能去阻止呢？皋陶是有依据的。"

桃应问："那么舜该怎么办？"

孟子回答说:"舜把丢弃天下看得如同丢弃破草鞋一样。他会偷偷地背上父亲逃跑,沿着海边住下来,一辈子高高兴兴的,快乐得忘了天下。"

【品鉴】

乐而忘天下。

有天下并不是最大的快乐。

孟子谈到君子有三乐时,也特别强调:"王天下不与存焉",称王天下并不包括在内。

【原文】

[13.36]孟子自范之齐①,望见齐王之子,喟然叹曰:"居移气,养移体,大哉居乎!夫非尽人之子与?"

孟子曰:"王子宫室、车马、衣服多与人同,而王子若彼者,其居使之然也。况居天下之广居者乎②?鲁君之宋,呼于垤泽之门③。守者曰:'此非吾君也,何其声之似我君也?'此无他,居相似也。"

【注释】

① 范:齐国邑名,在今河南范县东南。
② 广居:指"仁"。
③ 垤(dié)泽之门:宋国东城的南门。

【译文】

孟子从范邑到齐国,远远地看见齐王的儿子,感叹说:"居住环境改变气质,饮食奉养改变体态,环境的影响真是太大了。他不也和一般人的儿子一样吗?"

孟子说:"王子的住所、车马、衣服多半和别人相同,而王子却那样与众不同,就是因为居住的环境使他这样的,何况是居住在'仁德'这个天下最宽广住所中的人呢?有一次,鲁国的国君到宋国去,在宋都东城南门下喊话。守城的人说:'这个人不是我们的国君,为什么他的声音和我们国君这么像呢?'这没有别的原因,所居住的环境相似罢了。"

【原文】

[13.37] 孟子曰:"食而弗爱,豕交之也;爱而不敬,兽畜之也。恭敬者,币之未将者也①。恭敬而无实,君子不可虚拘。"

【注释】

① 币:缯帛,古人用作礼物的丝织品。后来车、马、玉等也叫"币"。将:送。

【译文】

孟子说:"只供吃饭而不加爱护,等于在对待猪;只爱护但不尊敬,等于在养犬马。恭敬之心应该是在送礼物之前就有了的。只有恭敬的外表形式却没有内在的心意,君子是不会被这种虚假的形式所束缚的。"

【原文】

[13.38] 孟子曰:"形色,天性也;惟圣人然后可以践形。"

【注释】

① 践形:体现人所天赋的品质。

【译文】

孟子说:"人的体形容貌是上天赋予的;只有圣人可以完全实现他们的天赋潜能。"

【原文】

[13.39] 齐宣王欲短丧。公孙丑曰:"为期之丧①,犹愈于已乎?"孟子曰:"是犹或纾其兄之臂,子谓之姑徐徐云尔,亦教之孝悌而已矣②。"

王子有其母死者,其傅为之请数月之丧③。公孙丑曰:"若此者,何如也?"曰:"是欲终之而不可得也。虽加一日愈于已,谓夫莫之禁而弗为者也。"

【注释】

① 期(jī):期服,为亲属守丧一年。
② 亦:只。
③ "王子有其母"等:按照《仪礼·丧服记》上说,王子母亲死后,因父亲还在,不能为母服三年丧,甚至无服。母亲下葬前,要穿麻衣,但下葬后仍然脱掉。

【译文】

齐宣王想要缩短守丧的时间。公孙丑说:"父母去世,服一年丧,总比不服丧好吧?"

孟子说:"这就像有个人扭哥哥的胳膊,你对他说暂且慢慢地扭吧。其实,还是教导他要孝顺父母尊敬兄长就行了。"

有个王子生母去世,他的老师替他向君主请求再守几个月的丧。公孙丑说:"像这种情况该怎么看待?"

孟子说:"这个王子是想守丧三年却无法做到。即使多服一天丧也比不服好,我这话是对那些没人禁止他,而自己不愿服丧的人说的。"

【原文】

[13.40]孟子曰:"君子之所以教者五:有如时雨化之者,有成德者,有达财者①,有答问者,有私淑艾者②。此五者,君子之所以教也。"

【注释】

① 财:通"才",才能。
② 私淑艾(yì):私下获取。这里指私下学习。淑,通"叔",取。艾,通"刈",获,取。

【译文】

孟子说:"君子施行教育的方式有五种:有像及时雨一样滋养点化的;有因势利导,成全品德的;有培养才干的;有解答疑问的;有靠品德学问使人私下受到教诲的。这五种就是君子用来施行教育的方法。"

【品鉴】

君子之所以教者五。

教育的方式多种多样:"如时雨化之"是润物无声、身教重于言教;"成德"是品德教育、成就其德;"达财"是随材成就、因材施教;"答问"是解疑释惑、传道授业;"私淑艾"是影响所及,以自学为主。

【原文】

[13.41] 公孙丑曰："道则高矣，美矣，宜若登天然①，似不可及也。何不使彼为可几及而日孳孳也？"

孟子曰："大匠不为拙工改废绳墨，羿不为拙射变其彀率②。君子引而不发，跃如也。中道而立，能者从之。"

【注释】

① 宜：大概，也许。

② 羿：古代传说中夏代有穷国的君主，善于射箭。彀率（goù lǜ）：弓弩张开的程度。

【译文】

公孙丑说："圣人之道高尚美好，可是就像登天一样，似乎是不能达到的；为什么不让它变成有可能达到的东西，好让人们每天都努力追求呢？"

孟子说："高明的木匠不会为手艺拙劣的工人改变或废弃绳墨，后羿也不会为笨拙的射手而改变开弓的标准。君子教人有如射箭，弓拉满了却不把箭射出去，只做出跃跃欲试的样子。他站在大道的中间，有才能的人就会追随他。"

【品鉴】

大匠不为拙工改废绳墨，羿不为拙射变其彀率。

目标明确，步骤可行；统一标准，坚持原则。

终极目标要崇高，令人知所向往。近期目标相对低，让人发奋自信。标准要统一，不能渐行渐远。原则要坚持，不能因人废事。

【原文】

[13.42] 孟子曰:"天下有道,以道殉身①;天下无道,以身殉道②。未闻以道殉乎人者也。"

【注释】

① 以道殉身:意思是用道来实现生命的意义和价值。殉:追求,谋求。
② 以身殉道:为了实现道的理想而牺牲生命。

【译文】

孟子说:"天下政治清明,就让圣人之道通过我的生命来实现;天下政治黑暗,就让我的生命为圣人之道而牺牲。没听说过牺牲圣人之道去迎合别人的。"

【原文】

[13.43] 公都子曰:"滕更之在门也①,若在所礼②而不答,何也?"

孟子曰:"挟贵而问,挟贤而问,挟长而问,挟有勋劳而问,挟故而问③,皆所不答也。滕更有二焉。"

【注释】

① 滕更:滕国国君的弟弟,想从学于孟子。
② 礼:以礼相待,敬重。
③ 故:旧识,旧交。

【译文】

公都子说:"滕更在您的门下时,似乎应属于要以礼相待的人,可您却不解答他的问题,什么原因呢?"

孟子说:"依仗自己地位高来发问,依仗自己有才干来发问,依仗自己年纪大来发问,依仗自己有功劳来发问,依仗有老交情来发问,都是我不愿回答的。滕更占了其中的两条。"

【品鉴】

挟贵而问,挟贤而问,挟长而问,挟有勋劳而问,挟故而问,皆所不答也。

学习首重虚心。居高临下、高自标誉、倚老卖老、居功自恃、自以为是都不是学习所应持的态度。

【原文】

[13.44] 孟子曰:"于不可已而已者①,无所不已。于所厚者薄,无所不薄也。其进锐者②,其退速。"

【注释】

① 已:停止。
② 锐:迅速,急切。

【译文】

孟子说:"把不能停止的事停止了,那么就没什么不能停止的了。对本应厚待的人却薄待他,那么就没有谁不可薄待了。向前走得太猛的,向后退得也快。"

【品鉴】

其进锐者，其退速。

冒进求成的人，倒退得也快，拔苗助长，会适得其反。

在《公孙丑上》，孟子讲了个"揠苗助长"的故事：宋国有个人，担心禾苗长不快而把它拔高，然后非常疲倦地回到家，告诉家人说："今天累坏了！我帮助禾苗长高了！"他的儿子跑过去一看，禾苗都枯槁了。"进锐退速"这个成语，也是警示人们不要违逆事物本然之理，否则像揠苗助长一样，欲速则不达。

【原文】

[13.45] 孟子曰："君子之于物也，爱之而弗仁；于民也，仁之而弗亲。亲亲而仁民，仁民而爱物。"

【译文】

孟子说："君子对于万物，爱惜却不施以仁德；对于百姓，要施以仁德却不视作亲人。君子关爱亲人，进而以仁德对待百姓；以仁德对待百姓，进而爱惜万物。"

【品鉴】

亲亲而仁民，仁民而爱物。

推己及人是孟子推行"仁政"的基本方法。从孝悌开始，到天下百姓，再到天地万物。这一原则也称为"推恩"原则。

【原文】

[13.46] 孟子曰："知者无不知也，当务之为急①；仁者无不爱

也，急亲贤之为务。尧、舜之知而不遍物②，急先务也；尧、舜之仁不遍爱人，急亲贤也。不能三年之丧，而缌、小功之察③；放饭流歠④，而问无齿决⑤：是之谓不知务。"

【注释】

① 务：紧要的事情。

② 遍物：遍于物。遍：普遍，周遍。

③ 缌（sī）：细麻布。这里指缌麻，是五服（服丧的五个等级：斩衰、齐衰、大功、小功、缌麻，按亲疏关系而定）中最轻的一种丧服，服期为三个月。小功：用熟麻布制作，精细程度上仅次于缌麻，服期为五个月。

④ 放饭：大口吃饭。放：恣纵，不拘束。流歠（chuò）：大口喝汤。流：放纵。歠：饮。《曲礼》上说："毋放饭，毋流歠"。

⑤ 问：论难，探讨。齿决：用牙齿咬断东西。《曲礼》上说："濡肉齿决，干肉不齿决"。湿肉用牙咬断，干肉用手撕折。

【译文】

孟子说："明智的人没有不想知道的事情，但急于知道的是当前该做的事情；行仁德的人没有什么不想爱惜的，但急于要爱护的是亲人和贤人。以尧、舜的智慧而不去了解所有的事物，是因为他急于了解首先要做的事情；以尧、舜的仁德而不能爱护所有的人，是因为他要先爱亲人和贤人。如果不能行三年的丧礼，却去细究缌麻三月、小功五月的丧礼；在尊长面前大口吃饭，大口喝汤，却去探讨'不用牙齿咬断干肉'，这就叫不知轻重缓急。"

卷十四

尽 心 [下]

本卷共38章。主要讨论仁者无敌、民贵君轻和相关治国方略；阐述理想人格的修养层次、圣贤的意义和君子修身之道等。具体而言：第1章讲为土地好战轻民，没仁德殃及所亲。第2章讲春秋没有符合道义和礼制的战争。第3章讲书不可不加分析地信从。第4章讲仁者无敌，好战有罪。第5章讲规矩可教授，技巧在自得。第6章讲圣贤能穷贵自适。第7章讲行仁远祸殃、残暴自遭损。第8章讲关卡的异化：由防暴变成了施暴的工具。第9章讲以身作则，以道行事。第10章讲厚德之人不为乱世所惑。第11章讲是否好不朽之名的差别。第12章讲治国的三大要务。第13章讲不行仁义者不能拥有天下。第14章讲民贵君轻，凸显民本。第15章讲圣人为百世之师。第16章讲仁由人行，人能弘道。第17章讲孔子对祖国的眷恋。第18章讲孔子被困陈蔡的缘由。第19章讲正确看待人言。第20章抨击以其昏昏使人昭昭。第21章讲为善不倦以防茅塞。第22章讲先后圣贤有共同的追求。第23章讲善言的时效性。第24章讲性与命的关系。第25章讲人生的六重境界。第26章讲弃暗投明，需加巩固。第27章讲赋税与民生，应轻敛养民。第28章讲土地、人民和政事的重要性。第29章讲有小才而不闻大道的危险性。第30章关于乐育人才遭遇小尴尬。第31章讲扩充仁义之心。第32章讲严于律己，从身边做起。第33章讲一切合乎礼仪而不为外在目的。第34章讲面对威权如何持平等心。第35章讲养心重在寡欲。第36章讲曾子之至孝。第37章评价狂狷之人，批判乡愿，回归正道。第38章讲圣人之道，五百年犹大兴；孔圣之道，时空尚近，若无继承，便难有继承者了。全书由此结尾，耐人寻味。

【原文】

[14.1]孟子曰:"不仁哉梁惠王也!仁者以其所爱及其所不爱,不仁者以其所不爱及其所爱。"

公孙丑问曰:"何谓也?"

"梁惠王以土地之故,糜烂其民而战之,大败,将复之,恐不能胜,故驱其所爱子弟以殉之,是之谓以其所不爱及其所爱也。"

【译文】

孟子说:"梁惠王真不仁德啊!有仁德的人能够把给予所爱之人的关心推及到他所不爱的人身上;没仁德的人却把带给所不爱之人的灾祸波及他所爱的人身上。"

公孙丑说:"这话是什么意思呢?"

"梁惠王为了抢夺土地,发动战争,使他的百姓尸横荒野,大败之后,还要再战,由于担心不能取胜,就驱使他所宠爱的子弟们去作战送死,这就是把带给不爱之人的灾祸波及所爱之人的身上。"

【原文】

[14.2]孟子曰:"春秋无义战。彼善于此,则有之矣。征者,上伐下也。敌国不相征也。"

【译文】

孟子说:"春秋时代没有合乎道义的战争。而那一次与这一次相比好一些,是有的。所谓'征讨',只是天子讨伐诸侯。相互敌对的诸侯国之间是不能互相征讨的。"

【品鉴】

春秋无义战。

春秋时代没有合乎道义的战争。

这是孟子对那一时期战争所作的评价。孔子说:"天下有道,则礼乐征伐自天子出;天下无道,则礼乐征伐自诸侯出。"(《论语·季氏》)意思是:天下太平、政治清明的时候,制作礼乐和出兵打仗都由天子来做决定;天下无道、政治昏暗的时候,制作礼乐和出兵打仗则由诸侯来做决定。孟子继承了孔子的这一思想,认为春秋时期的战争实质上是为争夺土地和城池进行的,也不符合征伐应当"自天子出"的规范,因此,孟子的定性是:春秋无义战。但各次战争情况略有不同,在孟子看来只是程度上的区别。

一般认为,尧、舜、禹、汤以及西周的征伐在孔子看来都是"自天子出"。自周平王东迁之后,周天子失去了天下共主的地位,逐渐丧失发号施令的力量了,从而出现"天下无道"。自齐桓公称霸,西周时期"礼乐征伐自天子出",被"礼乐征伐自诸侯出"所取代。各个强国为了争夺霸主地位,都想挟天子以令诸侯,因此,这一时期礼崩乐坏,相互之间征战不断,社会动荡,天下无道。

【原文】

[14.3]孟子曰:"尽信《书》,则不如无《书》。吾于《武成》[1],

取二三策而已矣②。仁人无敌于天下,以至仁伐至不仁,而何其血之流杵也③?"

【注释】

①《武成》:《尚书》篇名,其中叙述了周武王伐纣的事。
②策:成编的竹简。古时用竹简书写。
③杵:舂杵,舂米、捣衣、筑土等用的棒槌。也指形状像杵的兵器。

【译文】

孟子说:"完全相信《尚书》的记载,还不如没有《尚书》。对于《武成》一篇,我只采信其中的两三页罢了。行仁德的人天下无敌,以周武王这样最仁德的人去讨伐商纣这样最没有仁德的人,怎么会使鲜血流淌得足以把舂杵都漂起来呢?"

【品鉴】

尽信《书》,则不如无《书》。

缺乏思考地盲信盲从,不得要领地舍本逐末,不加选择地兼收并蓄,甚至还不如置之不论。

这里的《书》,本指《尚书》。《尚书》是我国上古历史文献的汇编,内容涉及夏商周在政治、军事、思想、文化等活动中最高统治者的讲话记录、文告,以及少量根据流传资料整理的文件。相传曾经过孔子编选,是一部重要的儒家经典。据考证,孟子那时《尚书》已失传。后来《尚书》有《今文尚书》与《古文尚书》的分别。《今文尚书》是西汉初年,由秦博士伏生口授,用汉代通行文字隶书写定,因此得名,共28篇。《古文尚书》也称《逸书》,据说汉武帝末年鲁共王(刘馀)从孔子住宅的壁中发现，较《古文尚书》多16篇，用秦汉以前的"古文"书写，也以此得名，但后来也失传了。现在所见，为东晋元帝时人所献的伪书。现在通行的《十三经注疏》本《尚书》，是《今文尚书》与伪《古文尚书》的合编。

【原文】

[14.4] 孟子曰："有人曰：'我善为陈①，我善为战。'大罪也。国君好仁，天下无敌焉。南面而征，北夷怨；东面而征，西夷怨，曰：'奚为后我？'武王之伐殷也，革车三百两②，虎贲三千人③。王曰：'无畏！宁尔也，非敌百姓也。'若崩厥角稽首④。征之为言正也，各欲正己也，焉用战？"

【注释】

① 陈：今作"阵"。

② 革车：一种重型兵车。两：同"辆"。

③ 虎贲（bēn）：勇士的通称。也作"虎奔"，意思是像老虎一样奔走。

④ 厥角：指以头叩地。厥：顿；角：额角。稽（qǐ）首：古时的一种礼节。跪下，拱手到地，头也到地。

【译文】

孟子说："有人说：'我善于布阵，我善于打仗。'这是罪恶啊。国君爱好仁德，天下就没有对手。商汤向南方征讨，北方的民族就会抱怨；向东方征讨，西方的民族就会抱怨，说：'为什么不先来我们这里？'周武王讨伐殷商的时候，战车三百辆，勇士三千人。武王对殷商的百姓说：

'不要害怕！我是来安抚你们的，不是和你们为敌的。'殷商的百姓把额角触地叩头，发出的声响如同山陵崩塌一样。'征'的意思是'正'，如果各个国家都端正自己，哪里还用得着战争呢？"

【品鉴】

国君好仁，天下无敌焉。

各欲正己也，焉用战？

"君仁，莫不仁"。国君爱好仁德，民心归附，天下无敌；"正己，而物正"。国君端正自己，他人端正，哪用战争？

孟子认为，先王有仁爱之心，于是施行仁爱之政。施行仁政符合人性，能深得百姓的支持，治理天下必然轻而易举。孟子坚信，战争不是治国良方，标榜善战、好战的人，应该受最重的刑罚，而鼓吹合纵连横的人也该受重刑，较之好战者稍轻一点。当然，孟子并不是主张笼统地反对一切战争，以仁伐不仁的"征"就是正当的，其特点表现为"诛其君而吊其民"，即诛杀暴君、拯救人民，战争目的在于救民于水火之中。

【原文】

[14.5]孟子曰："梓、匠、轮、舆能与人规矩①，不能使人巧。"

【注释】

①梓匠：木匠。轮：轮人，制车轮的人。舆：舆人，造车厢的人。

【译文】

孟子说："木匠和车匠能够把圆规、曲尺的使用方法教给别人，却不能使人技艺高超。"

【品鉴】

梓、匠、轮、舆能与人规矩，不能使人巧。

知识可以通过传授，但能力要靠自己锻炼。

【原文】

[14.6] 孟子曰："舜之饭糗茹草也①，若将终身焉；及其为天子也，被袗衣②，鼓琴，二女果③，若固有之。"

【注释】

① 糗（qiǔ）：炒熟的米、麦等干粮。茹（rú）：吃。
② 袗（zhěn）：华美。袗衣：盛服。
③ 果：通"婐（wǒ）"。女侍。

【译文】

孟子说："当舜在啃干粮吃野菜的时候，好像一生就打算这样度过。等他做了天子后，穿着华美盛服，弹着琴，尧的两个女儿服侍他，又好像原本就享有这种生活。"

【原文】

[14.7] 孟子曰："吾今而后知杀人亲之重也。杀人之父，人亦杀其父；杀人之兄，人亦杀其兄。然则非自杀之也，一间耳①。"

【注释】

① 一间（jiàn）：一点点空隙，指相差不多。间：空隙，缝隙。

【译文】

孟子说:"我现在才知道杀死别人亲人的严重性。杀了别人的父亲,别人也会杀死他的父亲;杀了别人的哥哥,别人也会杀死他的哥哥。那么,虽然父亲和哥哥不是自己杀死的,但也相差不多。"

【品鉴】

杀人之父,人亦杀其父。

然则非自杀之也,一间耳。

杀父之仇,人必报之。《礼记·曲礼上》说:"父之仇,弗与共戴天。"伤害别人,最终会伤害到自己。

【原文】

[14.8]孟子曰:"古之为关也,将以御暴;今之为关也,将以为暴。"

【译文】

孟子说:"古时候设立关卡,是准备用来抵御强暴的;现在设立关卡,却是想用它施行强暴。"

【原文】

[14.9]孟子曰:"身不行道,不行于妻子;使人不以道,不能行于妻子。"

【译文】

孟子说:"自己不践行正道,妻子、儿女也不会践行正道;支使他人不是遵正道而行，那么就连妻子、儿女都支使不动。

【品鉴】

身不行道，不行于妻子。

从自己做起，以身作则，从身边小事做起，推己及人。

【原文】

[14.10] 孟子曰："周于利者①，凶年不能杀②；周于德者，邪世不能乱。"

【注释】

① 周：充足。

② 杀：伤害，残害。

【译文】

孟子说："财富充足的人，荒年不能让他受到伤害；德行深厚的人，乱世也不会让他迷惑。"

【品鉴】

周于德者，邪世不能乱。

周达于德，身体力行，虽身遭邪世，不能乱其志。

【原文】

[14.11] 孟子曰："好名之人，能让千乘之国，苟非其人，箪食、豆羹见于色。"

【译文】

孟子说:"追求不朽名声的人能够把拥有千辆兵车的国家让给别人;反之,即使只要他让出一筐饭、一碗汤,也有人会流露出不悦的神情。"

【原文】

[14.12] 孟子曰:"不信仁贤,则国空虚①;无礼义,则上下乱;无政事,则财用不足②。"

【注释】

① 空虚:这里具体指代内容不详。
② 财:钱谷。用:货物,资财。

【译文】

孟子说:"不信任仁德贤良的人,那么国家就会因没有人才而空虚;不遵守礼义,那么上与下的关系就会混乱;没有人进行管理,那么国家的财政就会匮乏。"

【原文】

[14.13] 孟子曰:"不仁而得国者,有之矣;不仁而得天下者,未之有也。"

【译文】

孟子说:"不施行仁德而能得到一个国家的,有这样的情况;不施行仁德,而能得到天下的,那是没有的事。"

【品鉴】

不仁而得天下者，未之有也。

不行仁义，即使得逞于一时一地，终究不能得天下民心。

【原文】

[14.14] 孟子曰："民为贵，社稷次之①，君为轻。是故得乎丘民而为天子②，得乎天子为诸侯，得乎诸侯为大夫。诸侯危社稷，则变置。牺牲既成③，粢盛既絜，祭祀以时，然而旱干水溢，则变置社稷。"

【注释】

① 社稷：土神和谷神。国必立社稷坛埠；灭人之国，必定改换掉被灭国的社稷。于是，以社稷作为国家的标志，代指国家。

② 丘：居，邑里。

③ 牺牲：供祭祀用的纯色牲畜。

【译文】

孟子说："百姓最重要，土神谷神居其次，国君分量最轻。因此得到百姓的拥护，就可以做天子；得到天子的赏识就可以做诸侯；得到诸侯的信任就可以做大夫。如果诸侯危害了土神谷神，那么就改立诸侯。牺牲是肥壮的，祭品是洁净的，祭祀也按时进行，然而还是遭受旱灾水灾，那么就要改立土神、谷神。"

【品鉴】

民为贵，社稷次之，君为轻。

人民是国之根本，得民心者得天下。

这个命题深刻地反映了孟子的民本思想。民本思想是从批判殷商宗教天命论基础上发展而来的。宗教天命论认为：王位的合法性来自天命。周初的统治者有鉴于殷商的失败，得出"天命靡常"的结论，周公把"天命"和"德"联系起来，说只有崇尚德政的王，才受上天的保护。春秋时的思想家提出："夫民，神之主也。是以先王先成民，而后致力于神""国将兴，听于民；将亡，听于神。神，聪明正直而壹者也，依人而行"表达了新的神、君、民关系。同时，由于对民的重视，也有了"抚民""亲民""恤民""安民""利民""惠民"等提法，君民关系突出"利"字，施惠于民，但这不是目的而是手段。孟子的"民为贵，社稷次之，君为轻"的命题，特别凸显了民的地位。结合他的有关仁政思想，可以清楚地看出其民本思想的重要意义。

【原文】

[14.15] 孟子曰："圣人，百世之师也，伯夷、柳下惠是也。故闻伯夷之风者，顽夫廉①，懦夫有立志；闻柳下惠之风者，薄夫敦，鄙夫宽②。奋乎百世之上，百世之下，闻者莫不兴起也。非圣人而能若是乎？而况于亲炙之者乎③？"

【注释】

① 顽：贪。
② 鄙：庸俗，浅陋。宽：宽宏，度量大。
③ 亲炙：亲承教化，亲近地受到熏陶。

【译文】

孟子说："圣人是后世百代的老师，伯夷、柳下惠就是这样的人。因此听到伯夷气节的人，贪婪的也会变得清廉，懦弱的也会有坚定的志向；听到柳下惠气节的人，鄙陋刻薄的也会变得敦厚，气量狭小的也会变得开朗。他们在百代以前奋发有为，百代以后，听到他们的事情的人，没有不感动振作的。不是圣人能像这样有影响力吗？更何况那些曾经亲自接受过圣人熏陶的人呢？"

【品鉴】

圣人，百世之师也。

圣人过化存神，为百世之师表。

圣人是值得效仿的。圣人的道德、学问、言行和事功，都值得人们效法。圣人所经过的地方，所有的百姓都会受到感化。这是孟子也是儒家的基本观点。在伟大的道德人格的感召下，贪婪的也会变得清廉，懦弱的也会有坚定的志向，鄙陋刻薄的也会变得敦厚，气量狭隘的也会变得开朗。

圣人的精神是不朽的。他们奋发有为在遥远的当初，而在百代以后，当后人听到他们的事迹，仍然为之鼓舞、为之感动、为之振作。中国古代有所谓"三不朽"。《左传》中说："太上有立德，其次有立功，其次有立言。"立德，就是树立德行；立功，就是建功立业；立言，就是著书立说。按照《左传》的说法，要是其中某一个方面出类拔萃、传得久远，就可以称为"不朽"。当然，这里有高下之分：最上等的要数德行，其次是功业，再次是文字著述。要是一个人三者并举，既立德、又立功立言的话，那么，他将是中国主流文化中最成功的人物。这样看来，圣人当然是不朽的，他们的精神永垂不朽，所以，堪称百世之师、甚至被称为万世之师。

【原文】

　　[14.16] 孟子曰："仁也者，人也。合而言之，道也。"

【译文】

　　孟子说："所谓'仁'，说的就是'人'。'仁'和'人'连在一起，就是'人道'。"

【原文】

　　[14.17] 孟子曰："孔子之去鲁，曰：'迟迟吾行也。'去父母国之道也。去齐，接淅而行，去他国之道也。"

【译文】

　　孟子说："孔子离开鲁国的时候说，'我们慢慢地走吧。'这是离开祖国的态度。离开齐国的时候，把淘着的米捞出来就出发了，这是离开别的国家的态度。"

【原文】

　　[14.18] 孟子曰："君子之厄于陈①、蔡之间，无上下之交也。"

【注释】

　　① 厄（è）：穷困，为难。

【译文】

　　孟子说："孔子被围困在陈国、蔡国之间，是因为和这两个国家的君臣都没有交往的缘故。"

【原文】

[14.19] 貉稽曰①："稽大不理于口②。"孟子曰："无伤也。士憎兹多口。《诗》云：'忧心悄悄③，愠于群小④。'孔子也。'肆不殄厥愠⑤，亦不殒厥问⑥。'文王也。"

【注释】

① 貉（mò）稽：姓貉，名稽。

② 理：顺。

③ 悄悄：忧愁的样子。

④ 愠（yùn）：怨恨，生气。

⑤ 肆：发语词。殄（tiǎn）：尽，消灭，灭绝。

⑥ 问：同"闻"，声誉。

【译文】

貉稽说："我被人说了许多坏话。"孟子说："没有关系。士人总会受到他人的任意批评。《诗经·邶风·柏舟》说过：'内心重重忧愁，讨厌那群小人。'指的是孔子。《诗经·大雅·绵》上说：'不消除别人的怨恨，也不要损害自己的声誉。'指的是文王。"

【原文】

[14.20] 孟子曰："贤者以其昭昭，使人昭昭①。今以其昏昏②，使人昭昭。"

【注释】

① 昭昭：明白。

② 昏昏：糊涂的样子。

【译文】

孟子说："贤明的人先让自己觉悟，再去让别人明白；现在的人是自己对事情还没想通，就想让别人觉悟。"

【品鉴】

以其昏昏，使人昭昭。

自己还稀里糊涂，却想使他人明明白白。一知半解，强作解人，难免有好为人师之嫌，弄不好贻害他人，也不利于自己。

当此之时，自当"知之为知之，不知为不知"，在正视自己无知的现实前提下，急起直追，如《中庸》所谓："博学之，审问之，慎思之，明辨之，笃行之。"广泛地学习，详细地询问，周密地思考，明晰地辨别，切实地履行。没做到就绝不罢休。别人用一分努力做到的，我就要用一百分的努力去做；别人用十分的努力做到的，我就要用一千分的努力去做。如果真能够做到这样，愚笨的人也一定可以变得聪明起来，柔弱的人也一定可以变得刚强起来。只有这样，才能厚积薄发、举重若轻，切中肯綮，游刃有余。

【原文】

[14.21] 孟子谓高子曰："山径之蹊间①，介然用之而成路②；为间不用③，则茅塞之矣。今茅塞子之心矣。"

【注释】

① 径：小路。蹊：足迹。间：杂。

② 介然：专一，坚定不移。

③ 为间：隔了一段时间。

【译文】

孟子对高子说："山间小路足迹杂乱，一直不停地走，就成了路；如果隔了一段时间不走，茅草就会堵塞它。现在茅草堵塞了你的心。"

【原文】

[14.22] 高子曰："禹之声尚文王之声①。"孟子曰："何以言之？"曰："以追蠡②。"曰："是奚足哉？城门之轨③，两马之力与？"

【注释】

① 尚：高出，超过。

② 追（duī）蠡：钟纽要断的样子。追：钟纽。蠡：器物因腐蚀或磨损而将断。

③ 轨：车迹。

【译文】

高子说："大禹对音乐的崇尚要胜过周文王。"孟子说："为什么这样说呢？"高子回答说："因为大禹传下来的乐钟，钟纽都快断了。"孟子说："这哪能足以说明问题呢？城门下面的车辙很深，难道只是几匹马的力量造成的吗？"

【原文】

[14.23] 齐饥。陈臻曰①："国人皆以夫子将复为发棠②，殆不可复。"

孟子曰："是为冯妇也③。晋人有冯妇者，善搏虎，卒为善士。则之野，有众逐虎。虎负嵎④，莫之敢撄⑤。望见冯妇，趋而迎之。冯妇攘臂下车。众皆悦之，其为士者笑之。"

【注释】

① 陈臻：孟子的学生。

② 发：打开。这里指打开粮仓赈济灾民。棠：齐国的邑名，在今山东即墨区南。

③ 冯妇：姓冯，名妇。

④ 嵎（yú）：山势弯曲险峻的地方。

⑤ 撄（yīng）：迫近，触犯。

【译文】

齐国发生饥荒，陈臻说："国中的百姓都以为您会再次劝说齐王打开棠邑的粮仓来赈济灾民，恐怕不能再这样做了吧。"

孟子说："这样做就成了冯妇了。晋国有个叫冯妇的人，擅长打虎，后来改而成了一个善人。有一次他去野外，有很多人正在追赶一只老虎。老虎背依山角，没有人敢靠近它。这些人望见冯妇来了，就快步上前迎接他。冯妇挽起袖子、伸展手臂，跳下车来就去打虎。大家都很高兴，但被士人嘲笑。"

【原文】

[14.24] 孟子曰："口之于味也，目之于色也，耳之于声也，鼻之于臭也①，四肢之于安佚也，性也，有命焉，君子不谓性也。仁之于父子也，义之于君臣也，礼之于宾主也，知之于贤者也，圣人之于天道也，命也，有性焉，君子不谓命也。"

【注释】

① 臭：香气。

【译文】

孟子说："口对于美味，眼睛对于美色，耳朵对于动听的声音，鼻子对于芳香的气味，四肢对于安逸，这些喜好都是天性，但能否得到，要看命运，所以君子不把它们看成是本性。仁德对于父子，道义对于君臣，礼仪对于宾主，明智对于贤人，圣人对于天道，能否做到也看命运，但其中有本性的根据，所以，君子不把它们看作命运。"

【原文】

[14.25] 浩生不害问曰①："乐正子何人也②？"孟子曰："善人也，信人也。""何谓善？何谓信？"曰："可欲之谓善，有诸己之谓信，充实之谓美，充实而有光辉之谓大，大而化之之谓圣，圣而不可知之之谓神。乐正子，二之中，四之下也。"

【注释】

① 浩生不害：齐国人。姓浩生，名不害。
② 乐正子：孟子学生，名克。鲁国人。

【译文】

浩生不害问道:"乐正子是什么样的人?"孟子说:"是个好善的人,是个真诚的人。""什么是善?什么是真?"孟子回答说:"值得爱好便是善;确实做到了善就是真;善扩展到完满就是美;善完满到发出光辉,就是大;发出光辉化育大众就是圣;圣妙不可测就是神。乐正子是处在善与真两者之间,但还没达到美大圣神四者的要求。"

【品鉴】

可欲之谓善,有诸己之谓信,充实之谓美,充实而有光辉之谓大,大而化之之谓圣,圣而不可知之之谓神。

境界有高低,内涵可别。

从好善之名(知、善),到诚善之实(行、真);从善之内在完满(美),到善之外在光辉(大);从善之化育大众(显、圣),到善之妙不可测(隐、神);再将数者连缀、升华,孟子将人生善、真、美、大、圣、神等多重境界呈现出来。有学者认为,其中神只是对圣的进一步解读,也有人认为"神"为天人合德提供支撑。

【原文】

[14.26]孟子曰:"逃墨必归于杨[1],逃杨必归于儒。归,斯受之而已矣。今之与杨、墨辩者,如追放豚,既入其苙[2],又从而招之[3]。"

【注释】

① 逃:离去。

② 苙(lì):畜栏。

③招：羁绊，牵系。赵岐注：羁其足也。

【译文】

孟子说："离开了墨子学派的，必定会归入杨朱学派；离开了杨朱学派的，必定会回到儒家学派。回来了就接受他。现在和杨朱、墨翟学派辩论的人，就像追赶走失了的猪，猪虽然已经被赶回猪圈，接着还要把它的脚拴好。"

【原文】

[14.27]孟子曰："有布缕之征①，粟米之征，力役之征。君子用其一，缓其二。用其二而民有殍，用其三而父子离。"

【注释】

①布：棉、麻、苎、葛等织物的通称。缕：麻线，丝线。

【译文】

孟子说："有征收布帛的税，有征收粮食的税，有征用人力的税。君子采用了其中的一种，就得延缓另外两种。如果同时征收两种税，百姓就会有饿死的。如果同时征收三种税，百姓就会父子离散。"

【原文】

[14.28]孟子曰："诸侯之宝三：土地，人民，政事。宝珠玉者，殃必及身。"

【译文】

孟子说:"诸侯有三件宝物:国土、百姓、政务。把珍珠、美玉当作宝物的,灾祸必定会降临到他身上。"

【品鉴】

诸侯之宝三:土地,人民,政事。

土地、人民、政事是诸侯最值得珍视的。土地是基础,人民是根本,政事是保障。而把珍珠、美玉当作宝物的,治国必将危殆。

【原文】

[14.29]盆成括仕于齐①。孟子曰:"死矣,盆成括!"盆成括见杀,门人问曰:"夫子何以知其将见杀?"曰:"其为人也小有才,未闻君子之大道也,则足以杀其躯而已矣。"

【注释】

① 盆成括:姓盆成,名括。

【译文】

盆成括在齐国做官,孟子说:"盆成括要死了。"不久,盆成括果然被杀,学生问道:"您根据什么知道他会被杀?"孟子回答说:"盆成括这个人有点小才干,但不知道君子做人的大道理,这就足以招来杀身之祸了。"

【原文】

[14.30]孟子之滕,馆于上宫①。有业屦于牖上②,馆人求之

弗得。或问之曰："若是乎从者之廋也③？"曰："子以是为窃屦来与？"曰："殆非也。夫子之设科也，往者不追，来者不拒。苟以是心至，斯受之而已矣。"

【注释】

①上官：前人对此理解不一，分别有"楼""别宫名""上等馆舍"等解释。

②业屦：指还没有编织好的草鞋。屦，草鞋。

③廋（sōu）：隐藏。

【译文】

孟子到滕国去，住在上宫宾馆。馆舍中一双没编好的草鞋放在窗台上不见了，旅馆里的人来找，但没找到。有人问孟子说："是跟随您来的人把草鞋藏起来了吧？"孟子回答说："你以为他们是为偷草鞋来的吗？"那人回答说："大概不是。您开坛授课，对离开的不追问，要来的不拒绝，只要怀着求学的诚心来，就都接受罢了。"

【品鉴】

往者不追，来者不拒。

要走的不强求，想来的不拒绝。开放办学，乐育人才。

【原文】

[14.31] 孟子曰："人皆有所不忍，达之于其所忍，仁也；人皆有所不为，达之于其所为，义也。人能充无欲害人之心，而仁不可胜用也；人能充无穿窬之心，而义不可胜用也；人能充无受尔汝之

实①，无所往而不为义也。士未可以言而言，是以言餂之也②；可以言而不言，是以不言餂之也，是皆穿逾之类也。"

【注释】

① 无受尔汝之实：指要是不愿受别人的轻贱，就要先有不受轻贱的言语行为。"尔""汝"是古代尊长对卑幼者的对称代词，也可表示轻视、轻蔑。

② 餂（tiǎn）：取。

【译文】

孟子说："人人都有不忍心做的事，把它推及他所忍心做的事上，就是仁德。人人都有不愿做的事，把它推及他想做的事上，就是道义。人如果能够把不想害人的心扩充开来，那么仁德就会用之不尽了；人如果能够把不愿挖洞跳墙的心扩展开，那么所做的事就都符合道义了；人如果能够把不愿受人轻蔑的言行扩展开，就能无论到任何地方都会合乎道义的要求。士人没到可以说话的时候就说话，这是想用言语取悦别人；可以说话时却又不说，这是想用沉默试探对方，这些都是挖洞、跳墙一类的行径。"

【原文】

[14.32] 孟子曰："言近而指远者①，善言也；守约而施博者，善道也。君子之言也，不下带而道存焉②；君子之守，修其身而天下平。人病舍其田而芸人之田，所求于人者重，而所以自任者轻。"

【注释】

① 指：意旨，意向。

② 不下带：古代注视人时目光不低于对方的腰带。这里指近处常见之事。带，腰带。

【译文】

孟子说："言语浅显但含义深远，是善于说话；原则简单而成效广大，是善于办事。君子所说，都是眼前的事情，然而道理却蕴藏其中。君子遵守的原则，是从修养自身开始，进而使天下太平。人们的毛病在于放弃了自己的田地，却去耕耘别人的田地，要求别人的太重，加给自己的责任却很轻。"

【品鉴】

言近而指远者，善言也。

小中见大，涵义隽永，言有穷而意无尽。

孔子说："能近取譬，可谓仁之方也已。"能从具体事情入手去做，就是践行仁道的方法了。言语虽然浅近，意义却很深远。操作原则虽然简单，而成效却很广大。这些都有异曲同工之妙。

君子之守，修其身而天下平。

君子所遵循的，是从修身开始、最终使天下太平。"穷则独善其身，达则兼善天下"，正表达了二而一的基本理念。

所求于人者重，而所以自任者轻。

对人和对己，容易采用双重标准。责人者重、责己者轻，这往往是通病。

【原文】

　　[14.33]孟子曰:"尧、舜,性者也;汤、武,反之也。动容周旋中礼者,盛德之至也。哭死而哀,非为生者也。经德不回①,非以干禄也②。言语必信,非以正行也。君子行法,以俟命而已矣。"

【注释】

　　① 经德不回:遵循道德不违礼。回:违背。
　　② 干禄:求官。禄:官吏的俸禄。

【译文】

　　孟子说:"尧、舜的所作所为出于本性;商汤和周武王是通过修身而回复本性。举止仪容与应对进退完全合乎礼仪,这是德行的最高表现。为死者悲哀哭泣,不是做给活人看的;践行道德而不违背,不是用来谋求官职的。言语真诚,不是刻意让人知道自己行为端正的。君子按法度做事,以此等待命运的安排罢了。"

【原文】

　　[14.34]孟子曰:"说大人,则藐之,勿视其巍巍然。堂高数仞①,榱题数尺②,我得志弗为也。食前方丈③,侍妾数百人,我得志弗为也。般乐饮酒④,驱骋田猎,后车千乘,我得志弗为也。在彼者,皆我所不为也;在我者,皆古之制也,吾何畏彼哉?"

【注释】

　　① 堂高:指堂阶。
　　② 榱(cuī)题:亦作"榱提",本指屋檐下的椽子,这里借指屋檐。

③ 食前方丈：形容饮食的丰盛。美酒佳肴摆满眼前一丈见方的地方。

④ 般（pán）：快乐，游乐。

【译文】

孟子说："向权贵进言，就得藐视他，不要把他高高在上的样子放在眼里。殿基几丈高，屋檐几尺宽，如果我得志，不会这样做。一大桌美味佳肴，几百名侍奉姬妾，如果我得志，不会这样做。尽情饮酒作乐，驰骋射猎，随行的车辆上千，如果我得志，不会这样做。他所做的，都是我不会去做的；我所做的，都是符合古代制度的，我为什么要怕他呢？"

【品鉴】

说大人，则藐之，勿视其巍巍然。

自尊建立在自信上，德性超出于权位上，求道远胜于享乐上。心中有大道，眼中无权贵，言论有分量。

孟子认为，士在推展其社会抱负的时候，面对权贵应当充分体现自尊。对这种自尊根据的分析，至少可以从三个方面进行：一是作为对社会发展有着自己独立思考的人，基于自己对社会发展的认知、对自己的思想学说充满自信；二是基于对德与位、道与势的对比中，因前者比后者毫不逊色而不卑不亢。关于这一点，前面我们已经讨论过，孟子在君臣观上持平等、互敬、互信的态度。认为爵位、年龄、道德是衡量社会地位的三个维度，分别代表了朝廷、乡里和社会公众等不同领域。德性在面对权位时，没有理由畏缩不前；三是面对权贵穷奢极欲的生活，士人君子并不以为然，宣讲、推介古圣先贤的合理做法，自当理直气壮。也只有这样，言语才会有分量，效果才可能得以显现。

【原文】

[14.35] 孟子曰："养心莫善于寡欲。其为人也寡欲，虽有不存焉者①，寡矣；其为人也多欲，虽有存焉者，寡矣。"

【注释】

① 不存：说的是本性的减损。

【译文】

孟子说："修养内心的方法没有比减少欲望更好的了。一个人如果欲望很少，即使本性有所减损，失去的也很少；一个人如果欲望很多，那么即使本性有所保存，保留的也很少。"

【品鉴】

养心莫善于寡欲。

减少欲望是涵养心性的最好办法。

老子认为：缤纷的色彩使人眼花缭乱，纷杂的音调使人听觉不灵，饮食餍饫使人味觉受伤，纵情狩猎使人心荡神狂，稀有物品使人行为不轨。因此，圣人但求生活安足而不追逐声色之娱，所以摒弃物欲的逐求，而持守安足的生活。尽管孟子不像老子那样，对基本生活以外的欲求一概予以贬斥，但他确实把减少欲望作为心性修养的重要方法。

孟子所言的寡欲，首先当然是减少物质欲望。孟子认为，"士"的基本特征就是"尚志"，即高尚其志。"尚志"相当于孔子说的"志于道"。孔子说："士志于道，而耻恶衣恶食者，未足与议也。"意思是，士有志于大道，但是又以自己穿的、吃的不好为羞耻，这样的人是不值得和他谈论大道的。孟子也说："无恒产而有恒心者，惟士为能。"没有固定产业却有坚定心志，只有士人做得到。这里，孟子的原意不是像有些论者所讲的：士不靠恒产而以其他方式谋生。而是在这种比较之中，凸显士超出一般民众的卓越之处。其次，寡欲在心性修养上也有重要体现。譬如，养"浩然之气"必须"必有事焉，而勿正，心勿忘，勿助长也。"培养浩然之气，一定要努力作为而不预期成效，内心不能忘了它，但也不要人为地去助长。"正"，朱熹训为"预期"，即"以集义为事，而勿预期其效"，否则就是私意。也就是说，浩然之气的养成，必须依赖长期坚持不懈的道德实践，而不能急于求成，因期盼而生助长之举。"预期成效"，急于求成，也是一种欲望。

【原文】

[14.36] 曾晳嗜羊枣①，而曾子不忍食羊枣。公孙丑问曰："脍炙与羊枣孰美②？"孟子曰："脍炙哉！"公孙丑曰："然则曾子何为食脍炙而不食羊枣？"曰："脍炙所同也，羊枣所独也。讳名不讳姓③，姓所同也，名所独也。"

【注释】

① 羊枣：果名。又叫樲（ruǎn）枣。
② 脍炙：即脍和炙。肉、鱼细切为脍，烤的肉叫炙。
③ 讳：指避开君主或尊者长辈的名字，而不直称。

【译文】

曾晳喜欢吃羊枣，因此曾子便不忍吃羊枣。公孙丑问道："烤肉和羊枣比，哪种更好吃？"孟子说："烤肉呀！"公孙丑说："既然这样，那么曾子为什么吃烤肉而不吃羊枣？"孟子回答说："烤肉是大家都喜欢吃的，吃羊枣却是曾晳独有的喜好。就像避讳，只避名，不避姓，因为姓是大家所共有的，名却是一个人所独有的。"

【原文】

[14.37] 万章问曰："孔子在陈曰①：'盍归乎来！吾党之士狂简②，进取，不忘其初。'孔子在陈，何思鲁之狂士？"

孟子曰："孔子'不得中道而与之③，必也狂狷乎④！狂者进取，狷者有所不为也。'孔子岂不欲中道哉？不可必得，故思其次也。"

"敢问何如斯可谓狂矣？"

曰："如琴张、曾晳、牧皮者⑤，孔子之所谓狂矣。"

"何以谓之狂也？"

曰："其志嘐嘐然⑥，曰：'古之人，古之人。'夷考其行⑦，而不掩焉者也。狂者又不可得，欲得不屑不洁之士而与之，是狷也，是又其次也。孔子曰：'过我门而不入我室，我不憾焉者，其惟乡原乎！乡原⑧，德之贼也。'"

曰："何如斯可谓之乡原矣？"

曰："'何以是嘐嘐也？言不顾行，行不顾言，则曰，古之人，古之人。行何为踽踽凉凉⑨？生斯世也，为斯世也，善斯可矣。'阉然媚于世也者⑩，是乡原也。"

万子曰："一乡皆称原人焉，无所往而不为原人，孔子以为德之贼，何哉？"

曰："非之无举也，刺之无刺也，同乎流俗，合乎污世，居之似忠信，行之似廉洁，众皆悦之，自以为是，而不可与入尧、舜之道，故曰'德之贼'也。孔子曰：'恶似而非者：恶莠⑪，恐其乱苗也；恶佞，恐其乱义也；恶利口，恐其乱信也；恶郑声，恐其乱乐也；恶紫，恐其乱朱也⑫；恶乡原，恐其乱德也。'君子反经而已矣⑬。经正，则庶民兴；庶民兴，斯无邪慝矣。"

【注释】

① 孔子在陈曰：此处所引，也见于《论语·公冶长》，字句稍有不同。

② 党：乡里。

③ 中道：中庸之道，无过无不及。

④ 狂：狂放，不受拘束。狷（juàn）：狷介，不同流合污。

⑤ 琴张：名牢，字子张，孔子的学生。牧皮：侍奉孔子者，姓牧。

⑥ 嘐嘐（xiāo）：志大言大，言行不一。嘐：自大，骄矜。

⑦ 夷：助词。发声之词。

⑧ 乡原：外博谨愿之名，实与流俗合污的伪善者。原：也作"愿"。

⑨ 踽踽（jǔ）：孤独的样子。凉凉：冷清的样子。

⑩ 阉然：掩蔽，曲意迎合的样子。

⑪ 莠（yǒu）：又名狗尾草。似稷而无实。

⑫ 朱：大红色，属正色。

⑬ 反经：返归正道。反：同"返"。经：常道，正道。

【译文】

万章问道："孔子在陈国时说：'为什么不回去啊！我同乡的晚辈们有的狂放有的狷介，但都积极进取，不忘当初的志向。'孔子在陈国，为什么思念鲁国那些狂放之士呢？"

孟子回答说："孔子说过，'找不到行为适中的人交往，那就只能找狂放和狷介之人了。狂放的人积极进取，狷介的人有所不为'。孔子难道不想结交行为适中的人吗？不一定能得到，所以想找次一等的了。"

"请问怎样的人可以算是狂放之人呢？"

孟子回答说："像琴张、曾皙、牧皮这样的人，就是孔子所说的狂放之人了。"

"为什么说他们是狂放的人呢？"

孟子回答说："他们志向远大，口气也大，开口就说，'古时候的人，古时候的人。'可是考察他们的行为，却未必能与所说的话相符合。如果连这种狂放的人也结交不到的话，就想找到不屑去做坏事的人来交往，这种人就是狷介之人，又次一等了。孔子说：'路过我的家门却不进到屋里，我对此不在意的，恐怕只有那些乡愿吧。乡愿，是道德的损害者。'"

"什么样的人可以被称为乡愿呢？"

孟子回答说："这种人批评狂放之人说，'为什么要志存高远？使言语照应不到行为，行为照应不了言语，开口就是古时候的人，古时候的人'。又批评狷介之人说，'做事为什么要特立独行呢？既然生在这个世上，就做这个世道下的人吧，过得去就行了'。像这样遮遮掩掩，谄媚世人的就是乡愿。"

"全乡的人都称他忠厚的人，到哪儿都被看成忠厚的人，孔子却认为他是破坏道德的人，这是为什么呢？"

孟子回答说："这种人，想指责他却举不出缺点，想责骂他却找不到由头，他只是顺从流行的风潮，迎合污浊的社会，为人似乎忠诚，处事似乎清正，大家都喜欢他，他也自认为做得很好，但却与尧、舜之道格格不入，所以说是'道德的损害者'。孔子说：'要厌恶似是而非的东西：厌恶狗尾草，是担心它混淆禾苗；厌恶诡诈，担心它会混淆道义；厌恶巧舌如簧，担心它会混淆真实；厌恶郑国的音乐，担心它会混淆雅乐；厌恶紫色，担心它会混淆朱红色；厌恶乡愿，担心他会混淆道德。'君子要让一切事物都回归正道罢了。正道确立了，百姓就会奋发振作，百姓奋发振作了，也就不会出现邪恶的事了。"

【原文】

[14.38] 孟子曰："由尧、舜至于汤，五百有余岁，若禹、皋陶，则见而知之；若汤，则闻而知之。由汤至于文王，五百有余岁，若伊尹、莱朱①，则见而知之；若文王，则闻而知之。由文王至于孔子，五百有余岁，若太公望、散宜生②，则见而知之；若孔子，则闻而知之。由孔子而来，至于今，百有余岁，去圣人之世，若此其未远也；近圣人之居，若此其甚也。然而无有乎尔，则亦无有乎尔。"

【注释】

① 莱朱：又名仲虺（huī），商汤时的贤臣。
② 散宜生：周文王时的贤臣，曾使文王从商纣处获释，后助周武王灭纣。

【译文】

孟子说："从尧、舜到商汤，历经五百多年，像禹、皋陶，是亲见而知道尧、舜的；像商汤，是听人说才知道尧舜的。从商汤到周文王，历经五百多年，像伊尹、莱朱，是亲见而知道商汤的；像周文王，则是听人说才知道商汤的。从周文王到孔子，又历经五百多年了，像太公望、散宜生，是亲见而知道周文王的；像孔子，则是听人说才知道周文王的。

从孔子到现在，才一百来年，距离圣人生活的时代并不久远，距离圣人的家乡如此之近，但要是没有继承圣人之道的，那么也就没有继承的了。"

【品鉴】

由孔子而来，至于今，百有余岁。去圣人之世，若此其未远也；近圣人之居，若此其甚也。然而无有乎尔，则亦无有乎尔。

五百年必有王者兴，期间必有名世者。(《公孙丑下》)

这是孟子站在他那个时代对于文化传承规律的总结，也是他对其所承担的伟大使命的自觉。尽管他的一生并不显赫，但他对于后世、对于经由他而愈加发扬光大的儒学充满了期许与自信。哲人已萎，但哲人思想之光却具有穿越时空的巨大力量。历史果然将古圣先贤的荣光赋予了孟子，在他身后，展开的是中华文明绵绵不绝、更加壮美的华彩篇章。

参考书目

1. 赵岐：《孟子章句》，《四部丛刊》本。
2. 朱熹：《四书集注》，中华书局，1983年。
3. 焦循：《孟子正义》，中华书局，1987年。
4. 戴震：《孟子字义疏证》，中华书局，1982年。
5. 康有为：《孟子微》，中华书局，1987年。
6. 杨伯峻：《孟子译注》，中华书局，1960年。
7. 谢祥皓编：《孟子思想研究》，山东大学出版社，1986年。
8. 杨国荣：《孟子评传》，广西教育出版社，1994年。
9. 董洪利：《孟子研究》，江苏古籍出版社，1997年。
10. 丁冠之主编：《孟子研究论文集》，山东大学出版社，1997年。
11. 杨泽波：《孟子评传》，南京大学出版社，1998年。
12. 刘培桂编：《孟子林庙历代题咏集》，齐鲁书社，2001年。
13. 徐洪兴：《孟子直解》，复旦大学出版社，2004年。
14. 杜敏：《赵岐 朱熹〈孟子〉注释传意研究》，中国社会科学出版社，2004年。

15. 刘培桂编：《孟子林庙历代石刻集》，齐鲁书社，2005年。

16. 〔美〕江文思，安乐哲编，梁溪译：《孟子心性研究》，社会科学文献出版社，2005年。

17. 庞朴主编：《儒林》（第三辑），山东大学出版社，2006年。

18. 万丽华，蓝旭译注：《孟子》，中华书局，2006年。

19. 张松辉，周晓露：《〈论语〉〈孟子〉疑义研究》，湖南大学出版社，2006年。

20. 南怀瑾：《孟子旁通》，复旦大学出版社，2007年。

21. 王秋生：《孟子经典百句》，黄山书社，2007年。

22. 董洪利，方麟选编：《孟子二十讲》，华夏出版社，2007年。

23. 周淑萍：《两宋孟学研究》，人民出版社，2007年。

24. 梁涛：《孟子解读》，中国人民大学出版社，2010年。

25. 钱逊：《正气浩然——孟子读本》，中华书局，2015年。

26. 王蒙：《原则：极简孟子》，北京联合出版有限公司，2019年。

后记

　　实现中华民族伟大复兴，必须创造中华文化新的辉煌。这就要求不忘本来，吸收外来，面向未来。不仅要促进现代科技昌明、推动生产力高度发展，而且要凝铸伟大的民族精神，构建中国特色、中国风格、中国气派的哲学社会科学，不断提升社会成员的文明素养和精神境界。

　　经典是民族的文化基因，经典是思想的源头活水。中华民族有着深厚文化传统，形成了富有特色的思想体系，体现了中国人几千年来积累的知识智慧和理性思辨。中华优秀传统文化是弥足珍贵的原生本根性的文化资源，其文化精神跨越时空，超越国界，富有永恒魅力，具有当代价值，值得中华儿女恒久深入地研习、涵泳和践行。

　　出版《中国古典哲学名著研读书系》，正是力图为传承国家和民族的精神血脉，推进中华文明创造性转化和创新性发展尽微薄之力。在这里，首先要感谢清华大学国学研究院院长陈来教授。陈先生倡导作为中华文化忠实传承者要承担起中华文化发展责任，令人感佩。陈先生身兼清华大学文科资深教授、中央文史馆馆员、中国哲学史学会会长等职，在百忙之中拨冗为丛书作序，铭感难忘。

　　作为丛书主编，感谢中国出版集团研究出版社赵卜慧社长，赵社长率先提议、精心策划并落实了这套丛书的出版；感谢丛书主编孙熙国教授和丛书各卷作者共襄义举，他们绝大多数是高校的教授和研究机构的研究员，科研教学任务繁重，但兢兢业业完成了丛书书稿；感谢各位丛书评审专家和责任编辑朱唯唯、于孟溪、范存刚、安玉霞等同仁，他们为出版高质量图书贡献了智慧；感谢所有为此付出辛劳的朋友们。

《孟子》是一部高尚其德、催人奋进的书。"夫子言之，于我心有戚戚焉"，让我常常感动而又振奋。我给研究生讲授《中国思想史专题研究》，每每对《孟子》一书多有侧重。为本科生开设的通识课程《中国文化经典导读》，也必有对《孟子》的导读与推介。同学们也对《孟子》很感兴趣，有的同学还常常找我讨论有关问题。接下来，我计划为留学生开设系列讲座，让孟子思想与中华文化精髓尽可能走到外国学生中间，为他们提供精神指引。北京语言大学人文社会科学学部、中华文化研究院、中国文化综合创新研究中心、中国文化发展研究中心的同事和朋友们，一直关心本书的出版，也在这里向他们表示感谢。

研读经典是一项愉快而艰辛的工作，我力求为读者提供一个清新、晓畅而适当兼及典雅的文本，是否实现了初衷，就有待读者诸君的评判了。

张加才

辛丑仲夏于北京来园南轩